CB078818

O MAPA DA FORTUNA

as 10 rotas para enriquecer

CARO LEITOR,

Queremos saber sua opinião sobre nossos livros.

Após sua leitura, acesse nosso site (www.editoragente.com.br),

cadastre-se e contribua com sugestões, críticas e elogios!

Boa leitura!

Ken Fisher
com Lara Hoffmans

O MAPA DA FORTUNA

as 10 rotas para enriquecer

Tradução
DINAH DE ABREU AZEVEDO

Prefácio de Mara Luquet

Gente editora

Diretor-Geral
Henrique José Branco Brazão Farinha
Gerente Editorial
Eduardo Viegas Meirelles Villela
Editor-Assistente
Cláudia Elissa Rondelli
Editor de Desenvolvimento de Texto
Juliana Nogueira Luiz
Editor de Produção Editorial
Rosângela de Araujo Pinheiro Barbosa
Preparação de Texto
Eugênia Pessotti/Know-how Editorial
Projeto Gráfico
Juliana Midori Horie/Know-how Editorial
Editoração
Cintia da Silva Ferreira/Know-how Editorial
Capa
Rubens Lima
Revisão
Eliane Paradela Arakaki/Know-how Editorial
Cristina Nami Suzuki/Know-how Editorial
Tradução
Dinah de Abreu Azevedo
Revisão Técnica
Claudia Feddersen
Fotos de capa
© Istock.com
Impressão
Paulus Gráfica

Título original: *The ten roads to riches*
Copyright da edição original © 2009 por Fisher Investments. Todos os direitos reservados. Esta tradução foi publicada sob licença.

Todos os direitos desta edição são reservados à Editora Gente.
Rua Pedro Soares de Almeida, 114
São Paulo, SP – CEP 05029-030
Telefone: (11) 3670-2500
Site: http://www.editoragente.com.br
E-mail: gente@editoragente.com.br

Dados Internacionais de Catalogação na Publicação (CIP)
(Câmara Brasileira do Livro, SP, Brasil)

Fisher, Ken
O mapa da fortuna : as dez rotas para enriquecer : como os muito ricos chegaram lá (e você também pode!) / Ken Fisher e Lara Hoffmans ; tradução Dinah de Abreu Azevedo. -- São Paulo : Editora Gente, 2009.

Título original: The ten roads to riches.
ISBN 978-85-7312-633-4

1. Finanças - Administração 2. Finanças pessoais 3. Riqueza 4. Sucesso 5. Sucesso em negócios I. Hoffmans, Lara. II. Título.

09-03466 CDD-332.02401

Índices para catálogo sistemático:
1. Aumento de rendimentos : Finanças pessoais : Economia 332.02401
2. Dinheiro : Ganhos : Finanças pessoais : Economia 332.02401

••➡ Agradecimentos

A ideia deste livro surgiu de conversas minhas com o agente literário Jeff Herman e David Pugh, o editor da John Wiley & Sons, responsável pelo lançamento do meu *best-seller* da lista do *New York Times* de 2006, *Para o bom investidor, três perguntas bastam*. Antes desse livro, Jeff queria que eu escrevesse um texto amplo sobre a riqueza – um livro que abrangesse o espectro ultravariado de todos os aspectos dessa questão complexa. Fazia muito, muito tempo que eu não escrevia um livro e não estava com vontade de assumir esse projeto, que acabou desembocando em *Para o bom investidor, três perguntas bastam*, que é muito mais restrito, concentrado no mercado de capitais – campo no qual eu achava que poderia dar contribuições interessantes. Mesmo assim, depois disso, Jeff ainda queria que eu escrevesse um livro sobre a riqueza. E David queria outro livro (e, para ele, um espectro mais amplo significava a possibilidade de vendas ainda maiores). Na verdade, foi só depois que começamos a falar de um foco nos megarricos que servisse de mapa rodoviário para todos é que vislumbrei algo que eu queria fazer – e de que sabia que daria conta. Por isso, agradeço a ambos a paciência que tiveram comigo.

Portanto, voltei a procurar Lara Hoffmans, que trabalhou comigo na redação do meu livro anterior, publicado pela editora Wiley. Antes desse livro, ela havia sido consultora de investimentos no departamento de prestação de serviços a clientes de minha empresa, mas depois passou a ser gerente de nosso grupo de conteúdo. Esse grupo produz todos os nossos comunicados por escrito ao cliente, entre os quais a revista do cliente, material publicitário e nosso *webzine* diário, www.marketminder.com. O grupo de conteúdo também é responsável – e Lara tem sido essencial aqui – pelas origens de nossa nova empresa de administração financeira, em sociedade com a John Wiley & Sons, cuja finalidade é produzir toda uma série de livros especializados em investimentos sob o selo *Fisher Investments Press.*

Na verdade, esse projeto estreou logo com três guias sobre ações do setor de energia, ações materiais e investimento global, todos eles lançados nos Estados Unidos em fevereiro e março de 2009, e depois mais dezenas deles durante os próximos anos, todos escritos pela equipe de pesquisa da Fisher Investments Press – sendo que eu não tenho nada a ver com isso realmente, além do fato de ser uma empresa minha. Por isso, afastei Lara da maior parte desse trabalho, conseguindo que ela se envolvesse basicamente em trabalhar comigo na redação deste livro. Ela ainda estava participando do grupo de conteúdo, para o qual vai voltar agora – mas, temporariamente, este livro se tornou seu foco principal. Nós nos encontramos semanalmente para discutir a estrutura, os tópicos, o conteúdo e o que tinha de ser feito. Depois Lara começou a fazer a pesquisas e a preparar rascunhos de cada capítulo de acordo com o que eu tinha proposto como objetivo. Seu trabalho me deu liberdade para fazer o que eu tinha de fazer diariamente, que é me concentrar no trabalho cotidiano em minha empresa.

Com o projeto já em andamento, Lara convocou Carolyn Feng, que trabalha no grupo de conteúdo da minha empresa, para fazer outras pesquisas e verificar fatos. Evelyn Chea e Dina Ezzat, também do grupo de conteúdo, checaram fatos, fizeram revisão do texto e assumiram detalhes táticos do original, como as notas de rodapé, em grande abundância no livro, como você vai ver.

Depois eu revisava/reescrevia à noite e nos fins de semana e Lara arrumava tudo e corrigia meus erros com sua equipe; e então eu revisava e reescrevia outra vez – repetimos esse processo de cinco a sete vezes em cada capítulo. Lara e sua equipe fizeram um esforço descomunal para este livro ficar pronto; mas, no fim, ele é meu, da concepção à redação final, e isso inclui omissões e erros. Se você encontrar erros neste livro, são meus, não de Lara ou de sua equipe. Mas, sem elas, eu nunca teria tido paciência nem tempo para começar ou terminá-lo. Lara em particular, e é por esse motivo que seu nome está na capa.

Outros membros de minha empresa também contribuíram das mais variadas formas, entre os quais Molly Lienesch, responsável pela nossa marca; Marc Haberman, o chefe de nosso setor de inovações; Tommy Romero, vice-presidente de marketing de nosso grupo; e Fab Ornani, nosso webmaster e muito mais. Este livro é o que é no plano material graças a suas sugestões.

Embora seja um livro sobre pessoas, teria sido impossível escrevê-lo sem o auxílio generoso de um grande número de fontes de informações. Seria um descuido imperdoável da minha parte não agradecer por elas a Bryan Taylor, do *Global Financial Data*, ou a Rob Carr, da *Thomson Datastream*, pela permissão que me deram para reproduzir seus dados. A capacidade de usar informações explodiu nos últimos anos e você vai ver documentação citada em notas de rodapé proveniente dessas fontes ao longo de todo o livro. Algumas das minhas declarações mais bizarras só poderiam ser feitas colocando-as em um contexto de desenvolvimento versossímil, o que só foi possível graças aos dados requintados que essas empresas me permitiram reproduzir.

Por motivos óbvios, também fiz uso extensivo tanto da lista atualizada dos 400 norte-americanos mais ricos da *Forbes* e de suas predecessoras, que remontam à primeira "Lista dos Ricos" de 1982, como da lista mais recente, publicada todo ano pela *Forbes,* de "Bilionários do Mundo Inteiro". E por que não? Afinal de contas, essas listas são o padrão-ouro usado para classificar os megarricos dos Estados Unidos e do mundo e, sem elas, este exercício não teria os alicerces matemáticos usados para mostrar como é que essas pessoas chegaram lá. Os 400 da *Forbes*, uma lista que começou como uma brincadeira de Malcolm Forbes, evoluiu para uma instituição aceita universalmente e que criou a base de nossa forma de quantificar a riqueza. Essa é só mais uma contribuição importante que a *Forbes*, enquanto revista, fez ao mundo.

Preciso agradecer a Jeff Silk, vice-presidente de minha empresa e que me acompanha há 25 anos, sobre quem escrevo longamente no Capítulo 3 como um modelo de copiloto. Jeff leu atentamente partes do livro, fez comentários e, dessa forma, melhorou seu teor, da mesma maneira que melhora tudo o que toca.

Grover Wickersham, sócio e amigo de longa data, advogado que trabalha com ações e títulos, gerente financeiro, presidente da Purisima Funds e ex-presidente da Comissão de Valores Mobiliários dos Estados Unidos, leu a maior parte do livro, fazendo sugestões detalhadíssimas de revisão ao longo de todo o processo, página por página, linha por linha, das quais provavelmente acabei incorporando uns 75%. Sua contribuição para este livro, assim como para o anterior, foi simplesmente maravilhosa. Ele revisou o texto durante viagens de avião, em dois continentes e em três países, enviando-me o material por fax no meio da noite e brigando comigo quando eu não aceitava suas sugestões. Com amigos como Grover não preciso temer nenhum inimigo. Eu só gostaria que sua letra fosse mais legível, porque eu li um bocado de coisas que ele escreveu. Na verdade, faço uma breve menção a Grover no Capítulo 1 e no Capítulo 9. O livro teria ficado melhor se eu o tivesse citado mais vezes.

Por falar em advogados, Fred Harring leu o texto na íntegra para me dar retaguarda, para termos certeza de que eu não acabaria sendo processado por difamação e calúnia. Apesar disso, bem que eu posso ser processado por difamação e calúnia por algumas coisas que eu disse, mas, ao menos, estou certo de que posso ganhar o processo. Scott Metzger, um advogado querelante de San Diego que tem muito prestígio no setor, fez outra leitura do Capítulo 6 com o mesmo propósito, só por medida de segurança, e sou grato às visões paralelas de Scott e Fred, que dobraram a minha tranquilidade.

Ah, os amigos... Escrevi sobre muitos neste livro. Sempre que faço isso, corro o risco de descrevê-los de um modo que eles não gostam e eu posso acabar perdendo um deles. Há dezenas aqui, um número grande demais para citar um por um, e agradeço-lhes coletivamente, esperando continuarmos amigos depois que lerem essas palavras.

E agradeço também, evidentemente, àqueles que fizeram resenhas elogiosas a este livro, publicadas na quarta capa. Fizeram uma leitura rapidíssima de um rascunho apresentado prematuramente, gastaram uma boa dose de fosfato e foram muito generosos.

Por fim, mais uma vez, como já aconteceu tantas vezes no passado, este livro foi um pretexto para o exercício do abuso conjugal da negligência. Minha mulher – já há 38 anos – evoluiu ao longo das décadas até chegar a ser realmente excepcional, deixando-me à vontade enquanto eu ficava temporariamente isolado, concentrado quase que exclusivamente na produção intensiva de partes do livro. As noites e os fins de semana que lhe devo por este livro nunca poderão ser inteiramente reeembolsados. Um livro como este é obra do amor e grande parte dele é de minha mulher. É bom ser amado.

Minha carreira está chegando ao fim. A parte que está para trás é agora muito maior do que os poucos anos que ainda tenho pela frente. Ela foi e vai continuar sendo um prazer tremendo. Escrever um livro como este, que realmente tem a ver com o meu trabalho cotidiano, também é um grande prazer, muito maior que praticamente qualquer hobby que alguém possa ter – ou que eu mesmo possa imaginar. E também agradeço a você, leitor, sem o qual nem meu editor, nem qualquer outro poderia me proporcionar tal satisfação. Obrigado a todos.

Ken Fisher
Woodside, CA

Prefácio à edição brasileira

Qual a melhor rota para a prosperidade?

O mapa para a construção de um patrimônio pode ter várias rotas, nenhuma delas fácil ou simples, e nem todas servem para você. Daí a importância de se avaliar cada uma delas e ver em qual caminho suas vantagens competitivas serão mais bem aproveitadas. É sobre esse tema que trata Ken Fisher no ótimo *O mapa da fortuna*.

Gestor de investimentos, fundador da Fisher Investments, um dos mais antigos colunistas da revista americana *Forbes* e marcando presença na lista dos mais ricos do mundo elaborada anualmente pela publicação, Fisher está em uma posição confortável para falar sobre as mais diversas estratégias para enriquecer. Afinal, ele construiu seu próprio patrimônio e conquistou notoriedade não apenas nos Estados Unidos, mas internacionalmente.

Começar seu próprio negócio? Tornar-se CEO de uma grande empresa? Transformar celebridade em riqueza? Ou percorrer a estrada mais utilizada para prosperar, que é economizar bastante e investir corretamente?

Estão aí algumas opções abordadas pelo autor. Mas há outras. Como já sinaliza no título do livro, ele se detém sobre dez rotas que podem ser trilhadas para o sucesso financeiro.

Não há novidades nessas rotas. Todos nós as conhecemos desde sempre. O inusitado na obra de Fisher é nos trazer as ferramentas e a forma correta de abordagem para que o caminho traçado seja bem-sucedido.

Vejamos, ser uma celebridade é sinônimo de ser rico? Não necessariamente. Aliás, muito comum no mundo da fama é encontrar ricos e famosos que chegam ao futuro sem um tostão, por exemplo. Procurar essa rota para enriquecer pode ser extremamente perigoso. Como explica Fisher, outros caminhos têm uma taxa de sucesso na construção de riqueza muito maior do que a rota das celebridades.

Ken Fisher nos apresenta essas opções de rota em um momento bastante oportuno. Em tempo de intensa destruição de riqueza, informar-se sobre os caminhos para construir ou reconstruir seu patrimônio é urgente, mas não só isso. Traz um refresco às ideias que desde 2008 estão pesadas pelas péssimas notícias da brutal queda no crescimento econômico que assola países por todo o mundo.

Voltar a mente para a criação de riqueza, e não para a destruição, pode ser um exercício gratificante para aliviar não apenas o bolso, mas também a mente, que, afinal, passa a ser direcionada para a prosperidade.

Dizer que enriquecer da noite para o dia é viável nos soa estranho e falso. E de fato é. Não é essa a proposta de Fisher neste livro. Ao contrário, ele fala de estratégias perfeitamente possíveis de serem implementadas ao longo do tempo desde que se tenha persistência, disposição e informação para tal. Quanto à informação, aí está um bom começo. O livro de Fisher nos traz conhecimento e reflexões importantes.

A começar pela própria definição de riqueza. "O que é ser rico para você?", pergunta o autor. Em pleno século XXI, o conceito de riqueza mudou bastante, principalmente por conta do aumento da expectativa de vida. Como ele exemplifica, um milionário que utiliza 4% de suas aplicações todo ano vive confortavelmente em São Francisco, onde mora Fisher. Não é um pobre, é claro... Mas certamente não é um ricaço daqueles que povoam nossas mentes.

"Eu não vejo muito mérito em ser pobre", diz Ken Fisher logo no prefácio de seu livro. Não é uma crítica, é mais um alerta do autor a respeito da necessidade de encontrarmos tempo em nossas atribulações diárias para cuidar bem dos nossos recursos e fazê-los crescer ao longo do tempo. É o conforto financeiro que nos ajudará a ter tranquilidade para desfrutar dos bons momentos com amigos e família, a nos dedicar com prazer ao nosso trabalho, enfim, a ter paz para viver.

Como ensina o velho artista francês Foinet ao seu jovem aluno Philip, protagonista de *Servidão humana,* o clássico da literatura inglesa de W. Somerset Maugham: "Nada mais degradante do que as contínuas preocupações com os meios de subsistência. As pessoas que desprezam o dinheiro só me inspiram desdém. São hipócritas ou idiotas. O dinheiro é como que um sexto sentido, sem o qual não podemos usar de modo completo os outros cinco. Sem uma renda decente, metade das possibilidades da vida ficam perdidas para nós. O único cuidado que se deve tomar é não pagar mais de um xelim pelo xelim que se ganha. Há quem diga que a pobreza é o melhor aguilhão para o artista. Esses nunca lhe sentiram a ponta nas carnes. Não imaginam o quanto a pobreza rebaixa. Expõe-nos a humilhações sem fim, corta-nos as asas, corrói-nos a alma como um cancro. Não é riqueza o que se pede, mas o necessário para manter-se a dignidade, para trabalhar sem embaraços, ser generoso, franco e independente".

Mara Luquet
Comentarista da Rádio CBN e autora
de livros de finanças pessoais.

••➡ Prefácio

Por que dez rotas?

Antes de mergulhar neste livro, leia este prefácio.

Não seria maravilhoso se todos fossem ricos e não houvesse pobres? Se não existisse pobreza? Se as únicas disparidades de riqueza fossem ela ter 20 milhões de dólares, ele ter 7 milhões de dólares e um outro cara ter 7 bilhões de dólares? Sinta-se à vontade para discordar, mas não vejo muito mérito na pobreza. Infelizmente, não consigo ver a possibilidade de a pobreza ser eliminada da sua vida ou da minha. Apesar disso, acredito que cada um pode fazer sua partezinha nesse sentido, enriquecendo de uma forma que também enriqueça a sociedade. Se você ficar rico de uma forma apropriada, escolhendo entre um punhado delas, pode fazer do mundo um lugar melhor. Outros se beneficiam enquanto você enriquece, conforme se verá mais adiante. Quanto a mim, é isso que eu gostaria que acontecesse com você.

Mas como? Bom, é disso que trata este livro. Na verdade, só existem dez formas de enriquecer. Este livro as apresenta detalhadamente, mostrando-lhe as qualidades e os defeitos de cada uma para você poder escolher e ver qual é a melhor para o seu caso. Depois, este livro instrui e orienta você nos fundamentos de cada uma delas.

É verdade que nem todos podem enriquecer. Mas, para mim, está claro que a maioria pode – só não sabe como. Se mais gente soubesse como, teríamos mais ricos e o mundo seria um lugar melhor. Estou lhe pedindo para ler este livro e depois fazer a sua parte.

Bom, se você me conhece por causa de meus livros anteriores, ou de minha coluna "Portfolio Strategy" da *Forbes*, publicada há muito tempo, talvez não saiba que sou um especialista em estradas. Não um especialista magistral que conseguiu dinheiro para estudar em Oxford, e sim do tipo mais importante – aquele que estuda as várias estradas que levam ao êxito ou ao fracasso financeiro.

Comecei bem novinho, na década de 1950, sonhando em me tornar um profissional do beisebol e simplesmente adorando o iogue Berra, que disse uma frase famosa: "Quando chegar a uma encruzilhada na estrada, tome um dos caminhos". Durante décadas, mantive uma versão grande dessa citação em um quadro que fica a um metro de minha mesa de trabalho, cheio de fotos e citações de gente que foi, e continua sendo, importante para mim. É preciso décadas de sabedoria para atingir essa simplicidade. Uma boa parte se resume à maneira de ficar super-rico depois que você conhece as estradas e rotas.

Mais tarde, Berra repudiaria quase todos os seus ioguismos célebres. Declarou que essa frase, em particular, era simplesmente para orientar as pessoas a chegarem em casa; que, quando você chega à encruzilhada, não importa qual dos caminhos você toma, porque eles se reconectam mais à frente e qualquer das alternativas leva você até lá. Nesse caso, é uma espécie de aforismo zen sobre continuidade – como a ordem "Siga em frente" – e podemos usá-la também. Mas, depois que cresci, passei a achar que o comentário de Berra dizia respeito somente a tomar decisões rápidas, fundamentais e oportunas em uma estrada que não tem uma boa sinalização. Talvez eu estivesse errado esse tempo todo. Mas ainda prefiro minha interpretação do grande iogue norte-americano. Na vida há estradas que conduzem à riqueza, e estradas que não. Não há nada de errado com aquelas que não levam à riqueza, mas, se as percorrer, você vai chegar ao lugar a que elas levam. Não há com o que se surpreender.

Para enriquecer metodicamente existem somente dez rotas básicas. Descubra qual delas faz sentido para você, chegue àquela encruzilhada, tome um dos caminhos e percorra-o até o fim. Mas dez rotas podem criar confusão. Dez! Daí a necessidade deste livro. Lê-lo talvez não faça de você um especialista, mas vai ficar sabendo o suficiente para percorrer o resto do caminho (ou caminhos) que escolheu.

Um detalhe: se você já leu algum dos meus livros anteriores, fique sabendo que este é diferente. Os outros trataram, sobretudo, do mercado de capitais, basicamente ações e títulos. É aí que está o grosso da minha experiência como fundador e presidente de uma empresa global de administração financeira responsável por mais de 45 bilhões de dólares em ações e títulos de instituições e indivíduos ricos. Mas este livro não tem nada a ver com mercados de capital. É um exame detalhado – micro e macro – da maneira pela qual os ricos ficaram ricos – e de como você também pode!

Por que dez rotas? Por que não cinco? Ou cem? É só a observação deste especialista em estradas depois de conviver com gente rica durante todos os 36 anos de carreira de administrador financeiro. Tenho mais de 25 mil clientes ricos que estudei meticulosamente – alguns durante décadas. Aos 24 anos, como colunista da *Forbes*, estudei e escrevi sobre a lista anual dos 400 norte-americanos mais ricos publicada por essa revista durante décadas – e eu mesmo estou nela, e também na lista mundial de bilionários da *Forbes* desde 2005 – e conheço gente que está em ambas as listas dentro e fora dos Estados Unidos, e interagi com muitos outros muito ricos. A partir da minha observação, posso lhe garantir que todos eles entram em uma das dez categorias básicas.

Mas este livro não é sobre "o que a maioria dos ricos tem em comum". Há desses livros por aí aos montes, e são ótimos. Em geral, falam de um dos caminhos: "viva frugalmente e poupe", como *O milionário mora ao lado, Pai rico, pai pobre [Rich dad, poor dad], Automaticamente milionário [The automatic millionaire]*, e assim por diante. Contam histórias de um calvinista norte-americano tradicional, de formação cristã – falam de gente frugal e realista com uma ética profissional impecável que tem postos de gasolina e parques de estacionamento de *trailers* e que acumularam alguns milhões de dólares. Ou então falam de nosso típico membro de classe média com casa própria modesta, situada em um bairro modesto, que tem um modesto carro usado, trabalha setenta horas por semana e que poupa e investe bem. Esses livros aconselham você a ser como essas pessoas. Esse é um bom caminho, claro. É a forma mais comum de as pessoas enriquecerem, embora não gere as maiores fortunas. Chamo esse de "Caminho mais usado" e é o último capítulo deste livro. É um caminho absolutamente válido – o preferido de muitos e o único para alguns. Embora seja ótimo, é apenas um caminho e, em geral, não é aquele percorrido pelos megarricos. Os riquíssimos podem ser frugais ou não – isso não tem muita importância, porque eles geraram muita riqueza percorrendo um dos outros nove caminhos. A frugalidade é uma virtude, mas não é necessária para alguém ficar super-rico, como você vai ver.

UM MAPA DAS DEZ ROTAS

Ninguém lhe diz como ficar megarrico – é por isso que você precisa deste livro. Mas talvez você não queira ficar megarrico. Olha, a boa notícia é que este mapa funciona perfeitamente bem caso você queria ganhar 3 milhões de dólares, 10 milhões de dólares ou 300 milhões de dólares.

Uma característica prática: este livro é modular – um capítulo para cada rota. Você não precisa lê-los na ordem apresentada aqui se não quiser. Se preferir, depois deste prefácio você já pode pular para o meio do livro – não importa a página. Comece um capítulo. Se chegar à conclusão de que essa não é uma boa rota para você, pule para outro capítulo mais adequado. Faço referências a outros caminhos em todo o livro – como: "Não, isso não faz parte desta rota, faz parte da rota do Capítulo 9" –, às vezes cito outros caminhos antes, às vezes depois daquele a que me refiro em determinado momento. Imagine que este volume é uma coleção de minilivros.

Bom, nem todas essas rotas são para todos. Não podem ser! Mas ao menos uma delas é o caminho certo para alguém que quer ficar rico. Que rotas são essas? Para adquirir uma grande fortuna, você pode:

1. Fundar uma empresa bem-sucedida – é a rota que leva à maior riqueza!
2. Tornar-se presidente de uma empresa que já existe e tirar-lhe o leite – uma função bem mecânica.
3. Pegar carona no trem de um visionário e viajar com ele – o valor agregado é alto.
4. Transformar-se em uma celebridade da riqueza – ou enriquecer transformando-se em celebridade e ficando mais rico ainda!
5. Casar-se bem – muito, muito bem mesmo.
6. Roubar dentro da lei – não há necessidade de nenhuma arma!

7. Capitalizar-se com dinheiro alheio – é aí que está a maioria dos megarricos.
8. Inventar uma renda futura ilimitada – mesmo que você não seja inventor!
9. Superar os barões imobiliários, monetarizando riqueza imobiliária que está passando despercebida para os outros.
10. Percorrer o Caminho Mais Usado – economizar muito e investir bem – para sempre!

Siga uma dessas rotas. Ou uma combinação delas. Vamos falar de pessoas que se deram bem em um dos caminhos e depois passaram para outro. Um exemplo: tornar-se presidente de uma empresa que você não fundou (Capítulo 2), fazê-la crescer, vendê-la bem e usar os lucros para fundar a sua própria empresa, que acaba tendo mais êxito ainda (Capítulo 1). Ou então você se torna um magnata da mídia (Capítulo 4) e um presidente de sucesso. Algumas pessoas percorrem dois caminhos ao mesmo tempo. Sou fundador e presidente de uma empresa (Capítulo 1), mas é uma empresa que se capitaliza com dinheiro alheio (Capítulo 7). Se você conseguir percorrer duas rotas de uma vez, vai andar mais depressa. É mais difícil, mas é mais rápido. No entanto, a maioria dos ricos percorre um único caminho a vida toda. Funciona. É suficiente.

Advertência: certas partes podem ser ofensivas para algumas pessoas!

Você pode achar alguns caminhos absurdos e sair gritando: "Que coisa ridícula! Começar o próprio negócio é arriscado demais!" Ou, então: "Quem vai querer saber de bens imobiliários hoje em dia? É uma bolha!" Outros podem dizer: "Isso é, ao mesmo tempo, terrível e deselegante! Você não vai sugerir a todo mundo que se case por dinheiro como Anna Nicole Smith ou John Kerry". Não estou sugerindo nada disso. Ou, se você discorda de mim e acha que não deve enriquecer, para mim também está ótimo – cabe inteiramente a você decidir –, não é da minha conta você ficar rico, nem como. A vida tem muitos caminhos gratificantes que não levam à riqueza. Você deve encontrar o caminho certo para você, quer ele leve à riqueza, quer não.

Nota: tenho certeza de que alguns caminhos, ou partes de alguns caminhos, podem lhe parecer ofensivos e vão realmente ofender algumas pessoas. Vai haver gente fazendo resenhas na Amazon.com, declarando em repúdio que considera horrivelmente injuriosas algumas coisas que estou sugerindo às pessoas para fazer. Por quê? Não sei – mas, desde sempre, pessoas enriquecerem de determinado modo sempre foi ofensivo para outras. Tudo bem – repetindo: dez rotas. Cada uma delas é válida para alguém – embora seja ofensiva para outra pessoa, e essa pessoa pode ser você. Desculpe! Não atire contra o mensageiro.

Se um determinado capítulo lhe parecer frívolo ou ofensivo, não é a sua rota. Leia-o por inteiro, ou pule – cabe a você. Minha intenção ao escrever este livro não foi ofender. Por exemplo: falo de mim em vários capítulos como forma de ilustrar o que estou dizendo, pois tenho muitas informações em primeira mão sobre mim mesmo. Alguns de vocês podem achar que falar de mim mesmo é ofensivo. Só estou tentando mostrar os caminhos, e não tentando ofender. Se ficar irritado durante a leitura, tome um copo de vinho, dê uma volta, chute o cachorro, faça o que quiser – depois volte e comece um outro capítulo.

E é claro que alguns de vocês vão achar ofensiva a simples ideia de "enriquecer". Se você é uma dessas pessoas, não tenho mais nenhum conselho a lhe dar, pois você não vai gostar do livro por razões óbvias.

Na verdade, ficar rico em geral significa fazer o bem (como veremos) e, muitas vezes, levar uma vida empolgante. Onde é que os seres humanos estariam hoje se Bob Noyce não tivesse coinventado o circuito integrado? Ele escolheu um caminho para a riqueza e beneficiou imensamente o mundo – ricos, pobres, remediados, todos. Vamos ver esse efeito benéfico repetidamente em pessoas que mudaram o mundo para melhor, fizeram o bem, enriqueceram e curtiram a vida. Isso é uma coisa pra lá de boa para todos. E dá um orgulho danado a quem consegue.

A boa notícia – e poucos vão lhe dar essa notícia – é que ganhar uns 30 milhões de dólares ao longo da vida não é tão difícil assim. Exemplo: construa um negócio que nem seja enorme (Capítulo 1), mas que, em dez anos, chegue a ter rendimentos no valor de 15 milhões de dólares. Se tiver uma margem de lucro de 10%, você tem um ganho de 1,5 milhão de dólares. Se valer vinte vezes o seu ganho – o que não é raro –, aí temos os seus 30 milhões de dólares. Depois de alguns anos, você vai saber se sua empresa pode subir de patamar – se ela pode crescer muito mais. Se puder, você vai ficar muito rico. Se não puder, venda-a, pegue seus 30 milhões e seja feliz. Ou então comece outra coisa. Ou se aposente! Cabe a você decidir.

É impossível? Não! É trivial? Não. Mas, se der tudo errado, você pode começar de novo. Se começar bem jovem, você talvez tenha de três a cinco décadas para ver no que vai dar. Se fracassar, pode tentar ser empresário de novo, ou experimentar um outro caminho. Existem mais nove!

O QUE É SER RICO, AFINAL DE CONTAS?

Bom, o que "ser rico" significa para você? Um milhão de dólares? Cinco milhões? Cinquenta? Dez bilhões? O que é muito para alguém pode ser quase nada para outros. Um exemplo: um casal, ambos professores, ganha 5 mil dólares por mês. A mulher trabalha em regime de meio período e fica o resto do tempo em casa com os dois filhos. Um estilo de vida modesto, mas eles pagam direitinho o seu plano privado de aposentadoria todo ano e investem com sabedoria. Aos 65 anos, eles podem muito bem ter economias no valor de 4 milhões de dólares. Ou mais, se aproveitarem as vantagens tributárias do plano de aposentadoria oferecido pela escola pública norte-americana, o 403(b). Esses 4 milhões de dólares, se forem bem administrados, podem dar uma renda anual de 160 mil dólares (13.300 dólares por mês) depois de descontados os impostos e a inflação (tributos de 4%). Esse casal pode muito bem se considerar rico – sua renda aumentou mais de duas vezes e meia na aposentadoria. Se a sua renda aumentou duas vezes e meia, você também pode se considerar rico.

Agora vamos falar de um cirurgião que ganha 50 mil dólares por mês e tem uma casa grande, carros novos, que paga cirurgias plásticas para a mulher todo ano, gasta muito nas férias e gosta de viver como a alta sociedade. Acredita que pode se dar esse luxo. Por que não? O dinheiro é dele. Quando se aposentar, ele também vai ter economizado 4 milhões de dólares. Mas será que *ele* vai se sentir rico com 13.300 dólares por mês? Não – esse valor é apenas 27% do que ele estava acostumado a ganhar. Quatro milhões fazem alguns se sentirem ricos e outros se sentirem pobres. "Rico" é relativo – mesmo aos olhos do dono de uma carteira de ações.

O que sabemos sobre a maneira de enriquecer? Bom, a riqueza tem de durar mais que antigamente, porque agora as pessoas vivem mais tempo. Nosso cirurgião pode estar com 60 anos com uma bela mulher de 45 anos. Ele pode viver mais uns 20 anos, enquanto ela pode viver mais uns 55 – até os 100. Os 4 milhões de dólares deles têm de garanti-la a vida toda. Alguns aumentos inflacionários em excesso no decorrer desses 55 anos e esses 4 milhões podem fazê-la sentir-se bem apertada e muito pobre.

Antigamente, um milionário era considerado rico. Hoje em dia, é raro isso ser verdade. Consultores financeiros vão aconselhar você a não retirar mais de 4% ao ano de seus ativos, dependendo das circunstâncias. Para alguns, muito menos. Mas um milionário que retira 4% e tem 30 anos de vida pela frente estaria vivendo com uma renda abaixo da média do lugar onde moro, perto de São Francisco. Não chega a ser pobreza – mas também não se pode dizer que ele seja rico. Então, é você que decide o que é ser rico. Ser rico é sentir-se rico.

Mas, se você pensar nesses caminhos da maneira certa, é possível simplesmente esquecer tudo isso, porque poderá gerar uma riqueza tão grande que saber se é suficiente ou não é um problema que simplesmente deixará de existir. À medida que for lendo, você vai ver exemplos de gente que criou uma megafortuna, o que torna a frugalidade pouco importante, seja qual for o padrão. É só uma questão de seguir uma das rotas que leva a uma grande fortuna dar certo para você.

CELEBRIDADE OU NÃO?

Este livro não fala de celebridades – embora eu use o nome de muita gente famosa como exemplos de sucesso (e, às vezes, de fracasso). Este livro fala de rotas, não de pessoas. Existem basicamente dois tipos de celebridade. Alguém fica famoso e depois enriquece graças à fama. O boxeador George Foreman, por exemplo, aposentou-se sem um centavo, mas célebre, e usou a fama para alavancar uma empresa (Capítulo 4). Merv Griffin ficou fabulosamente rico, chegando até a aparecer rapidamente entre os 400 da *Forbes*, construindo um império de mídia baseado em sua fama relativamente modesta de profissional do entretenimento (também no Capítulo 4). O segundo tipo de celebridade ganha dinheiro antes e depois fica famoso. Warren Buffett me vem à mente. Ou Ron Perelman. Famosos pela riqueza.

O tópico de enriquecer por meio da fama me leva a dar conselhos rigorosos. O teatro, a música, o esporte ou outras formas de entretenimento, se forem exercidas com o objetivo explícito de ficar rico, terão a motivação errada e terrivelmente difícil – como mostra o Capítulo 4. É um caminho legítimo, mas esteja avisado: outros caminhos têm índices de êxito muito maiores. Não estou criticando a natureza da fama, se ela é boa ou ruim em si mesma. A motivação certa para ser um(a) cantor(a) ou ator/atriz é querer cantar ou estar em cena. A maioria esmagadora dos artistas é paupérrima. Vou lhe mostrar as estatísticas, e elas são assustadoras. Quase nenhum artista fica rico. A fama não é um objetivo. Não vou ter como fugir à discussão de algumas celebridades. Mas o foco é nas rotas.

Um exemplo: entre a multidão para a qual o dinheiro veio antes da fama, é difícil não mencionar Bill Gates. Ele está no auge do sucesso de um caminho específico para a riqueza. Não posso discutir realmente esse caminho ou qualquer outro sem citar ao menos aqueles que o percorreram com mais êxito. Mas prefiro me concentrar nos ricos menos famosos ou anônimos que usaram essa rota – até chegar àqueles que usaram um determinado caminho para ter uma riqueza sobre a qual ninguém fala. Para seus objetivos, esses últimos podem ser exemplos mais úteis. Se você quer histórias picantes sobre Bill Gates ou outras celebridades, há muitas delas na internet. Este livro só identifica que rota ou rotas essas celebridades tomaram, e como você vai percorrê-las para chegar ao êxito – seja qual for o grau que você escolher.

E AS OUTRAS ROTAS?

Só existem mesmo dez rotas? Sim e não. Há mais formas de enriquecer, mas nenhuma que possa ser planejada. Por exemplo: não posso escrever um livro sobre como herdar 50 milhões de dólares. Ou você é parente próximo de alguém rico, ou não é. Poderia haver um livro que explicasse como não malbaratar uma herança gorda, ou não irritar o seu avô a ponto de levá-lo a deixar o dinheiro para uma instituição de caridade em vez de deixá-lo para você – como fez o avô de Paris Hilton. Também temos o caso de Leona Helmsley: ao morrer em 2007, ela deixou 12 milhões de dólares para seu cachorro Trouble, e mais ainda para o responsável pelo cachorro, o irmão de Leona. Metade de seus netos não recebeu nada – nem mesmo o direito de visitar Trouble.[1] O resto de seu espólio (qualquer coisa entre 5 e 8 bilhões de dólares) foi destinado à "previdência canina" – a Sociedade Humana se deu mal.[2] Não há como traçar uma estratégia para você se tornar um(a) herdeiro(a) ou um animal de estimação mimadíssimo.

Também não há como traçar uma estratégia para você ganhar um prêmio bilionário na loteria. Mas esse é um destino com o qual você não deve ficar sonhando por causa da célebre e bem documentada maldição da loteria. Nem todo mundo que ganha uma fortuna imensa na loteria está fadado a uma tragédia, mas elas acontecem com frequência. E podem acontecer com você também.

Jeffrey Dampier Jr., por exemplo, era um cara legal em todos os sentidos. Teve uma infância difícil no West Side de Chicago. Mas quis a sorte que ele ganhasse na loteria de Illinois – 20 milhões de dólares. Trocou a Chicago fria e cheia de neve pela Flórida, mas não se esqueceu da família – cumulou os pais e irmãos de presentes, viagens, carros e casas. Não se esqueceu sequer da família de sua mulher. Mas isso não bastou para Victoria, irmã de sua esposa. Ela e o namorado sequestraram Jeff e o mataram. Nada de cruzeiros pelo Caribe depois disso.[3]

Jack Whittaker ganhou 315 milhões de dólares em 2002, o maior prêmio Powerball. Logo sua mulher o deixou (o dinheiro também não compra amor), uma neta adorada morreu de overdose e a filha recebeu o diagnóstico de câncer. Podemos simpatizar com sua vontade de se automedicar, mas não há desculpa para dirigir alcoolizado, como fez muitas vezes. Sua presença frequente em clubes de striptease também foi problemática. Em uma dessas visitas, seu carro foi roubado. Os ladrões conseguiram quase 600 mil dólares (o dinheiro foi recuperado depois – mas não sua reputação – ele a deixou inteira no clube de striptease). E ele também tinha dificuldade em controlar o seu dinheiro. Whittaker assinou cheques frios várias vezes – chegou até a ser processado por um cassino de Atlantic City por dar cheque sem fundo. Ao todo, ele estima que se envolveu em mais de 460 processos judiciários.[4] Como todo mundo sabe, ele ainda ganha dinheiro, está vivo e passa bem – de modo que se saiu muito melhor que o senhor Dampier. Mas 460 processos? Isso é miséria, não é riqueza. Faz lembrar a famosa maldição mexicana: "Que sua vida seja cheia de advogados". Além disso, não há como planejar ficar rico desse jeito – e você não vai querer ser miserável desse jeito.

Depois de estudar a questão, passei a acreditar que as pessoas que geram sua riqueza percorrendo uma dessas dez rotas acabam ficando mais felizes que os poucos que tiveram sorte e ganharam uma fábula de maneiras que não podem ser planejadas. As pessoas que fizeram fortuna ganharam-na com seu esforço pessoal e têm confiança em si no tocante a seu dinheiro. Ao ler sobre essas dez rotas, você vai conhecer muitas pessoas felizes. Sim, você também vai conhecer algumas que não são, e eu vou usá-las como exemplos do que não fazer. No Capítulo 6, vou lhe mostrar como roubar dinheiro dentro da lei. É um assunto espinhoso que pode parecer ofensivo para alguns – talvez para você! Mas vou lhe mostrar que as pessoas que tomaram esse caminho têm muito orgulho de si. Depois vou lhe dar alguns exemplos de pessoas que ignoraram a parte jurídica. Fizeram quase as mesmas coisas, mas transgrediram a lei e estão na cadeia. Não sentem muito orgulho de si, não.

Todo capítulo tem seus êxitos e fracassos – e lições a serem aprendidas com ambos. Mas percorrer esses caminhos e chegar a seu destino também diz respeito a se dar bem na vida. O Capítulo 5 não é intitulado "Case-se com alguém rico" – que pode sugerir um casamento sem amor – levando a um futuro em que pode haver dinheiro, mas também haverá miséria. É chamado "Case-se bem", que inclui o pacote inteiro de coisas boas. Mas este capítulo também fala dos erros a evitar, pois podem levar ao fracasso e à miséria. Todo caminho tem seus pontos cegos, que precisam ser evitados.

Um desvio da estrada principal

Há muitas formas de ficar rico que dão certo uma vez em um milhão. Um cara sai de barco. O barco afunda. Ele mergulha para encontrar o tal barco – não acha o barco, mas acha um tesouro submerso. O que não significa que você deve sair de barco. Esse não é um caminho que leva à riqueza – é pura sorte. O fato de alguém ter feito uma determinada coisa e ter dado certo não quer dizer que seja algo que você deva tentar. Por exemplo: escrever é absolutamente respeitável, mas não torna muita gente rica, como vou mostrar com detalhes no Capítulo 8. Também vou lhe mostrar o que fazer em lugar de escrever se você é um autor e quer ficar rico. Mas, quase sempre, escrever é algo que você faz por amor, não por dinheiro. Sim, alguns realmente dão certo, como J. K. Rowling e Stephen King. Falamos deles e de sua viagem por um dos caminhos – e de como você, sendo escritor, pode ter êxito como eles. O Capítulo 8 fala dos desvios que eles tomaram. Mas ficar rico escrevendo é raríssimo. Em geral, escrever é mais uma trilha que uma estrada que leva à riqueza.

E escrever livros dá um trabalho danado. Portanto, se não é um bom caminho para a riqueza, por que me dou esse trabalho, principalmente para redigir este livro? Por dois motivos! O primeiro é que escrever é algo que a gente faz por amor, e eu gosto, e faço isso há muito tempo. Adoro escrever. Em segundo lugar, já sendo rico, este livro é uma forma de retribuir e mostrar aos outros como ficar rico, para que alguém como você possa enriquecer se quiser. Tenho 58 anos e estou em fim de carreira. Gosto do que faço, mas não tenho mais muitos anos pela frente, se pensarmos nos que tenho para trás. Minha mulher e eu temos três filhos adultos. Moro onde quero, faço o que quero. Tenho hobbies de que gosto. Minha forma particular de retribuir não é dando dinheiro para a ópera; não tenho nada contra a ópera – só não é para mim. Meus interesses em termos de obras de caridade já estão inteiramente definidos – e há muito tempo – para depois que eu morrer. O grosso dos meus bens vai para a Johns Hopkins Medicine – que, a meu ver, ajudará as pessoas depois da minha morte graças à pesquisa científica. Na verdade, agora já faz um bom tempo que, em um sentido financeiro, trabalho somente em proveito dessa instituição maravilhosa. Mas, para mim, retribuir não tem nenhuma relação com ser um líder escoteiro – também não vejo nada de mal em ser um líder escoteiro, só que também não é para mim. Para mim, este livro é uma forma lógica de retribuir, para que alguém, talvez muita gente, talvez *você*, veja pela primeira vez como ficar rico, tanto quanto quiser, de uma forma lógica, metódica.

O CAMINHO CERTO

Agora você está com seu mapa rodoviário em mãos e estamos prontos para pegar a estrada. Considere cada capítulo uma experiência. Talvez a rota atraia você, talvez não. Mas há um caminho certo para toda pessoa que deseja enriquecer se conseguir evitar as armadilhas mais comuns. O bom desses caminhos é que você pode viajar por eles quer faça bom tempo, quer não. Não importa o que está acontecendo com os outros em outros caminhos – só importa que você encontre o seu e o percorra até o fim.

Você vai querer imitar algumas das pessoas apresentadas aqui. Outras são exemplos (às vezes cômicos) do que não fazer. Mas até as criaturas mais cômicas apresentadas fizeram uma grande fortuna. Quem é que pode dizer quem é respeitável e quem é ridículo? Se você quer ficar rico, quem vai poder dizer que um determinado caminho não é certo uma vez que seja percorrido sem transgredir a lei e com sua alma mortal intacta? Se alguém enriqueceu dançando vestido com uma fantasia de galinha, como mostro em detalhes no Capítulo 4, quem é você ou eu para julgar?

Que sua viagem comece já! No fim deste livro, se você chegar à conclusão de que nenhum desses caminhos lhe serve, e se não tiver interesse em se tornar um especialista em *estradas*, ao menos ler sobre as dez rotas vai lhe ter poupado o trabalho de passar pela vida e, no fim, descobrir que chegou a um beco sem saída. E isso também tem lá o seu mérito.

Curta a viagem e aprenda o que puder com essas pessoas que já encontraram seu caminho.

Sumário

1 A mais rica das rotas

Você tem uma visão convincente?
Capacidade de liderança?
Um cônjuge compreensivo?
Você pode muito bem ser um fundador visionário.

Esta é a mais enriquecedora das rotas. Fundar seu próprio negócio pode gerar uma riqueza assombrosa. Metade dos dez norte-americanos mais ricos fez isso, entre os quais Bill Gates (patrimônio líquido de 59 bilhões de dólares), Sheldon Adelson, o magnata dos cassinos (28 bilhões de dólares), Larry Ellison, o presidente da Oracle (26 bilhões de dólares) e Sergey Brin e Larry Page, os prodígios do Google (18,5 bilhões de dólares cada).[1] Logo depois vêm Michael Bloomberg, o magnata da informação e agora prefeito da cidade de Nova York (11,5 bilhões de dólares), Phil Knight da Nike (9,8 bilhões de dólares), o financista Stephen Schwarzman (7,8 bilhões de dólares) e o investidor Charles Schwab (5,5 bilhões de dólares), além dos muitos norte-americanos mais ricos de quase todos os setores econômicos.[2] O melhor de tudo é que esses caras ficaram ricos e também produziram muitos copilotos ricos (ver o Capítulo 3).

E esse caminho funciona com poucas restrições em termos de indústria, grau de instrução ou *pedigree* – gente com doutorado e gente que largou a faculdade é igualmente bem-vinda.

Mas esteja avisado: este caminho não é para os fraquinhos. Exige coragem, disciplina, pele de teflon, visão estratégica, um talentoso elenco de coadjuvantes e, talvez, sorte. Aqueles a quem falta espírito empreendedor não são bons candidatos – nem gente medrosa.

Não há dúvida, é difícil. Poucas empresas novas sobrevivem mais de quatro anos.[3] Mas começar um negócio *é* o sonho norte-americano. Já o êxito é algo que está na esfera dos super-homens e supermulheres. A chave do sucesso é o toque novo que torna diferente o que você faz – a diferença que dá certo.

Você é uma pessoa que nada pode deter? Poderia dizer, como Phil Knight, "Apenas faça"? Você tem de ser muito bom no seu ramo e no *negócio* dos negócios. Só visão não resolve! Você precisa de perspicácia, carisma, raciocínio tático e capacidade de liderança. Nunca conheci um fundador bem-sucedido que os outros não quisessem seguir. São super, só isso. Conhecem seu produto como a palma da mão. São habilidosos nas vendas e no marketing. Sabem delegar. E também constroem uma cultura comum a diversas ondas de novos funcionários, de modo que sua empresa passa a ter vida própria, que vai além de seu presidente. Essa é uma ordem respeitável.

Antes de tomar esse caminho, você precisa responder cinco perguntas críticas:

1. Que parte do mundo você pode mudar?
2. Você vai criar um produto novo ou inovar um produto existente?
3. Você vai construir uma empresa para vender ou para durar?
4. Você precisa de fundos externos ou pode se virar sozinho?
5. Vai se manter como companhia limitada ou vai virar sociedade anônima?

A ESCOLHA DE UM CAMINHO

Primeira pergunta: que parte do mundo você pode mudar? Não cometa erros, os fundadores geram mudanças, sejam elas pequenas ou grandes. Em termos ideais, você gera mudança quando está apaixonado. A mudança gera valor até nas indústrias mais insignificantes. Transformar algo insignificante em algo importante é uma maravilha! No entanto, se você não está realmente apaixonado por nada, tudo bem ir atrás do dinheiro – concentre-se nas áreas de valor elevado. Para isso, pule para o exercício do Capítulo 7, no intuito de descobrir quais são os campos mais valiosos.

Você também pode se concentrar em setores com probabilidade de se tornarem mais relevantes – nos Estados Unidos e no resto do mundo. Por exemplo: o setor de prestação de serviços teve um crescimento espantoso – na verdade, a economia norte-americana é quase 80% composta por serviços.[4]

A tecnologia vai se tornar mais importante, e não menos – pode apostar. Isso também se aplica aos planos de saúde – esteja a economia bem ou não –, pois sempre queremos mais remédios. Ultimamente, o setor financeiro levou na cabeça, mas as pessoas sempre vão precisar investir e fazer empréstimos – sobretudo empresários que estão fundando o seu próprio negócio. Todas essas são áreas que provavelmente se tornarão mais relevantes.

Ou, então, considere o lado inverso desse conceito por um momento e concentre-se em setores que provavelmente vão se tornar menos relevantes. Bom, não estou fazendo uma previsão do que vai acontecer em qualquer setor nos próximos anos, mas empresas antigas em ramos sindicalizados (como automóveis e companhias aéreas) têm uma morte lenta e torturante, os lucros de suas ações são ridículos e elas acabam sendo substituídas por algo – de alguma forma – que passa ao largo dos sindicatos. Talvez você queira fundar uma empresa que gere a mudança e faça essa substituição.

> •••➡ Escolha um ramo que vai se tornar cada vez mais mais relevante.

Comece pequeno, torne-se maior – sempre pense em termos de expansão futura

Começar pequeno é melhor. Pouca gente se propõe fundar a próxima Microsoft – eles começaram a brincar com computadores na garagem da mamãe. Quando fundei minha empresa, comecei pequeno. Se você tivesse me perguntado naquela época se eu algum dia administraria uma empresa grande como ela é hoje, eu teria rido. Comece pequeno, torne-se maior – sempre pensando em termos de escala.

Um exemplo: uma lavanderia a seco é um negócio pequeno. A demanda é justamente inelástica – as pessoas sempre precisam de roupas limpas, até mesmo em momentos difíceis. É uma entrada fácil. Mas, exatamente por esses motivos, é pouco provável que esse negócio cresça até se tornar uma enorme empresa nacional – falta escala. Basicamente não existem cadeias de lavanderias a seco. Até que ponto você pode enriquecer tendo uma ou um punhado de lavanderias a seco? Repetindo: você pode se tornar a pessoa que quebra a questão da escala e inventa um jeito de criar uma enorme cadeia de lavanderias a seco – uma cadeia enorme do tipo daquela de Sam Walton [a Wal-Mart].

Uma banca de tacos é um negócio tão diminuto quanto lavanderia a seco. Também é um ramo fácil de entrar – você só precisa de tortilhas e um carrinho –, mas uma escala possante.

Comece pequeno - pense grande.

Você não faz o retorno em uma via expressa para ir a sua lavanderia a seco predileta, mas você o faz para almoçar na sua banca favorita de tacos e tortilhas. A Chipotle, por exemplo, era uma banquinha regional de burritos de Denver. O McDonald's investiu e a Chipotle tornou-se uma empresa nacional e, em 2006, sociedade anônima. Conseguiu isso se concentrando na possibilidade de expansão futura e aproveitando todas as vantagens que pôde da compra centralizada, da propaganda em massa e, sim, da tecnologia. De minúscula a colossal.

MAIS NOVO OU MELHOR?

Próxima pergunta. Os empresários transformam o mundo de duas maneiras básicas: criando algo inteiramente novo – preenchendo a lacuna de um produto ou serviço – ou tornando melhores ou mais eficientes produtos já existentes. Qual é a sua? O pessoal do inteiramente novo é como Bill Gates e Steve Jobs (patrimônio líquido de 5,7 bilhões de dólares), presidente da Apple.[5] Ou como Will Keith Kellogg – criador dos flocos de milho e do gênero desjejum frio à base de cereais. Ou como John Deere, um ferreiro que inventou o arado de aço e é dono de uma das empresas mais antigas dos Estados Unidos. Inteiramente novo!

Sua motivação inicial pode ser mais pessoal – talvez mudar um pedacinho do seu mundo. Pode compensar muitíssimo. Meu amigo Mike Wood era um intelectual, advogado do ramo imobiliário, frustrado com a falta de bons jogos eletrônicos que ensinassem seu filho a aprender a ler. Inspirado por essa lacuna, ele fundou a Leapfrog em 1995. Quando a deixou, nove anos depois, a empresa estava valendo cerca de 53,4 milhões de dólares.[6] Quando

Mike não está sério, mostra seu lado criativo e arrasa tocando violão e cantando músicas de caubói. Você talvez ache que precise de um diploma do MIT [Massachusetts Institute of Technology – Instituto de Tecnologia de Massachusetts, EUA] para descobrir qual será o próximo produto fantástico. Na verdade, tudo quanto é preciso, às vezes, é ter uma necessidade que você ache que os outros também têm – e talvez um pouco de criatividade e músicas de caubói.

Você tem de escolher – preencher o vácuo de um produto ou inovar em cima de um tema antigo?

Se não consegue imaginar produtos novos, tente melhorar algum que já existe. Muitos dos empresários mais ricos de hoje só abordaram de forma nova algo que já estava na praça – melhorando o desempenho, a produtividade ou a margem de lucros –, aperfeiçoando alguma coisa.

Charles Schwab (5,5 bilhões de dólares)[7] não criou descontos em corretagem, mas tornou-a fácil. Amar Bose, presidente da Bose (1,8 bilhão de dólares),[8] não inventou os microfones estereofônicos. Fez o seu som ficar espetacular. Os fundadores da Crocs não inventaram os mocassins – eles os tornaram absurdamente feios e inexplicavelmente populares. Com um valor de mercado de mais de 5,5 bilhões de dólares,[9] os fundadores da Crocs percorrem todo o caminho até o banco rindo à toa (e usando sapatos feios). Essas pessoas encontraram formas novas e mais lucrativas de realizar funções antigas – o que gerou riqueza, criou empregos e contribuiu para o crescimento dos Estados Unidos. Simplesmente estupendo.

Eficiência e custo baixo que aposta na distribuição em larga escala são outras formas de inovar. Esse foi o caminho de Sam Walton, o fundador da Wal-Mart – o provedor do baixo custo. Sua visão deixou seus quatro filhos (entre os quais uma nora) com uma herança de mais de 16 bilhões de dólares cada.[10]

Ou, então, tente inverter o caminho de Walton – torne algo simples muito, muito caro. Como Ralph Lauren (patrimônio líquido de 4,7 bilhões de dólares),[11] fundador e presidente da Polo, com sua linha de roupas, que é cara e lucrativa. Ele expandiu sua empresa para o ramo de roupas esportivas (desenhou as roupas dos atletas norte-americanos que participaram das Olimpíadas de 2008 e, a certa altura, vestiu a patrulha do esqui – um grupo de resgate que presta os serviços de primeiros socorros a esquiadores da Aspen Skiing Company[12] – até onde pode chegar sua expansão?), além de entrar no ramo de móveis e objetos de decoração, perfumes e até algo tão simples quanto tinta de paredes. Lauren descobriu que uma estratégia muito boa de ramificação da marca convencia pessoas racionais a pagar os olhos da cara pelas calças masculinas mais básicas. Imagine! Vera Wang é outra inovadora da moda que fez fortuna levando a extremos os tradicionais vestidos brancos das noivas. Uma roupa pode custar 20 mil dólares ou mais, com margens de lucros assombrosas. Isso exige uma marca convincente, inovadora – um negócio difícil!

CONSTRUIR PARA VENDER OU CONSTRUIR PARA DURAR?

Terceira pergunta-chave – quais são seus planos futuros? Você gostaria que a sua empresa durasse gerações? Ou é uma empresa que você quer construir, fazer crescer, vender e cair fora? Qualquer das duas alternativas é boa. Não há nada de errado em construir um negócio que você não quer administrar para sempre. Alguns querem deixar uma herança. Outros só querem dinheiro vivo. O fundador médio não gosta de fazer o que é necessário para deixar uma herança. Mas muitos deles têm condições de construir um negócio e vendê-lo por 5, 20, ou até 500 milhões de dólares e partir para outra. Cabe a você decidir!

Construir para vender

Construir para vender é mais fácil. A sucessão gerencial deixa de ser problema. Você descobre um vácuo de um produto ou uma melhoria tentadora. Aí você pensa como comprador: "O que levaria alguém a querer comprar a empresa?". Resposta: lucros ou lucros potenciais. Além disso, seu negócio tem de ser transferível – o que significa que você não é insubstituível. Construir para vender pode deixar você rico; mas, em geral, não cria uma megarriqueza – até aí, tudo bem. Você se lembra daqueles comerciais dos Nantucket Nectars? "Oi, sou o Tom. E eu sou o Tom. Somos os garotos do suco." Os "dois Toms" começaram servindo sucos caseiros a turistas no barquinho que tinham em

Nantucket, em 1989. Em 2002, Cadbury Schweppes viu um enorme lucro potencial na venda de uma marca florescente por meio de seus canais de distribuição já colossais – que foram vendidos por 100 milhões de dólares.[13] Nenhum dos "dois Toms" está entre os 400 da *Forbes*, mas não têm do que se queixar da sorte.

> Construa uma empresa para vender ou para durar. Ambas são lucrativas.

Os californianos vão se lembrar da H. Salt Fish & Chips – uma empresa que vendia peixe e batata frita à moda inglesa e era enorme na década de 1960. A empresa H. Salt era e continua sendo um único cara – Haddon Salt. Ele e sua mulher mudaram-se da Inglaterra para a Califórnia e trouxeram consigo o gosto pelo bacalhau frito, bem como a receita. Essa empresa pequenininha acabou se transformando em um enorme negócio regional. Quando Salt a vendeu para a Kentucky Fried Chicken, em 1969, ela tinha 93 franquias.[14] Hoje só existem 26.[15] E Salt não está nem aí. Pegou seu dinheiro e aposentou-se muito antes de isso acontecer. Agora ele passa suas horas de folga tocando o violino elétrico mais absurdamente maravilhoso que você já escutou na vida. Fundadores que também são presidentes tendem a fundir criatividade e paixão (o violino que Salt toca também aparece no Capítulo 9 – é fabricado por Grover Wickersham, que administra a Zeta Music).

Muitas vezes, os negócios são vendidos e implodem. Isso não diminui os méritos dos fundadores. Se os compradores levam a empresa à ruína, a culpa é deles, não dos fundadores. Se você construir um negócio para vender, não se queixe depois (por falar em depois, muitos fundam, constroem, vendem e aposentam-se para acabar descobrindo – tarde demais – que era o desafio da empreitada que os deixava felizes).

Construir para durar

Se você vai lamentar para sempre o destino de sua empresa e quer deixar uma herança duradoura, construa para durar – esse é realmente o auge do sucesso. O problema é que você talvez não viva o suficiente para ver isso. Herbert H. Dow já tinha morrido há muito tempo quando a Dow Chemical se tornou a terceira, depois a segunda e, finalmente, a maior empresa química dos Estados Unidos. Mas sua herança enriqueceu gerações de familiares seus, assim como funcionários da Dow e suas respectivas famílias.

Quando eu era criança, meu pai idolatrava Herbert Dow. Cresci ouvindo citações intermináveis de Dow. Para mim, Dow era um gigante. Dow começou a fabricar substâncias químicas inorgânicas desde cedo – originalmente alvejantes –, tornando alguns passos básicos da fabricação do produto mais baratos que os dos outros, vendendo abaixo do preço de mercado e ganhando parcelas do mercado todo ano. O foco de Dow ainda estava perfeito quando eu era jovem. Dow era o número um em produtos inorgânicos e o número cinco em produtos químicos nos Estados Unidos. Hoje em dia, a Dow é a número um dos Estados Unidos e a número dois do mundo. Se for possível ficar satisfeito no túmulo, Herbert Dow certamente deve estar. Isso é que é legado!

Tentei aplicar em minha empresa muito do que aprendi com meu pai a respeito de Dow, apesar de ela não estar no ramo das *commodities** nem da fabricação. Se eu estivesse escrevendo um livro só sobre a construção de uma empresa duradoura, a filosofia e as lições de vida de Dow seriam centrais. Por exemplo: Dow enfatizava os investimentos maciços durante o ciclo descendente de seu ramo, pois sabia que a concorrência não teria coragem de fazer isso. O benefício? No ciclo ascendente seguinte, Dow tinha capacidade nova, moderna e de baixo custo, suficiente para absorver os negócios dos menos corajosos.

Outro dowismo era contratar gente jovem, recém-saída da faculdade, e orientar essas pessoas para se tornarem parte permanente da cultura da Dow por meio de carreiras vitalícias. O benefício? Lealdade, envolvimento e cultura empresarial que você não pode ter de outra forma. Uma de suas melhores citações era (e meu pai a repetia interminavelmente): "Nunca promova alguém que não cometeu alguns erros crassos; senão você vai promover alguém que não fez muita coisa".

•••➡ Se construir para vender, pense como um comprador. Se construir para durar, pense como um proprietário.

* Produtos usados em transações comerciais nas bolsas de valores, em seu estado bruto ou com algum grau de industrialização. (N. T.)

Em uma era anterior ao absurdo social de hoje (onde diretorias "ideais" são impostas pelo governo e pela lei), Dow estava comprometido com uma diretoria de funcionários antigos. Executivos aposentados da Dow, que tinham parte de suas ações e não podiam mais ser demitidos, eram ferozmente leais, mas não estavam sob o poder de um presidente. Eles também sabiam em que armários havia esqueletos e quem os pôs lá, de modo que conseguiam encontrar qualquer coisa em um instante. Essa estrutura básica de diretoria ainda estava praticamente intacta quando eu era jovem, há quatro décadas. O benefício? Nenhum presidente futuro poderia jogar areia nos olhos da diretoria. Não dá para esconder os problemas internos. Se a Enron tivesse sido assim, não teria desmoronado como desmoronou. Dow sabia, há oitenta anos, que uma diretoria de fora (hoje uma norma indispensável para sociedades anônimas) é batante inútil.

Se a nossa sociedade tivesse a consciência que Dow teve, estaríamos em uma situação bem melhor. Fique longe de diretorias externas, se puder. É melhor. Membros de diretorias externas gostam de seu trabalho, mas o valor que agregam é realmente zero. Se você puder contratar ou fazer amizade com todos os consultores de que pode precisar, não necessitará deles em sua diretoria.

Cultura ou culto-certo

Entre as tarefas mais importantes que você terá como fundador de uma empresa feita para durar está a criação de uma cultura sólida capaz de manter sua visão estratégica até muito tempo depois que você tiver morrido. Se fracassar nessa empreitada, seu sucessor pode embrulhar sua empresa e vendê-la ao primeiro comprador viável ou adulterá-la de alguma forma.

A sede de minha empresa fica em um lugar do qual poucos suspeitariam – o topo de uma montanha acima da península de São Francisco. Passei a vida nas florestas e as vejo como um ambiente de trabalho benigno e cheio de paz. Anos atrás, quando começamos a crescer e a contratar mais funcionários, o pessoal do setor referia-se a nós pejorativamente como "o culto da montanha". Não sei se vou conseguir atingir todas as minhas metas, mas, se o fizer, muito depois de eu estar morto eles vão nos chamar de "o culto-certo", porque, se você quer construir algo duradouro, precisa ter uma cultura tão "certa" que nenhuma pessoa, evento, ciclo econômico ou tendência social pode tirá-la de seu curso. Foi isso que Dow fez.

CAPITAL PRÓPRIO OU FINANCIAMENTOS?

Quarta pergunta: muito capital ou pouco? Outra forma de pensar na mesma questão: você vai precisar de financiamento de terceiros, o que dilui sua propriedade, ou vai ser capaz de investir principalmente seu próprio capital – financiando o crescimento com lucros reciclados e empréstimos bancários?

Negócios de capital intensivo tendem a estar em categorias como indústrias, fábricas, matéria-prima, mineração, tecnologia farmacêutica e biotecnologia. As outras tendem à prestação de serviços – financeiras, os administradores de dinheiro do Capítulo 7, consultorias e talvez programas de computador. Mas até essas outras podem querer começar com bastante dinheiro. A vantagem é que você começa maior e anda mais depressa. Quando você usa só o seu próprio capital, precisa ter paciência, porque pode ser um negócio demorado começar pequeno e reaplicar os lucros na empresa para autofinanciar o crescimento – é um processo que exige muita paciência mesmo.

•• ➡ Não deva nada a capitalistas de risco. Use o seu próprio capital sempre que puder.

Pode parecer fantástico "começar grande", mas esteja avisado: os capitalistas de risco conhecem essa história de começar um negócio muito melhor do que você jamais vai conhecer. Eles financiam um número incalculável de negócios. Você terá um ou dois em toda a sua vida. Eles não vão financiar sua empresa por caridade, mas para ter a posse dela e parte nos lucros. Podem criar um jogo planejado, de modo que no segundo ou terceiro *round* de financiamento de sua empresa já vão estar de posse de uma parte muito maior dela do que você jamais imaginaria que fosse possível. Contudo, quem que usa só o próprio dinheiro pode fazer o que bem entender com o fluxo de caixa e não precisa se curvar às exigências de estranhos. Se puder evitar os capitalistas de risco, evite. Mas, se resolver tomar o caminho do CR, não precisa perder tempo explicando o porquê. Há miríades de livros sobre esse tema na praça.

EMPRESA PÚBLICA* OU PRIVADA?

Por fim, você quer construir uma companhia pública ou uma privada? Quando alguém pensa em um presidente de empresa, em geral pensa em diretores de empresas públicas como Bill Gates ou Steve Jobs – meganomes, empresas internacionais. Mas a maioria esmagadora das empresas é privada. É melhor, em minha opinião. É como escolher entre financiamento externo ou capital próprio. Em geral, as empresas se tornam sociedades anônimas para levantar capital – vendendo a alma ao público. No entanto, assim como na obtenção de financiamento com capital de risco, você tem de prestar contas a outros donos, além de você – e agora, talvez milhões deles!

As pessoas idealizam o lançamento de uma OPA,** imaginando riquezas incalculáveis. Embora uma porcentagem diminuta das OPAs tenham obtido desempenho espetacular – como o Google, a Microsoft e a Oracle –, a quantidade de fracassadas é impressionante. Como mostrei com detalhes em meu livro de 1987, *The Wall Street waltz* [A dança de Wal Street], atualizado há pouco tempo, OPA, em geral, é sinônimo de "Provavelmente supervalorizada". A maioria das OPAs mostrou-se depois uma decepção. E, na sua condição de fundador e presidente, suas dores de cabeça só começaram. A partir de então, sendo ações públicas, você está atrelado a desconhecidos e regras públicas para todo o sempre, amém. Você divide o controle com eles, os reguladores e os tribunais – e, às vezes, todos eles são amantes infiéis.

Há muito menos impasses se você for uma empresa privada! Fred Koch fundou as Koch Industries em 1940. Colossal e incrivelmente bem-sucedida, a Koch talvez seja a maior companhia limitada do mundo, com vendas anuais estimadas em 90 bilhões de dólares.[16] Além de inteligente e de ter um impressionante tino comercial, Koch abomina os comunistas – outra característica que o tornou caro ao meu coração. Antes de fundar sua empresa,

---

* No texto, empresa pública é sinônimo de sociedade anônima de capital aberto (com ações negociadas em Bolsa de Valores); por empresa privada entende-se Cia. Limitada. (N. E.)

** Oferta Pública de Ações – quando a empresa abre seu capital, oferecendo parte do seu capital social à venda em Bolsa, tornando-se pública. (N. T.)

Koch construiu refinarias na União Soviética, onde demitiu quase todos os engenheiros russos, substituindo-os por não-comunistas.[17] Adorei!

Apesar de ser um ramo terrivelmente difícil, com concorrentes globais de escala maciça e governos volúveis e irritantes em todos os lugares, Koch floresceu. David e Charles, filhos de Koch, agora administram a empresa – cada um deles tem um patrimônio líquido de 17 bilhões de dólares.[18] São bem-sucedidos por méritos próprios. Surpreendentemente, são os caras mais cordiais do mundo. E não têm necessidade alguma de ir ao público. Na verdade, Charles Koch declarou que a empresa só vai ao público "literalmente por cima do meu cadáver".[19] Felizmente, seu filho Chase, que vai receber uma herança importante, pensa da mesma forma.

Concordo com as opiniões de Charles. Fazendo compras em meu supermercado, às vezes encontro clientes que moram por aqui. Eles esperam que eu lhes dê atenção – que devo lhes dar atenção. Converso com eles tanto quanto querem porque ambos entramos em uma relação comercial de livre e espontânea vontade, e continuamos mantendo uma relação comercial – um negócio em que os lucros são divididos meio a meio. Eles não são obrigados a nos contratar, e minha empresa nunca foi obrigada a aceitá-los como clientes. Foi uma escolha mútua. Fechamos um negócio. Eles pagam pelo meu tempo.

••➡ Quem administra sua empresa? Você, José dos Anzóis, reguladores ou tribunais?

Isso não acontece com acionistas. Como presidente de uma empresa aberta ao público, você não tem controle sobre as ações de sua empresa. Qualquer pessoa com conta de corretagem online e o desejo profundo de infernizar a sua vida na seção de congelados antes de processá-lo (ver o Capítulo 6 sobre piratas) torna-se seu dono. Você não consegue conversar com esse tipo de gente. Em geral, os interesses deles são prejudiciais a sua visão de longo prazo e à saúde de sua empresa. Eles só se importam com o preço das ações na semana seguinte.

Às vezes, para fazer a coisa certa para o futuro de sua empresa, você precisa tomar decisões dispendiosas que podem reduzir os ganhos e os preços das ações aqui e agora. As empresas de capital aberto de hoje costumam se pautar pelo curto prazo. E você não pode dizer uma coisa a alguém no supermercado que não disse a todo mundo, senão você e sua empresa vão entrar numa encrenca jurídica. É por isso que, na seção de laticínios, você sorri, aperta mãos, mantém o bico fechado, corre a mil por hora e se esconde bem.

Se você puder, o melhor é continuar como empresa privada e só se encontrar com clientes e revendedores no supermercado. Isso não significa que eu não goste de ações de empresas de capital aberto. Eu gosto – meu negócio é crescer investindo nelas –, mas eu nunca vou querer administrar uma delas. Você também não deveria.

NA MOSCA

Dá muita satisfação construir um império e empregar outras pessoas. Mas isso tem o seu contrapeso – quanto maior você fica, mais é atacado. Aqueles que atingem o sucesso realmente acabam ficando calejados e com um ego que precisa de pouquíssima manutenção.

Ridicularizam você desde o início. Como seu produto é novidade ou diferente, não surgiu no seio da ordem estabelecida. A maioria das pessoas não tem a sua imaginação e vai achar que você está meio maluco – até sua empresa ser considerada um sucesso. Então, você será saudado como um visionário. Isso é verdade em relação a quase todos os fundadores realmente radicais. Quanto maior o sucesso, mais você foi ridicularizado antes.

Você também vai ser visto como um maluco ao longo desse caminho. Quando minha empresa começou a fazer marketing por mala direta virtual (coisa que eu prefiro chamar de *lixo eletrônico*) para investidores com alto patrimônio líquido, os especialistas do setor disseram que tínhamos enlouquecido. Afirmaram quando começamos a fazer marketing direto pela internet: não funcionará, não tem como funcionar. Ninguém vai responder a uma propaganda desse tipo nem se tornará cliente. Depois, vieram o rádio, os anúncios impressos e a tevê. Todos funcionaram, o que faz parte da maneira pela qual construímos minha empresa. Mas quase todos os "entendidos" achavam que estávamos loucos varridos. Quando começamos a fazer isso em outros países, seus gurus disseram: "Talvez funcione nos Estados Unidos, mas aqui, nunca". Só exemplos. Seja o que for que você faça, se der certo mesmo, todo mundo vai achar que você está doido até provar a eles que é um sucesso.

Mais tarde, o êxito atrai ataques cada vez mais maldosos e, muitas vezes, desonestos por razões egoístas, de interesse pessoal. Isso começa para você lá entre seus 100 e seus 600 funcionários, dependendo do seu ramo – mas muito, muito antes de você chegar a ser megarrico. E você tem de ser duro na hora de reagir, enfrentando seus atacantes e batendo neles até se renderem. Confie em mim: quanto maior a sua empresa, quanto maior o seu êxito, mais você vai ser atacado por parasitas mesquinhos, insignificâncias repugnantes. Alguns querem dinheiro (por que não? Eles não conseguem gerar o seu próprio). Alguns processam você por picuinhas, reais ou imaginárias, pessoais ou sociais. Outros atacam para roubar clientes.

Não se trata das guerras da Coca-Cola contra a Pepsi nem daqueles anúncios fofos de computadores Apple, em que Mac é um cara novo, cheio de energia e seu micro usa óculos e é fofinho (como eu). Isso é competição normal. Não, trata-se de mentiras mal-intencionadas, caluniosas e ambíguas, cujo objetivo é arrancar-lhe vários clientes e impedi-lo de conseguir outros. Um tipo bem diferente da competição normal! São insignificantes e mesquinhos, de modo que, para provar isso, só precisam convencer alguns crédulos que não conseguem enxergar que estão sendo enganados com mentiras. Você tem de administrar isso, senão você perde. Fundadores e presidentes de verdade não perdem.

Hackers, membros de quadrilhas e gente que dá desfalque

Minha empresa, como a de todo mundo, teve de neutralizar ataques dissimulados de tudo quanto foi lado – vi isso em primeira mão, inclusive da parte de concorrentes de pequena escala e de administradores patifes de grandes empresas, gente que dá desfalque, criminosos do ramo de ações e títulos e até a máfia russa – todos normais e todos querendo o dinheiro de nossos clientes. Ex-funcionários também! E todos eles trabalham na mídia, tentando criar histórias que mancham a reputação de sua empresa na hora de sacudir a árvore para fazer algumas frutas caírem.

Além disso, toda empresa grande sofre hoje dezenas de ataques de *hackers* tentando romper os *firewalls* externos da empresa para roubar informações dos clientes com o objetivo de descobrir números de contas, praticar roubo de identidade ou dar desfalque. Esses caras não são legais. Você, como fundador-presidente, tem de ser mais duro que eles.

Você vai ser processado, atacado e processado de novo. Isso aí vem com a expansão do território.

Ações judiciais coletivas de empregados e clientes são a norma. Qualquer empresa, assim que cresce o suficiente (mais de 30 milhões de dólares de folha de pagamento) começa a ter essas ações. Em geral, o advogado do autor da ação não passa de um pirata – um artista improvisado – querendo ser pago para ir embora (ver o Capítulo 6). Os advogados é que são os grandes beneficiários, não os empregados ou clientes. Eles nunca aceitam que seus funcionários não são obrigados a trabalhar para você – que fizeram uma opção, em relação a alternativas menos favoráveis. Eles nunca aceitam que os clientes não são obrigados a comprar seus produtos, que compraram porque o consideraram a melhor alternativa. Os parasitas – sempre – agem como se fossem os donos da verdade. Um fundador-presidente tem de ficar calejado, ao mesmo tempo em que mantém o foco nos clientes, nos funcionários e na superioridade do produto, enquanto procura um bom inseticida. Por isso, recomendo que você contrate advogados querelantes para defendê-lo. Eles conhecem os truques do negócio da pirataria melhor que alguém que não é pirata. Eu contrato os melhores piratas da praça, faço com que valham seu salário e compro-lhes muito, muito rum. Argh, amigos!

Continue "apenas fazendo"

Phil Knight da Nike é um exemplo perfeito. Primeiro, ninguém acreditava que ele daria conta do recado. Ele construiu uma multinacional enorme e oferecia produtos maravilhosos, de última moda – criando milhares de empregos no mundo inteiro.

Na década de 1960, o Japão era para os Estados Unidos o que a China é hoje – uma fonte de produtos baratos (depois, começamos a achar ruim essa terceirização japonesa, exatamente como, agora, achamos ruim a chinesa). Naquela época, os calçados de corrida norte-americanos eram pesados e desconfortáveis. Os alemães tinham designs leves e confortáveis, mas caros – uns 30 dólares o par (que, com a inflação, hoje chegaria a 215 dólares).[20]

Um corredor de trilhas amador com paixão pela cultura japonesa, Knight escreveu uma dissertação para a escola de comércio intitulada "Será que os calçados esportivos japoneses podem fazer com os calçados esportivos alemães a mesma coisa que as máquinas fotográficas japonesas fizeram com as alemãs?". Em outras palavras: será que o Japão conseguiria produzir um design superior e mais barato?[21]

Knight fechou um negócio para importar imitações japonesas de maravilhosos calçados alemães, vendendo-os na traseira de seu carro caindo aos pedaços.[22] Aquela firmazinha valente (comece pequeno, sonhe alto – e pense em expandir futuramente) acabou virando a Nike. Ninguém acreditava que aqueles calçados baratos valessem alguma coisa, exceto os fregueses, que são tudo quanto realmente importa. Se outros do ramo pudessem ter imaginado uma coisa dessas, já a teriam feito. Entretanto, como não imaginaram, não entenderam por que deu certo para a Nike.

Desde o começo, o alvo de Knight era atletas sérios. Mas poucos de nós somos atletas sérios. Só temos pés. Milhões de pés de guerreiros de fim de semana! Outros tantos milhões de surfadores de sofá – todos pés Nike em potencial. Como fazer com que eles queiram usar Nike? Knight conseguiu que o jovem e talentoso Michael Jordan concordasse em usar Nike. De repente, todo mundo quer "ser como o Mike". Na verdade, o marketing de celebridades ainda não tinha "pegado" em grande escala – apropriar-se da personalidade de um atleta e transformá-la na cara de uma empresa. A partir daí, a Nike tornou-se uma máquina de produzir marcas. De repente, ficou chique usar o símbolo da Nike.

Contudo, naturalmente, com o sucesso, Knight foi atacado. Para manter os tênis da Nike baratos, Knight empregava fábricas de países emergentes. Adam Smith clássico! Alvo clássico de Michael Moore, anticapitalista. Naquilo que faz passar por documentário com o título de *Downsize this!* [Diminua o tamanho disso!], Moore queixa-se de que as condições são extremas nas fábricas de Knight no exterior. Os jornalistas fizeram-lhe coro, pedindo um boicote à "terceirização" e seu suposto abuso de operários de fábrica. Seus atacantes queriam uma história sensacionalista – além de terem uma plataforma social a defender.

Eles tinham seu ponto de vista. Knight tinha o dele. O seu era: embora as condições de trabalho de suas fábricas no exterior talvez não estivessem à altura dos padrões da classe média norte-americana, aqueles operários não eram obrigados a aceitar emprego nelas. Aceitavam de livre e espontânea vontade. E, em geral, os operários das fábricas da Nike ganhavam mais que seus compatriotas[23] e tinham mais benefícios – clínica médica no local de trabalho, escolas para os filhos dos operários etc. Eles aceitaram esses empregos porque eram melhores que suas alternativas. É claro que nada disso apaziguou os atacantes. Ele foi agredido por uma miríade de fontes, inclusive pela universidade onde estudou. Knight continuava certo de que tinha razão – que as fábricas do exterior eram necessárias para produzir calçados baratos de boa qualidade.

Eis aqui o que tenho a dizer: Knight poderia ter se cansado e vendido a empresa – poderia ter se cansado de ser atacado. Depois de assinar um contrato com Jordan, ele podia ter ficado exclusivamente com os tênis e sido um alvo atraente para um investidor. Se tivesse vendido a empresa nessa época, ele não teria chegado a fazer parte da lista dos 400 da *Forbes,* mas estaria bem rico e não seria mais vítima de ataques irritantes. Não teria de prestar contas a nenhum acionista. Poderia fazer suas compras em paz. Mas ele não sucumbiu – felizmente, para os funcionários e acionistas da Nike, e para qualquer um que goste de comprar tênis a preços competitivos. Ele comprou a briga e continuou construindo, acrescentando outros produtos aos tênis, e acabando por silenciar os atacantes. Knight construiu a Nike para durar. Poucos têm sua firmeza de caráter e resistência. Você tem?

FUNDADORES SÃO DESISTENTES – APENAS FAÇA

Então, você quer ser um fundador. Portanto, não deixe que nada o impeça. Abandone todo o resto. Antes de tudo, os fundadores são desistentes. Se você tem um emprego, desista. Encontre um meio de se sustentar, apenas faça. Se você está na faculdade, abandone-a. Se você é presidente dos Estados Unidos, renuncie para fazer algo mais útil com sua vida e dê a chave da porta da frente para aquele insignificante vice-presidente que você escolheu porque tinha de escolher alguém. Apenas faça. Abandone. Os fundadores desistem antes de fundar alguma coisa.

Assim que você desiste, é um céu. Ninguém mais para importunar você além de sua mulher e filhos. Arranje um lugar sossegado para trabalhar. Se você mora em um apartamento minúsculo, monte um escritório com lençóis suspensos em um canto para manter sua mulher a distância. Arranje espaço – não importa onde. No começo você vai trabalhar mais com o material da sua pasta e do seu *laptop* que qualquer outro.

Só dou algumas sugestões para o exercício da função de fundador porque muita gente já escreveu sobre o empresariado. A primeira delas – se é que você ainda não fez isso – é ler alguns livros. Entre os bons, para começar, temos:

- *Inovação e espírito empreendedor*, de Peter Drucker. Uma visão panorâmica de primeira do que todo empresário precisa saber para ter êxito.
- *Entrepreneurship for dummies* [Empreendedorismo para tontos], de Kathleen Allen. Uma boa introdução a tudo sobre a tática que você precisa saber para começar um negócio, principalmente quando e onde você vai precisar de um advogado.
- *Beyond entrepreneurship* [Além do empreendedorismo], de James C. Collins e William C. Lazier. Trata da maneira de levar seu negócio relativamente novo para o patamar seguinte e passar para a construção de uma grande empresa.

Pegue seus livros e vá para aquele cantinho sossegado atrás dos lençóis. Presumo – se você não andou se deteriorando na bacia superior do Amazonas, fugindo rapidamente da humanidade – que você tem e se sente à vontade com um *laptop*. Compre também uma pasta de executivo, quadrada, funcional, discreta. Agora vá para seu cantinho sossegado e fique lá um pouco. Está vendo a calma que existe aqui? É porque não está acontecendo nada. Portanto, coloque o *laptop* na pasta com um daqueles livros. Agora saia de seu espaço sossegado. Agora.

Gene Watson fundou uma miríade de companhias de laser, inclusive, na década de 1960, as pioneiras do setor Coherent Radiation e Spectra-Physics. Durante o fechamento de um negócio de laser que fizemos na década de 1970, ele martelou na minha cabeça: "Os problemas estão aqui; as oportunidades estão lá fora". Saia de seu espaço tranquilo e vá para onde você acha que as oportunidades estão. Tire seu *laptop* da pasta e pense em 20 clientes em potencial. Classifique-os por ordem de importância. Se não conseguir pensar em 20 clientes, alguma coisa está errada e você precisa voltar e começar este capítulo de novo – ou tomar outro caminho.

Agora pegue os três últimos da sua lista – não os três primeiros – e vá conversar com eles sobre sua ideia. Enquanto estiver conversando com eles, peça-lhes dinheiro em troca de algum interesse futuro pelo uso dos resultados de sua ideia. Por que eles vão conversar com você? Porque *Você É Você*, fundador e presidente de *Seja-lá-o-nome-que-lhe-der*, que tem ideias novas que podem ajudar *Sejam-eles-quem-forem* – porque essas ideias vão mudar seu mundo.

Não visite primeiro os mais importantes de seus prováveis clientes. Você não está preparado – ainda não traçou sua estratégia por completo. Seria melhor ainda você pensar nos seus clientes número 21 a 40 e conversar com eles primeiro, em vez de afastar de cara os seus clientes mais relevantes. Mas vá. Converse. Faça perguntas. Ouça. Aja. Os passos seguintes de seu plano comercial lhe virão à cabeça enquanto você faz esses contatos. Não se registre ainda na sua câmara do comércio. Não contrate um advogado nem incorpore ainda *Seja-lá-quem-for-com-quem-você-converse.* Não alugue um escritório nem levante dinheiro – ainda. Descubra primeiro os interesses do cliente.

Por que eu lhe pedi para pôr um daqueles livros na pasta? Porque você não pode ocupar todo o seu tempo com reuniões com clientes; portanto, passe o tempo que você tem entre seus encontros marcando mais conversas e lendo o livro. Ler o livro vai fazer você pensar cada vez mais no que está fazendo – fundando uma companhia. As conversas com seus clientes potenciais vão lhe dizer o que fazer em seguida. Se você conseguir que um possível cliente apresente dinheiro em troca de um futuro interesse nos resultados de sua ideia, vai saber o que fazer em seguida.

Tendo uma vez desistido, continue desistindo

Agora é hora de lembrar, mais uma vez, que você é um fundador e, por isso, alguém que desiste. Portanto, desista de novo. Como sua ideia básica é nova e útil, o interesse do cliente que você descobriu é só um indício de um interesse maior por sua nova abordagem para resolver o problema dele. Portanto, chega de telefonar para possíveis clientes e delegue essa função. Contrate um vendedor para entrar em contato com seus futuros clientes. É uma medida que faz muito, muito sentido. Primeiro: você precisa de alguém para gerar renda. Segundo: você paga uma comissão a seu representante de vendas, o que significa que não vai ser obrigado a ter dinheiro vivo (que você não tem). Terceiro: se ele ou ela vender, você pode se concentrar em outras coisas (todas aquelas coisas das quais você queria distância, menos ser um presidente).

Muitos vendedores querem salário-base. Esqueça – e esqueça esses vendedores também. Você quer alguém que pegue seu entusiasmo, visão e esperanças nos seus alicerces e construa algo grande, de modo que, um dia, ele ou ela acabe sendo gerente nacional de uma grande empresa. O vendedor certo é só um pouquinho menos empreendedor que você e, em todos os outros sentidos, um copiloto (ver o Capítulo 3) com esperança de ficar rico nas suas costas.

Lembre-se: "Os problemas estão aqui dentro, as oportunidades estão lá fora". Agora que você já tem um representante de vendas, volte para seu cantinho sossegado e observe... ainda não há muita coisa acontecendo aí. Portanto, abandone seu canto e contrate alguém para ficar em seu canto sossegado para a eventualidade de acontecer alguma coisa aí. Você espera que, um dia, aconteçam muitas coisas aí, e que possa chamar esse canto sossegado de "sede". Então, ele não mais será um canto sossegado. Contrate alguém para ficar aí. Não deve ser você. Fique onde as oportunidades estão. Continue fazendo contato com clientes, os que você já tem e os que você vai ter. Isso mantém você próximo do seu mercado.

Só uma volta na praça

Há muito o que fazer lá fora. Volte para aquele banco de praça e tire seu *laptop* da pasta. Faça uma lista de todas as funções que você acha que vai precisar exercer lá na sede quando ela não for mais um lugar sossegado. *Entrepreneurship for dummies* é um livro que vai ajudar você com essa lista se ele estiver na sua pasta. Pense em uma pessoa que dê conta de metade delas, ainda que imperfeitamente – contrate essa pessoa com o título de vice-presidente operacional. O ideal é que essa pessoa tenha qualificações que possam promover sua novidade (seja ela qual for). A tarefa dessa pessoa é pegar as encomendas feitas a seu representante de vendas e fazer o maior barulho possível com elas, de modo que seu canto sossegado deixe de ser um lugar calmo.

Ao acordar de manhã, pergunte-se: "Como é que saio do meu espaço nem-tão-tranquilo-assim?". Depois, vire-se para seu representante de vendas e para seu vice-presidente operacional e diga, "O que posso fazer para ajudá-los hoje?" Depois telefone para 15 clientes potenciais e pergunte, "O que posso fazer para ajudá-los hoje?". Isso tudo é tão simples que nem se justifica pôr em um livro.

Um dia, você acorda e faz tudo o que lhe foi recomendado no parágrafo anterior. Depois, você se vira para seu representante de vendas e diz, "Está na hora de contratarmos outro representante de vendas – alguém que você possa treinar e controlar para podermos ter mais barulho para nosso vice-presidente operacional". É claro que, nesse dia, também você telefona para 15 clientes potenciais e, como sempre, vai lá e faz o que tem de fazer, apenas faça.

Talvez você seja alguém que desiste mais rápido ainda. Nesse caso, contrate outras pessoas para executar todas as outras tarefas da lista que você preparou naquele segundo dia lá na praça. Marketing, serviços subsequentes à venda, desenvolvimento de produto, recrutamento – seja o que for –, todas as tarefas da sua lista. E toda vez que contratar alguém, você desiste daquela função. Depois pergunte às pessoas todas as manhãs: "O que posso fazer para ajudá-las hoje?". Se elas quiserem realmente fazer algo interessante, faça. Mas, no dia seguinte, desista da função e contrate alguém para executá-la.

É isso que o empresário faz. Não é uma ciência dificílima. Se fizer o que estou lhe recomendando, você é um fundador e presidente – porém, de uma empresa pequena. Se você quer se tornar presidente de uma companhia maior, leia o Capítulo 2 – o caminho para a riqueza no cargo de presidente, que diz respeito a fazer uma empresa crescer –, porque, como fundador, é aí que esse caminho termina. Portanto, abandone este capítulo e parta para o próximo.

••➡Guia para **tornar-se um fundador**

Começar um negócio é o sonho norte-americano. No entanto, a maioria das empresas fecha em quatro anos. O que fazer para ter êxito? Siga este guia.

1. *Escolha o caminho certo.* Que parte do mundo você pode mudar? Selecione uma área que vai continuar relevante ou que você imagina poder tirar da irrelevância.
2. *Comece pequeno, sonhe alto.* Não sonhe em ser como a Nike. Descubra uma área que precise de mudança ou melhoria, por menor que seja. Mas pense em termos de escala.
3. *Inove ou aperfeiçoe.* Crie algo novo, ou melhore alguma coisa, ou ambos. A novidade é uma maravilha, mas tudo bem ser apenas uma versão melhor, mais rápida, mais barata e mais lucrativa de outra mais antiga.
4. *Construa para vender ou construa para durar.* Essas são duas metas diferentes, realizadas de formas diferentes e, por isso, o melhor é você decidir sobre elas o quanto antes. Cada opção tem considerações próprias. E você pode construir um império e depois resolver vender. Contudo, construir para durar significa pensar como dono. Para vender, pense como um comprador.
5. *Capital próprio ou financiamento externo.* Se o seu negócio exige muito capital, você precisa de financiamento externo; mas, se não precisar, você tem opções. O capital de risco é para "construir para vender", porque seus investidores gostam de liquidez. Usar capital próprio é melhor, se você quer construir para durar, e lhe dá mais liberdade. No entanto, você pode escolher qualquer um desses dois caminhos.
6. *Tornar-se empresa de capital aberto ou permanecer privada.* Abrir capital dá prestígio, mas é sinônimo de dor de cabeça. Procure manter-se como empresa privada. Repetindo: mais liberdade, mais controle e mais tempo livre no balcão do bufê.
7. *Ignore os votos contra.* Quanto maior você fica, mais é atacado. Portanto, você tem de ficar invulnerável.
8. *Torne-se um desistente.* Fundadores abandonam seus cargos, portanto, abandone as suas tarefas. Arranje um lugar sossegado e observe que não há nada acontecendo lá; depois, abandone-o também. Continue abrindo mão de suas funções até ele deixar de ser um lugar sossegado. Descubra uma função vital e abandone-a.
9. *Nunca abandone seus clientes.* Mantenha o contato com seus clientes de fato e clientes potenciais, mesmo se tiver vendedores maravilhosos. Você nunca, nunca deve abandonar seus clientes de fato ou potenciais, senão seu negócio vai por água abaixo.

2 Desculpe, mas esse trono é meu

A responsabilidade e a administração são coisas fáceis para você?
Mas você não é um fundador visionário?
Talvez a sala da diretoria esteja no seu futuro.

Alguns de nossos melhores presidentes não fundaram as empresas que administram – como Jack Welch, da GE. Presidentes que não são fundadores podem levar as empresas a alturas nunca sonhadas. Às vezes, reinventar é mais fácil que criar uma peça inteira, de modo que, embora fundadores que também são presidentes em geral tenham uma enorme riqueza, só tornar-se um presidente já vale a pena. E esse é um caminho muito enriquecedor mesmo – ainda que você não aspire ao status de bilionário. Mais da metade dos presidentes das maiores empresas norte-americanas gera um lucro de 8,3 bilhões de dólares.[1]

Advertência: pesada é a cabeça que usa a coroa do presidente. Os êxitos da empresa raramente são inteira e diretamente atribuídos aos presidentes, exatamente como diz o ditado: "O êxito tem mil pais, mas o fracasso é bastardo". O bastardo é o presidente, sempre. Portanto, um grande fracasso pode demolir seu futuro. Os presidentes têm de ser duros – e agora, mais do que nunca. Presidentes fracassados não perdem só o emprego – acabam frequentemente tidos como vilões pela mídia, e até processados! E, muitas vezes, são demonizados só por causa do salário alto – que recebem exatamente por causa dos riscos profissionais que enfrentam.

Nesse caminho, você precisa de capacidade de liderança e eficiência como executivo para subir, ser ungido e manter o trono. O mundo adora presidentes bem-sucedidos – heróis! Mas a diferença entre um herói, um zero e um biruta, em geral, não é muito grande, como veremos.

CABELOS GRISALHOS E PAGAMENTO DE DÍVIDAS

Por onde começar? Como no Capítulo 1, começo pela sua paixão. A maioria dos presidentes, com exceção de pouquíssimos fundadores, não é jovem. Esse caminho exige tempo; portanto, é melhor curtir a viagem. Trabalhar em uma empresa que você ama, em um campo pelo qual tem paixão, é crítico – e quanto mais lucrativo, melhor (ver nossos exercícios no Capítulo 7); mas, para resistir por tempo suficiente para se tornar um presidente, a paixão supera a lucratividade. Saboreie!

Embora haja alguns atalhos para você se tornar presidente de uma companhia (assunto de que vamos tratar mais adiante), você labuta incessantemente e trava sua longa batalha. Mas há boas notícias: se tiver êxito, você pode ficar no trono durante muito tempo – como Hank Greenberg (com patrimônio líquido de 2,8 bilhões de dólares).[2] Cornelius Vander Starr, fundador e ex-presidente da AIG, chegou a presidente em 1968 – um cargo que manteve até 2005. O presidente da Microsoft, Steve Ballmer (patrimônio líquido de 15,2 bilhões de dólares)[3] é copiloto de Bill Gates há muito tempo (Capítulo 3) e conquistou o trono em 2000. Na sua condição de copiloto que se transformou em presidente, ele percorreu dois caminhos com muita eficiência. Muitas vezes, os presidentes que não são fundadores são uma variação de copiloto que passou a ocupar o lugar de comando. Estude o Capítulo 3 para descobrir o que fazer para se tornar copiloto.

••➡ Leva um bom tempo; por isso, escolha um campo do qual você goste muito.

Se você não tiver êxito, pode ser demitido logo – mesmo que tenha cumprido seu dever. Veja o caso de Stan O'Neal, que entrou na Merrill Lynch em 1986. Visto durante muito tempo como o herdeiro evidente de David Komansky, ele se tornou presidente em 2001 e presidente-executivo em 2003. Seu mandato terminou em 2007[4] – demitido, basicamente! Apesar disso, pelas minhas contas, que incluem aviso prévio, seu último pagamento totalizou cerca de 307 milhões de dólares, relativos a seu breve mandato de presidente-executivo.[5] Nada mal.

A TRAJETÓRIA DE UM PRESIDENTE (AOS OLHOS DE MEU PAI)

Isoladamente, a característica mais importante de um presidente é a capacidade de liderança. Se você não sabe liderar, não pode ser um presidente. Não é algo com o qual você nasce, embora seja em alguns casos. Você pode desenvolver essa capacidade. Mas ela é necessária. Você não precisa ter carisma, mas precisa liderar.

E como se aprende a liderar? Bom, garanto a você que eu não nasci para ser líder – longe disso –, portanto, vou falar sobre minha evolução pessoal para lhe mostrar o que foi que eu fiz, porque o seu caso pode ser parecido. Para mim, tudo começou com meu pai, Philip Fisher. Ele era superinteligente, mas sofria de uma doença até então sem diagnóstico e agora conhecida amplamente como síndrome de Asperger – uma doença bem próxima do autismo, chamada muitas vezes de "síndrome dos esquisitos", porque seus portadores parecem realmente "esquisitos". Têm QIs ultraelevados, são muito bons em matemática e têm uma habilidade verbal de primeira, tanto escrita quanto falada, mas socialmente são desastrosos. Um caso típico tem espasmos físicos, anda para lá e para cá e não consegue impedir as mãos de estarem batucando em alguma coisa. Não têm capacidade quase nenhuma de imaginar o que os outros sentem. Esse é o traço característico de alguém com Asperger. Meu pai era um caso clássico. Dizia as coisas mais cruéis, mas não era cruel. Simplesmente não sabia que você reagiria da forma como todo mundo reage – como um aspirador de pó no departamento das emoções.

Como a maioria dos portadores de Asperger, meu pai ficava muito, muito tempo sozinho, pensando. Era um grande pensador – só não sentia quase nada. Adorava ficar sozinho pensando – horas infindáveis de solidão! Mas era generoso com o tempo que dedicava a mim. Talvez tenha sido o melhor contador de histórias na hora de dormir que já houve nesse mundo. Toda noite ele me contava histórias maravilhosas até eu cair no sono. Inventava histórias de ação com protagonistas vívidos – super-heróis, líderes naturais. Na época eu não via nenhuma relação deles comigo, nem entendia por que ele me contava aquelas histórias.

Fez carreira com dinheiro alheio (Capítulo 7) na condição de solista. Sozinho! Era um analista espetacular de gerentes comerciais e de presidentes em particular. Analisava seus atos. Sabia pouco a respeito de seus sentimentos.

Lembro-me de vê-lo interagir com executivos quando eu era jovem. Quando a conversa se voltava para os sentimentos, meu pai a fazia voltar para os atos. Ele estava certo sobre as emoções relativas às funções administrativas e outras. Durante quarenta anos a nossa sociedade se concentrou demais nos sentimentos – suscetível demais para o seu próprio bem! A psicologia bernasiana ensinou-me que nossos sentimentos vêm depois de nossos atos, e não antes. Aja de certas formas, que seus sentimentos vão atrás. Tentar ajustar suas emoções da maneira contrária simplesmente não leva a parte alguma – seja o que for que você fizer. Faça a coisa certa para sentir-se melhor. Se fizer a coisa errada, vai sentir-se pior. Seus atos determinam a direção dos seus sentimentos. Os primeiros motivacionistas, como Dale Carnegie e Napoleon Hill, sabiam disso. Os freudianos, não.

Un Poco

Quando criança, eu também não sabia disso. O caçula de três filhos, meu apelido na família era *Poco*, uma palavra do espanhol que significa "pouco" ou, como eu achava que se aplicava a mim quando pequeno, "de pouca importância". Os meus irmãos eram maiores, mais velhos, mais inteligentes. Eu fui uma criança sonambúlica na escola – notas baixas, preguiçoso, o cachorro comia meus deveres de casa, eu vivia sonhando acordado – em geral chegando rápido a lugar nenhum. O primogênito da família era o contrário –, seis anos mais velho que eu, notas perfeitas, astro do atletismo, o perpétuo queridinho dos professores, popular, bonitão, bem articulado. Ele foi presidente de associações estudantis em todo o ensino fundamental e médio antes de se tornar orador da turma, de ganhar uma bolsa do Instituto Rockefeller e ir para Stanford. Eu era Poco!

Na sexta série – eu não sei como – o cachorro parou de comer meus deveres de casa e eu comecei a estudar, a tirar boas notas e me integrei ao grupo de escoteiros. Li muito. No entanto, estudar e tirar notas boas não era, de fato, muito difícil para o filho de um portador de Asperger. Você pensa no que tem de fazer e faz. "Pula" o sentimento.

Como meu irmão tinha sido presidente de agremiações estudantis, cheguei à conclusão de que eu também deveria ser – irmãos caçulas são imitadores excelentes. Mas, para conseguir isso, eu tinha de vencer nas eleições um cara popular, muito popular mesmo, Robert Westphal. Ninguém mais se candidataria contra ele – só eu era burro o suficiente para fazer uma coisa dessas.

O presidente do grêmio era eleito pela quarta, quinta e sexta séries. Eu sabia que não conseguiria os votos do pessoal da sexta série, que nos conhecia bem – sem chance. Mas eu achava que o pessoal da sexta série, em geral, era esnobe com os alunos mais novos, e que o pessoal da quarta e da quinta séries não conseguia distinguir um aluno da sexta de outro. Portanto, dediquei meu tempo aos mais jovens, enquanto Robert dedicava o seu à sexta série, supondo que os mais novos seguiriam o exemplo dos mais velhos. Deu certo. Perdi feio na sexta série, mas ganhei as eleições.

E foi então que uma coisa começou a ficar clara para mim: você tira da vida aquilo que põe nela. Dediquei meu tempo aos mais jovens e, por isso, consegui votos. A coisa funcionou tão bem que repeti meu êxito na sétima e na oitava séries, ganhando por apelar para aqueles que não conheciam realmente os candidatos. Portanto, se eu tinha um cargo de liderança, eu devia ser um líder, mas não era. Como qualquer político, eu não dava a mínima para o meu eleitorado da quarta e da quinta séries; eu só me importava com o necessário para ganhar as eleições. Os líderes importam-se com seus seguidores, mesmo que eles sejam apenas os alunos da quinta série. Eu sabia o que estava fazendo politicamente, mas não tinha a mais pálida ideia do que era um líder até conhecer JC.

> •••➡ Qualquer aluno da quinta série pode lhe dizer: você tira da vida o que põe nela.

Aceite a liderança de César – desde o começo

Na escola pública de ensino médio da Califórnia, eu precisava conhecer uma língua estrangeira para entrar na faculdade, e escolhi latim. Howard Leddy, meu professor de latim, obrigava a classe a interpretar um texto. Todo dia alguém lhe fazia perguntas sobre o texto e ele entrava no clima de contador de histórias – principalmente sobre Júlio César. A gente gostava mais disso que de ler latim, de modo que lhe jogávamos a isca sempre que podíamos.

Um aspecto que alavancou a carreira de César é que ele liderava pondo-se à frente de suas tropas, ao passo que os generais romanos iam atrás.

Não dá para liderar na retaguarda, e César sabia disso. O modelo romano supunha que, se um general fosse morto, as tropas estavam vulneráveis, de modo que ele ficava lá atrás – para vencer ou perder. Esse é o modelo do jogo de xadrez – proteger o rei. Problema: os soldados da linha de frente são mais vulneráveis quando estão avançando – um passo em falso pode levar as tropas à batalha, fazer com que sejam dizimadas, com que batam em retirada e, apesar disso, o "líder" ainda está em segurança. Os soldados sabiam disso. Quando César liderava suas tropas, seus soldados sabiam que ele não estava lhes pedindo para correr um risco que ele mesmo não estivesse correndo, de modo que ficavam mais confiantes, lutavam com mais coragem e sempre venciam. O latim pôs César na medula dos meus ossos.

Uma década à deriva

Depois de terminar um curso confuso na faculdade (foi de 1968 a 1972 – o norte da Califórnia estava um pandemônio), eu não tinha nenhuma direção particular que quisesse tomar. Além de meu pai solista, eu não tinha modelos vivos de liderança no mundo dos negócios. César liderou soldados, e o que mais se pode liderar? De modo que fui trabalhar com meu pai. Nenhuma ideia melhor. Se não desse certo, sempre haveria o curso de pós-graduação. E, depois daquele ano, eu não queria mais ficar. Meu pai não conseguia identificar meus sentimentos, e eu não estava muito bem. Ou eu o mataria, ou ele a mim. Nada de bom. De modo que fui embora – comecei meu próprio negócio. Eu não sabia que era novo demais para conseguir fazer uma coisa dessas, por isso fiz. Lá estava eu, sozinho, o filho solista de um solista com síndrome de Asperger passando muito tempo sozinho, pensando.

O mundo do Dinheiro Alheio (Capítulo 7) era muito diferente naquela época – mais primitivo, menos especializado. Os corretores ainda estavam na base das comissões anteriores ao Dia do Trabalho, mas também dominavam a administração dos bens. Já existiam planejadores financeiros, mas eles também não eram o que são hoje. Eram pessoas que organizavam as empresas para que elas pagassem menos impostos, e que desapareceram com a Lei de Reforma Tributária de 1986 nos Estados Unidos. Consultores de investimento licenciados e independentes – meu caso – eram poucos e encaravam qualquer coisa em termos de honorários e atividades. Fiquei basicamente à deriva durante uma década, ganhando e perdendo alguns clientes enquanto era pago para fazer algumas loucuras.

Fui pago para fazer projetos de pesquisa enciclopédicas – muito parecido com a época de escola. Naquela época, anterior à internet, você podia ser pago por sua capacidade enciclopédica porque as informações não eram tão fáceis assim de se conseguir. Fui pago para dar informações sobre ações, indústrias e várias outras esquisitices. Por exemplo: fiz um estudo sobre os efeitos colaterais de remédios vendidos sem receita médica e quais empresas estavam sendo afetadas. Fui pago para dar ideias específicas sobre ações. Tive clientes que me pagaram por consultoria de investimentos – acho que eles pensavam estar aplicando secretamente as ideias de meu pai. Estruturei carteiras de ações e planos financeiros para os outros. Ajudei a vender muitas empresas minúsculas.

Fiz bicos no setor de construção civil para equilibrar o orçamento. Fui pago durante um ano para tocar guitarra toda quarta-feira à noite em um bar da Bay Area. Qualquer coisa por um dólar! Eu não tinha empregados – nunca pensava nisso! Certa vez, tive uma secretária em regime de meio período, mas por pouco tempo, uns nove meses. Ela se demitiu – disse que eu era um chefe autoritário, nojento. Provavelmente era. Além do mais, quem trabalharia para mim? Eu não era um líder.

Mas lia muito. Livros sobre administração e negócios – e umas 30 revistas comerciais mensais durante anos. Do tipo *Chemical Week* e *American Glass*. Eu estudava as empresas. Em várias épocas, estudei a fabricação do aço, do vidro, da fibra de vidro, de fertilizantes, de calçados, de implementos agrícolas, de guindastes, a mineração do carvão, instrumentos agrícolas, mineração de superfície, substâncias químicas de todos os tipos e eletrônica. Durante essa década, fiz meus primeiros estudos das relações custo-benefício, que mais tarde foram a principal alavanca de minha carreira. Eu estava à deriva, mas aprendendo horrores.

Por volta de 1976, a correnteza me levou para contratos com capital de risco no ramo das embalagens. Havia muito poucas empresas de capital de risco naquela época, talvez umas 30 em todo o território dos Estados Unidos. De vez em quando, eu conhecia empresários que tinham uma ideia nova, mas que não conseguiam levantar dinheiro para financiá-la. Eu os ajudava.

Eu não achava que havia algo de errado com eles pelo fato de não conseguirem levantar seu próprio capital. Mesmo assim, ajudei a estruturar planos de ação e tentei conseguir a grana com ações de empresas de capital de risco já existentes e de gente rica da Bay Area.

Trabalhei pra valer em quatro negócios: um fabricante de equipamentos de raios laser, um restaurante, um serviço de limusine em aeroportos e um fabricante de materiais eletrônicos. Fui pago com dinheiro vivo e/ou ações por negócio fechado. Felizmente, o restaurante nunca foi financiado. Tenho certeza de que teria sido um desastre. A empresa de limusines foi financiada, mas fracassou quase instantaneamente. O caminho mais importante na minha viagem rumo à liderança foi o fabricante de material eletrônico.

Como fazer progresso material

A empresa chamava-se Material Progress Corporation (MPC), e a maior parte de seu financiamento veio do capital de risco da Costa Leste; o resto foi dinheiro de gente rica da Bay Area. Tinha cientistas de ponta e queria desenvolver uma série de exóticos cristais de granada usados na eletrônica. Possuía tecnologia própria em termos de desenvolvimento e polimento de cristais. Conseguiu o financiamento, mas não estava indo bem.

Por fim, a diretoria exigiu um novo presidente. Seus membros ainda adoravam o conceito e a tecnologia, de modo que começaram a procurar um presidente de alta cúpula e investiram mais dinheiro para se expandir. Enquanto isso, a MPC estava sem liderança e perdendo dinheiro. Para estancar essa sangria, comecei a trabalhar meio período como presidente provisório. Meu programa de ação era simples. Cortar as despesas o máximo possível e reduzir as perdas sem abrir mão do pessoal-chave da área científica ou operacional. Era 1982. As coisas estavam difíceis em todos os lugares. O mundo estava em recessão. Poco estava passando necessidade e ele próprio estava em plena recessão. Eu precisava de renda. Foi isso.

Nas segundas-feiras, eu trabalhava no meu escritório, fazendo meu trabalho e o deles. Nas terças, às três da manhã, eu viajava duas horas de carro até Santa Rosa, onde ficava a MPC. Ficava lá até a quinta à noite, voltava para casa e trabalhava no meu escritório na sexta-feira. Era pago por dia de trabalho pela MPC, como um consultor. Havia uns 30 funcionários em uma única unidade de trabalho. Eu nunca tinha administrado ninguém. Agora eu estava sendo obrigado. E me saí bem – muito, muito melhor do que eu esperava. E você sabe o que foi que descobri?

Descobri que o lado mais importante da liderança é aparecer. Como é que eu poderia saber de uma coisa dessas? Não estava nos livros que li. Acontece que o entusiasmo é contagiante. Transformei a sala do presidente em uma sala de reuniões envidraçada, onde todos podiam ver o que se passava lá dentro, e a mim. Não dava para entrar ou sair sem me ver, ou sem que eu visse a pessoa. Eu fazia questão de ser o primeiro a chegar todo dia, e o último a ir embora. Levava funcionários para almoçar todo dia e para jantar toda noite – jantares baratinhos, mas eu lhes dedicava meu tempo e meu interesse.

••➡ Liderar é fácil – é só você aparecer e tentar.

Eu andava incessantemente pela empresa, conversando com eles, concentrando-me em cada um em particular e naquilo que pensavam.

Eu reunia todos eles regularmente para conversarmos. O efeito foi espantoso para mim. E para eles! O fato de eu me interessar fez com que eles também se interessassem. Essa é a evidência básica da administração e da liderança – direto de Júlio César. De repente, entendi o que era estar à frente das tropas. Os funcionários trabalhavam mais e melhor, inovavam e, em geral, davam o melhor de si, muito diferente de antes. Fiz isso durante nove meses. Reduzimos custos e aumentamos as vendas verticalmente – conseguimos um fluxo de caixa positivo e não ganhamos nem perdemos em termos de renda. Chegamos até a desenvolver novos produtos para o arsenal do presidente seguinte. Eu me sentia necessário e fiquei triste quando encontraram seu novo líder. Meu mandato terminara.

Enquanto isso, um cliente da "vida normal" contratou-me para um projeto de consultoria. Tirei uma semana de licença da MPC para viajar com ele, entrevistando nomes de peso da área de investimentos para sua empresa de fundos mútuos. Ele próprio era jovem e eu atuei como seu copiloto – ajudando-o a pensar em tudo o que estava fazendo em tempo real.

Entrevistamos o lendário John Templeton e Arnold Bernhard, fundador e presidente da Valueline – um grande nome já naquela época. E John

Train – nesse momento, um colunista da *Forbes* responsável por uma empresa de administração financeira e que havia terminado de escrever um *best-seller*, *The money masters* [Os mestres do dinheiro], com uma seção sobre meu pai. Entrevistamos também muitos outros. A maioria dessas pessoas não sabia nada mais que eu sobre administrar uma empresa de verdade. Os caras que administravam dinheiro de verdade, com funcionários de verdade, eram gente que não conhecia o básico sobre liderança que eu estava acabando de descobrir e sentindo nos ossos na MPC. Aquilo me abriu os olhos de uma forma incrível. Se eles conseguiam, eu também ia conseguir.

Talvez eu pudesse contratar alguns funcionários que trabalhariam para mim, exatamente como na MPC, e me sair tão bem quanto esses caras estruturando um negócio, ou melhor. As façanhas de Templeton no setor de investimento impressionavam, mas ninguém ficava de boca aberta diante da perspicácia de nenhum desses caras em termos empresariais ou de liderança. Templeton era super-rico e bem-sucedido, mas não era como Ken Iverson, da Nucor (de quem falaremos mais adiante neste capítulo). Nenhum deles era o que eu considerava um presidente modelo.

Voltando à MPC: eu tinha de pagar meu hotel e estava passando necessidade. Quanto mais barato o hotel, mais sozinho você se sente. Certa noite, sozinho no quarto do meu cortiço de 18 dólares a diária, eu estava pensando. Sozinho, sozinho! Sem tevê. Sem telefone. Sem ar-condicionado. Filho de alguém com a síndrome de Asperger antes mesmo de esse mal ser conhecido. Comecei a juntar dois e dois. Meu pai havia escrito um livro que deu certo para ele na década de 1950. Eu conhecia a relação custo-benefício. Até a aventura política de minha infância fez sentido – você tira da vida o que põe nela. Eu conseguia administrar e liderar ao menos algumas pessoas. Talvez conseguisse aprender a escrever. Talvez sobre relações custo-benefício. Talvez eu conseguisse construir uma empresa que só administrasse dinheiro. Portanto, depois da MPC, passei a construir minha própria empresa (esse é o caminho do fundador do Capítulo 1, não deste). Mas, para qualquer presidente, sempre há duas questões: conseguir o emprego e liderar.

COMO LIDERAR

Ei, mas acabei de lhe dizer como liderar – à frente das tropas. Apareça, mostre interesse, concentre-se nas pessoas, marque presença – chegue cedo e vá embora tarde. Concentre-se em cada degrau da escada em separado, depois em todos juntos. Reserve tempo para os gerentes. Reserve tempo para os soldados da linha de frente. Invista o seu tempo – na linha de frente. Não peça a ninguém para fazer alguma coisa que você mesmo não faria. Faça com que saibam que você se interessa. Vá visitar os clientes de seus vendedores com eles – são seus clientes também. Vá com seu pessoal visitar seus revendedores – seus revendedores também são deles. Se vocês viajarem e eles forem de segunda classe, você também deve ir. Fique no mesmo hotel e no mesmo tipo de quarto que eles. Você está com eles. Se você não se puser acima deles, eles vão pôr você acima de si mesmos no fundo do coração, que é o que interessa. Se você se interessar, eles também vão se interessar. Se eles se interessarem, vão dar o melhor de si.

Isso é liderança – fazer com que eles se interessem de modo a darem o melhor de si. Já me perguntaram muitas vezes por que não tenho um jatinho. Eu desmoralizaria meu pessoal se tivesse. Viajo de segunda classe. O meu pessoal adora isso.

Quando estou com meus funcionários, viajo de segunda. Espanto clientes que encontro a bordo! Se você está louco pelo salário de um presidente, não seja bobo. Concentre-se no seu pessoal. Deixe de lado as mordomias que podem incomodar seus empregados. Isso é liderar à frente das tropas. Não dá realmente para liderá-las na retaguarda. Pergunte a Ken Iverson o que ele faria. Ou a Júlio César. Está bem, *ele* talvez tivesse alguns guarda-costas.

> •• ➡ Mostre que você se interessa – lidere colocando-se à frente das tropas.

Li muitos livros sobre como se tornar um presidente. Alguns deles são apresentados na lista do final deste capítulo. Mas as coisas mais importantes que já descobri sobre liderança e sobre ser um presidente descobri com Júlio César e com a Material Progress. Quer você seja um fundador-presidente como eu, quer seja um presidente substituto como eu fui na Material Progress, tudo se resume a impregnar seus funcionários, até a medula dos ossos, com a ideia de que você se interessa – por eles, pela empresa, pelos clientes, pelos resultados. Eles precisam acreditar que você não está ali só por dinheiro. A melhor forma de fazê-los acreditar nisso é você mesmo acreditar. Quanto mais tempo você dedica ao seu pessoal, tanto mais prazerosa se torna a convivência. Hospedar-se em hotéis ruins e viajar de segunda classe não é prazeroso. Mas funciona.

COMO CONSEGUIR O EMPREGO

São quatro os melhores caminhos para você se tornar um presidente que não é fundador de uma empresa:

1. Chegar ao trono como copiloto.
2. Pagar por ele, literalmente.
3. Ser alguém que descasca abacaxis.
4. Procurar uma agência de emprego.

Viajar como copiloto e depois mudar de caminho é muito comum entre os presidentes – foi a técnica usada por Jack Welch, Steve Ballmer, Stan O'Neal, Lee Raymond e muitos outros. É o modelo da ascensão na hierarquia. É um modelo de baixo risco; apesar disso, é difícil dar a partida. Requer qualificações de copilotagem, mas não oferece nenhuma garantia.

Pagar pelo cargo, literalmente

Ou então simplesmente compre uma empresa pequena (se você tiver dinheiro). Trata-se basicamente de uma transação de capital social privado, com um único homem. Isso pode ser mais fácil do que ser um fundador. Compre a empresa, introduza-lhe melhorias, faça com que ela cresça – como Warren Buffett fez com uma fabriqueta de tecidos que se transformou na Berkshire Hathaway. Ou como Jack Kahl, quando adquiriu a Manco, uma empresa minúscula de canos e produtos afins, por 192 mil dólares em 1972. Um de seus produtos era uma despretenciosa fita isolante industrial de cor prata, muito versátil. Ele a rebatizou de "Duck Tape" [Fita do Pato] e fez do pato a sua mascote. Kahl vendeu a Manco para o Henkel Group quase três décadas depois, quando as vendas atingiram 180 milhões de dólares.[6] Nada mal!

Ser alguém que descasca os abacaxis

Muitos presidentes vêm de empresas de capital de risco, de capital privado e de grandes empresas de consultoria. Exatamente da forma com que consegui o emprego quando a Material Progress estava batendo os pinos, porque eu conhecia o pessoal do capital de risco – e você também pode conhecer. Se eu não fosse tão jovem e inexperiente naquela época, poderia ter ficado permanentemente com o emprego. Uma das empresas de capital de risco que investiu na Material Progress foi a Ampersand Ventures, com sede em Boston. Entre seus jovens sócios designados para a MPC havia um cara chamado Steve Walske. Steve e eu passamos muito tempo juntos naqueles dias e nos tornamos bons amigos. Grande cara. Inteligente. Bem informado. Conhecia bem as empresas que financiava.

Uma delas, a Parametric Technology Corporation, uma empresa de software com sede em Boston, estava em dificuldades. Steve saiu do setor de capital de risco para administrá-la. Quando se tornou seu presidente, no começo da década de 1990, era uma empresa de capital aberto com um valor de mercado de aproximadamente 100 milhões de dólares. Antes de ele cair fora no final dessa década, ela havia atingido um valor de mercado superior a 10 bilhões de dólares.

Com experiência no ramo do capital de risco, Steve teve uma bela carreira de presidente, prosperou e depois foi embora. Um dos motivos de trabalhar para uma empresa de capital de risco ao sair da faculdade não é fazer carreira nesse setor, e sim esperar a hora certa, aquela hora em que uma das companhias titubeantes de seu portfólio se transforma em oportunidade para você se tornar presidente, como Steve Walske. Você pode fazer a mesma coisa tanto com uma grande sociedade anônima de capital de risco quanto com uma companhia limitada de capital social.

Procurar uma agência de emprego

O último caminho que proponho parece estranho e é perverso, mas funciona:

- faça algumas aulas de teatro; e
- estude agências de emprego (também conhecidas como caçadoras de talentos).

Nada de companhias de ponta de estoque, e sim empresas que colocam executivos de ponta, como a Spencer Stuart <www.spencerstuart.com>

ou a Russell Reynolds and Associates <www.russellreynolds.com>. Quando as diretorias precisam de um novo presidente de fora, é aí que elas vão. Tanto os profissionais desse ramo quanto os membros das diretorias vão discordar inteiramente de mim sobre essa questão, mas o processo é bem simples e superficial. Começa com currículos, passa para entrevistas por telefone, por entrevistas ao vivo, checagem da experiência e das referências e, por fim, entrevistas com a diretoria.

Nesse sentido, o processo diz mais respeito a se sair bem em entrevistas e à *aparência* de sua capacidade administrativa do que a um talento real em termos de liderança. Foram muitas as vezes que vi contratarem presidentes desse jeito, caras que eu não empregaria para passear com meu cachorro na vida real – é que eles são perfeitos nas entrevistas. É aí que entram as aulas de teatro. Elas ajudam você a dar uma primeira impressão maravilhosa e enganar durante algum tempo.

Não é maravilhoso procurar uma agência de emprego. Os profissionais desse setor acham que conseguem enxergar o que está por trás de um currículo benfeito. Alguns talvez, mas não muitos. Se você ainda não é um presidente, aqueles que não conseguem enxergar são o seu alvo. Você pode enfeitar seu currículo com uma bela embalagem. Não se trata de mentir – trata-se de embalagem. Sou capaz de apostar que dois terços de vocês que estão lendo este livro não só sabem muito mais do que eu sobre as melhores formas de apresentar um currículo como também já fizeram isso muitas vezes. Se não fizeram, há livros sobre essa parte trivial de procura de emprego.

Objetivos modestos... no começo

Você não está querendo começar como presidente da IBM. Você quer uma microempresa com uma diretoria externa com necessidade de alguém para pôr ordem na casa. Você não precisa ser melhor do que eu fui na Material Progress para conseguir progresso material.

Quem se sai bem nunca para de fazer entrevistas, nem de se autopromover nas agências de emprego – nunca mesmo. Depois que você for presidente de uma companhia limitada minúscula, comece imediatamente a fazer entrevistas para conseguir emprego em empresas duas vezes maiores. Você não tem condições de fazer isso com a agência que lhe conseguiu essa primeira colocação. Ela não pode e não vai querer tirar você do lugar para onde ela mesma o recomendou. Mas você pode procurar outras. Logo depois de se tornar presidente de uma empresa de 20 funcionários, convide para almoçar todos os profissionais de agências de emprego que puder encontrar. Continue atualizando-os sobre o progresso de sua companhia. Você quer sair de lá para uma empresa maior daqui a dois anos, e por isso não quer ficar associado demais à firminha mixuruca que você está administrando atualmente, nem com seus defeitos. Continue na batalha. Não pare nunca. Não se preocupe em deixar a pequena para trás. Você pode progredir muito lá dentro em dois anos, exatamente como eu na Material Progress em nove meses.

Eu soube de um cara – espetacular – que, segundo uma fonte segura, era um ex-criminoso de valores mobiliários (cujo nome não vou citar para ele não me processar). Ele usou esse processo durante oito anos para conseguir quatro empregos de presidente em empresas cada vez maiores – todos eles por meio das caçadoras de talentos –, uma das quais usou duas vezes. Ele se saiu bem nesses empregos e, tanto quanto sei, nunca voltou a transgredir a lei. Depois de conseguir o primeiro emprego, a verificação das informações nunca foi tão a fundo que chegasse a revelar seu passado. O que estou querendo dizer é que, para isso, a capacidade de se sair bem em entrevistas é mais importante que qualquer outra.

Há outro cara – gosto dele, é um cara legal –, mas que é horroroso como líder. Ele usou esse processo para sair do gerenciamento da divisão de uma companhia que não andou bem antes, durante, nem depois que ele esteve lá, e passou a administrar uma série de companhias cada vez maiores até ser escolhido para dirigir uma das 100 empresas da *Fortune*, que ele imediatamente pôs à venda – dando-lhe um belo paraquedas de ouro. Adoro o cara, mas ele não conseguiria se sair bem nem de um saco de papel – sem nenhuma capacidade de liderança, ele tenta dirigir suas tropas estando na retaguarda. Não consegue distinguir uma tomada de um focinho de porco. Nunca manteve um emprego por mais de dois anos desde que o conheço. Mas conseguiu empregos de presidente em empresas cada vez maiores e salários também cada vez maiores porque se saía muito bem nas entrevistas e tinha tão boa aparência, era tão charmoso, tão cativante, que fazia você acreditar nele – ao menos durante algum tempo. Também era um grande ator. Faça algumas aulas de teatro. Elas ajudam. Você também consegue.

O GRANDE DIA DO PAGAMENTO

Seu objetivo? Os presidentes de companhias grandes (e de algumas pequenas) recebem salários altos, opções de ações, cômputo diferido (os salários calculados de formas vantajosas em termos de impostos) e outras mordomias. Presidentes inteligentes negociam termos favoráveis, e também seu pacote potencial de demissão – antecipadamente.

> ••➡ Negocie os melhores termos antecipadamente - inclusive o seu pacote de demissão.

Quem ganha mais? A Tabela 2.1 mostra os dez presidentes de companhias mais bem pagos dos Estados Unidos em 2007. Nota: o nome dos dez mais muda, às vezes radicalmente, de um ano para outro, com base em setores que estouraram na praça, ou em alguém que estourou pessoalmente ou que negociou os melhores termos. John Mack, da Morgan Stanley, caiu em 2008 amarrado aos problemas de hipoteca de sua empresa. Glenn Murphy é novo na lista – foi nomeado presidente da Gap em 2007. Há um grande fluxo aqui – um risco de carreira bem paga. Alguns dos dez mais de 2006 não só estão fora da lista como perderam o emprego, como Stan O'Neal da Merril Lynch e Terry Semel do Yahoo!.

Tabela 2.1 – Os presidentes mais bem pagos em 2007

Presidente	Empresa	Remuneração total (US$)
John Thain	Merril Lynch	83,1 milhões
Leslie Moonves	CBS Corporation	67,6 milhões
Richard Adkerson	Freeport-McMoran	65,3 milhões
Bob Simpson	XTO Energy Inc.	56,6 milhões
Lloyd Blankfein	Goldman Sachs	53,9 milhões
Kenneth Chenault	American Express	51,7 milhões
Eugene Isenberg	Nabors Industries	44,6 milhões
John Mack	Morgan Stanley	41,7 milhões
Glenn Murphy	Gap Inc.	39,1 milhões
Ray Irani	Occidental Petroleum	34,2 milhões

Fonte: The Associated Press, "List of Highest-Paid CEOs in 2007".

Muitos desses não são nomes da casa. Ironicamente, os mais bem pagos nem sempre estão diretamente ligados às empresas mais prósperas. Refletem, muitas vezes, quem tinha perspectivas excelentes em termos de carreira e que poderia ter sido presidente de muitas empresas, mas que assumiu um grande risco profissional para viver durante alguns anos como quem merece estátua em praça pública – apostando a carreira no que acontece em um curto tempo. Semel e O'Neal apostaram seu futuro e perderam. Provavelmente ninguém vai lhes pagar de novo o salário de um grande presidente, mas eles negociaram de antemão os termos que compensariam esse risco.

As críticas da mídia

Esteja avisado: o salário de um presidente leva a mídia a dizer: "Eles não valem isso". Talvez sim, talvez não. Mas cabe a sua diretoria decidir, de modo que as queixas não ajudam. Se você não gosta disso, não compre a briga. Se gosta, ótimo! Talvez seja o seu caminho. A mídia ficou apoplética quando Lee Raymond, ex-presidente da Exxon Mobil, aposentou-se em 2005 com um pacote de acerto de contas de 351 milhões de dólares.[7] Ele merecia? Não sei. Tenho certeza quase absoluta, ou absoluta, de que essa cifra fazia parte de um acordo negociado de antemão. Funciona da seguinte forma: assino um contrato segundo o qual se eu fizer isso, as ações fazem aquilo, as vendas e o lucro fazem aquilo outro e então me pagam X, Y e Z. A fórmula diz o que eu recebo se for demitido ou se eu me demitir. Ambos os lados acham que o contrato os favorece. Em geral, funciona melhor para um lado que para o outro.

A hora certa ajuda. Em 2005, a Exxon registrou o maior lucro anual da história de todas as empresas em um único ano – 36 bilhões de dólares.[8] Efetivamente, Raymond ficou com 1% dessa quantia. Ele supervisionou a grande fusão Exxon Mobil – uma façanha e tanto. Durante seu reinado de onze anos, as ações subiram cerca de 400%.[9] Simplificando: mil dólares aplicados em uma das 500 empresas da S&P (Standard & Poor's – uma agência de risco que classifica ações e títulos do setor público e privado de acordo com o perfil de risco) tornaram-se em 3,323 dólares durante esse período, mas mil dólares em ações da Exxon se tornaram 5 mil dólares.[10] Milhões de acionistas da Exxon – indivíduos, instituições, fundos de pensão – foram beneficiados. E não se esqueça dos mais de 80 mil empregados da Exxon[11] com salários e aposentadoria quitados. Se a maioria das grandes empresas conseguisse garantir que suas ações e elas próprias se sairiam tão bem durante tanto tempo, pagariam tranquilamente a remuneração de Raymond, ou mais. O problema aqui é que nunca há certeza nenhuma.

Salários altos parecem "obscenos" para algumas pessoas. Se é o seu caso, esse não é o seu caminho. A maioria dos observadores não acha tão ruim pagar bem pelo sucesso, mas abomina presidentes fracassados (ou vistos como tais) recebendo um cheque enorme no momento de ir embora. Crucifiquem-nos! Apesar disso, mesmo que você se torne um presidente, fracasse e seja crucificado em praça pública – quase sempre você ainda vai acabar bem em termos financeiros.

PRESIDENTES E SUPER-HERÓIS

É difícil tornar-se presidente, e mais difícil ainda ficar muito tempo no cargo. Uma forma de aumentar suas possibilidades é pensar como um herói. Assuma riscos dos quais possa se vangloriar depois. Seja um visionário, sem medo de tentar concretizar sua visão e com fortaleza suficiente para reconhecer erros, alterar o curso e mergulhar ousadamente de cabeça outra vez. Bons heróis tomam decisões extremamente solitárias, mas convencem a diretoria, os funcionários e os acionistas de que a estrada menos batida é melhor. Essas decisões impopulares podem dar com os burros n'água; mas, em geral, os verdadeiros heróis levantam-se de novo.

Um ex-presidente super-herói é Jack Welch da GE (patrimônio líquido 720 milhões de dólares).[12] Welch tornou-se presidente em 1981, quando a GE era uma grande empresa, virou-a de cabeça para baixo (leia-se: demissões) e tornou-a maior ainda. O que Welch fez não foi apenas diminuir a folha de pagamentos – ele dizimou setores econômicos inteiros. Para ele, se a GE não fosse líder mundial ou estivesse em segundo lugar em alguma coisa, não devia estar em campo. Ao longo de toda a sua carreira, ele demitia 10% dos gerentes todo ano.[13] Embora provavelmente os gerentes demitidos não tenham ficado satisfeitos, houve poucos presidentes na história moderna com o prestígio de Welch.

Quem não é herói não ousa fazer reestruturações maciças, vendo grandes mudanças como algo arriscado. Teme as reações. Os funcionários e a mídia detestam ver o fim de alguma coisa. Welch não tinha medo. Bom, muitos imitam o estilo de Welch, que se saiu bem na GE – mil dólares investidos na GE durante seu reinado de 21 anos tornaram-se 56.947 dólares, ao passo que nas 500 da S&P eles se tornaram 16.266 dólares.[14]

••➡ Ser um herói é um bom atalho para o cargo de presidente.

Ken Iverson, ex-presidente da Nucor, está entre nossos maiores heróis de todos os tempos. As pessoas adoravam-no. Olha, eu também o adorava. Iverson tirou a Nucor da beira da falência na década de 1960 e transformou essa empresa que, sem ele, seria um mundo de aço que não dava lucro. Hoje a Nucor é a maior companhia de aço dos Estados Unidos. Ele conseguiu isso à moda antiga. Desenvolveu a tecnologia, produção a baixo custo, assim como novas técnicas administrativas. Desafiou a liderança convencional do aço vendendo a um preço menor que ela – tomando-lhe o filé mignon. Construiu uma máquina enxuta, um modelo superior de administração – um modelo imitado agora por todo o mundo.

O aço norte-americano estava agonizando havia anos por excesso de burocracia, estrangulamento sindical e protecionismo do governo. Iverson descentralizou a tomada de decisões, reduziu as mordomias dos executivos e só deixou quatro camadas entre os operários da fábrica e ele. Exigia inovação – de todos. Seus funcionários o adoravam e teriam saltado de um abismo por ele. Sua história está em um livro realmente maravilhoso de 1991, *American Steel* [Aço norte-americano], do meu amigo Richard Preston.

Conheci Iverson em 1976. Poucos conseguiam enxergar o futuro da Nucor naquela época. Mas Iverson simplesmente me deslumbrou, e olha que eu não sou de me deixar impressionar com muita facilidade. Ele se sentia mais à vontade na fábrica com seus operários do que em escritórios espetaculares – mas se sentia à vontade nos escritórios também.

E essa qualidade é chave para alguém ser um presidente-herói. Você tem de fazer seus empregados adorarem você ao mesmo tempo em que o veem como um filho da mãe durão. Você tem de ser justo e imparcial, embora tenha mão de ferro quando necessário – mas sem nunca perder a calma. Disposto a assumir um grande risco, só que também astutamente calculista, mas não um intrigante. Um homem do povo simples que se sente tão bem – ou até melhor – com o cliente ou operário mais insignificante quanto com a diretoria! Em geral, um presidente-herói negocia seus ganhos de antemão e, por conseguinte, troca a compensação básica por uma porcentagem do aumento do preço das ações. E então, quando ele fica rico, poucos se queixam. A maioria dos presidentes ambiciosos e heroicos tem uma ou mais dessas características.

Faltou pouco para Carly Fiorina, que saiu da Hewlett-Packard em 2005, tornar-se uma presidente heroica. Ela enfeitou a tevê e capas de revistas – vista por todo mundo como uma heroína glamourosa. Dirigiu a HP durante o processo de fusão com sua rival Compaq. Os resultados iniciais foram precários, como em geral são em caso de fusão. No começo, ela parecia extraordinária. Mas a cultura da HP havia sido construída com base no "gerenciamento circulante", o estilo do cofundador David Packard. Ela parecia distante. Se os empregados não o adoram, um ambicioso presidente-herói não se mantém no cargo. Ela parecia mais à vontade com a mídia do que com sua diretoria, ou com os clientes e funcionários mais insignificantes. Era aqui, a meu ver, que estava o seu defeito: ela não tinha apoio da base quando as coisas ficavam difíceis – então foi decapitada. É claro que ela se saiu bem – levou 21 milhões de dólares como presente de despedida.[15] Mas, na minha opinião, ninguém nunca mais vai vê-la como diretora executiva de uma empresa da cúpula. Tenho dito.

> Para ser um presidente-herói, dedique tempo a seus clientes e funcionários mais insignificantes.

Isso leva a uma regra básica: todo presidente, todo mês, deve passar algum tempo com clientes arroz-com-feijão e empregados da base da pirâmide empresarial. Se esquecer isso, estará perdido. Presidentes que vivem em torres de marfim se dão bem durante algum tempo, pois acham que isso facilita sua vida – mas acabam fracassando. Os presidentes de primeira linha nunca se esquecem do que motiva seus funcionários. É por isso que os empregados adoram presidentes-heróis: ele/ela não é alguém distante, parece um deles, sente-se à vontade com eles, interessa-se por eles – é alguém extraordinário.

Mas preste atenção: Fiorina, O'Neal, Semel, Mozilo da Countrywide e muitos outros derrubados do trono, apesar de terem caído, fizeram uma bela viagem por esse caminho. Mesmo que você acabe descobrindo que não é um herói duradouro como Welch ou Iverson, ainda assim pode ganhar muita grana, investir e aposentar-se. Ou conseguir um cargo pago em uma diretoria! Muitas empresas contratam ex-presidentes para suas diretorias.

A MELHOR PARTE

Os altos salários não são o motivo para tomar esse caminho. O melhor de ser um presidente é ajudar as pessoas a ficarem maiores do que eram antes de conhecer você, e mais do que achavam que poderiam ser, ou que seriam – isso é muito gratificante. Dinheiro à parte, assim que você tem a sensação com que a verdadeira liderança nos impregna (que tive na Material Progress Corporation), você se torna alguém do povo – do seu povo. Você não consegue ter essa sensação com o seu sistema. Mas depois que se torna esse tipo de presidente, ela se apossa de você.

Esse é um caminho que incentivo qualquer um a tomar; porque, se você tiver êxito realmente, vai ajudar as pessoas e vai construir algo de valor social que transcende as finanças empresariais. Uma GE ou uma Microsoft geram benefícios sociais para o nosso mundo. Se fossem mal administradas, seria terrível. O que também vale para as empresas pequenas – onde você vai começar a percorrer esse caminho. É um desperdício terrível quando um presidente administra mal. Você vê isso acontecer e sabe que não é nada bom. Você pode se sair melhor que aquela moça, ou que aquele cara. Ela ou ele não está à frente das tropas. Lembre-se de minha experiência – você não precisa de uma formação impecável para administrar; basta se concentrar em marcar presença, em mostrar interesse e em estar à frente das tropas. Se fizer tudo benfeito, terá um belo estilo.

A formação do executivo

Para continuar sua viagem por esse caminho, estes livros podem ajudar:

- ••➡ *Your inner CEO:* unleash the executive within [O presidente em você: libere o executivo que há em você], de Allan Cox. O autor apresenta estudos de caso e ferramentas práticas que ajudam você a se ver e a reforçar as características necessárias para administrar empresas, das minúsculas às gigantes.

- *What the best CEOs know* [O que os melhores presidentes sabem], de Jeffrey Krames. É um passo a passo maravilhoso sobre a maneira de se tornar um presidente-herói – com muitos exemplos de presidentes do passado que se tornaram celebridades.
- *From day one:* CEO advice to launch an extraordinary career [Já no primeiro dia: conselhos para iniciar uma carreira extraordinária], de William White. Um guia para copilotos (Capítulo 3) que querem passar a presidentes. Aborda a maneira de causar uma boa impressão, de administrar acima e abaixo de você, e a construção de redes.
- *How to think like a CEO:* the 22 vital traits you need to be the person at the top [Como pensar como um presidente: os 22 caminhos vitais para você se tornar a pessoa do topo], de D. A. Benton. Baseado em mais de cem entrevistas com presidentes, Benton leva você a conhecer as qualidades pessoais, como o humor, que ajudam no caminho até o topo.
- *The five temptations of a CEO:* a leadership fable [As cinco tentações de um presidente: uma fábula sobre liderança], de Patrick Lencioni. Esse novo livro, que se lê de uma vez porque é simplesmente impossível deixá-lo de lado, expõe as armadilhas que o esperam, como pensar em si mesmo em primeiro lugar ou confundir popularidade com liderança.

••➡ Guia para **tornar-se o chefe**

Mesmo que você não tenha fundado a sua empresa, pode levá-la a novas alturas. E, durante o processo, ganha um salário altíssimo e outras mordomias lucrativas. Não é fácil e leva um tempão (em geral) para você chegar lá. Depois de coroado, a mídia pode malhar você impiedosamente. Você vai ser acusado por tudo o que der errado! Esse é o risco que você assume – mas é um risco profissional bem pago. Presidentes fracassados podem se dar igualmente bem em termos financeiros, mas uma carreira longa é preferível. Portanto, o que fazer para manter-se, durante muito tempo, nesse caminho lucrativo?

1. *Curta o que você faz.* Em geral é preciso uma carreira longa antes de você aterrissar na sala do presidente. Esses anos passam mais depressa quando você tem paixão pelo que faz e ama – sim, ama – a sua empresa.
2. *Não comece como presidente da IBM.* No começo, seus objetivos devem ser modestos – assim, você tem mais chance de conseguir o emprego e menos probabilidade de fazer alguma besteira que o impeça de se tornar o próximo presidente de uma empresa maior. Ou, então, você pode simplesmente fazer um belíssimo trabalho e crescer, passando de minúsculo a gigante.
3. *Consiga o emprego.* Além de fundar sua própria empresa, há várias maneiras de abrir caminho até o topo.
   a. Como copiloto. A ascensão pela hierarquia é um método consagrado, é verdade, e lucrativo. Muitos de nossos melhores presidentes já foram copilotos.
   b. Compre. Se tiver dinheiro – seu ou de terceiros –, e simplesmente adquira a empresa que é do seu interesse.
   c. Seja aquele que descasca os abacaxis. Se você está em uma empresa de capital de risco, de consultoria ou de capital fechado, pode ser chamado a assumir a liderança de uma companhia em apuros. Você pode percorrer esse caminho procurando especificamente ser o cara (ou a moça) que descasca os abacaxis.
   d. Procure uma agência de empregos. Tenha aulas de teatro, prática em entrevistas e profissionais do ramo que você leva para jantar. Depois de conseguir o emprego, comece a se autopromover para o próximo, que vai ser em uma companhia maior. Repita a dose para dar um salto no seu caminho em direção à sala do presidente de uma empresa grande.
4. *Lidere. Apenas faça...* A chave da liderança é marcar presença e fazer o que tem de ser feito. Você pode ler sobre o assunto, mas a melhor forma de aprender é fazendo. Apareça e mostre interesse. Converse com seus empregados e faça com que eles sintam que você está pensando neles primeiro. Se fizer isso bastante, você vai descobrir que se interessa *realmente,* e que está *realmente* pensando neles primeiro e que deseja *realmente* que eles deem o melhor de si.

5. *... mas somente à frente das tropas.* Aprenda com Júlio César. Seus empregados vão respeitar, seguir e adorar você se liderar o ataque toda vez em lugar de se esconder na retaguarda. Converse, dedique tempo a eles, viaje com eles. Hospede-se nas mesmas espeluncas que eles.
6. *Reserve tempo para seus empregados mais humildes e seus clientes mais modestos.* Depois que seu tempo se tornar muito valioso, continue à frente de suas tropas. É mais importante estar à vontade com seus empregados mais humildes e seus clientes mais modestos do que com a diretoria. Isso alimenta a confiança deles e mantém você conectado com a cultura de sua empresa.

3 Companheiros de viagem: os copilotos

Você é bom em escolher um cavalo vencedor?
Acha uma dureza ser chefe?
Seu destino pode ser a copilotagem.

Tem gente que quer ganhar muito dinheiro, mas não quer assumir tanta responsabilidade assim. Os copilotos sobem bastante, desempenham papéis críticos, são líderes respeitados e enriquecem – mas nunca suportam toda a pressão que um presidente suporta. Copilotos não apontam o caminho. Encontram o cavalo certo, amarram-no a sua carroça e ajudam-no. Embora talvez nunca usem a coroa de presidente, alguns copilotos famosos estão no alto da lista dos 400 da *Forbes* – Charlie Munger, o companheiro inseparável de Buffett, por exemplo, com um patrimônio de 2 bilhões de dólares.[1]

Mas não é mole, não! É dificílimo saber se o presidente que você segue está levando você para novas alturas ou para a beira de um abismo. Copilotos de verdade não são suicidas nem vacas de presépio (embora alguns sejam). Nada disso! Os copilotos têm o respeito da diretoria, dos funcionários, dos acionistas e do presidente – e são pagos por isso. Além disso, podem dizer e fazer coisas que os presidentes não podem. O presidente é público demais! Visível demais! Quando chega a hora de brincar de mocinho e bandido, adivinha quem faz o papel do bandido? Talvez não façam a megafortuna dos fundadores e dos presidentes, mas bons copilotos conseguem altos salários, participação acionária e um patrimônio líquido elevado.

POR QUE COPILOTO?

Parece pior que ser o gato da bruxa, senhor Fortunato? Não! Não compare copilotos com "puxa-sacos" ou "parasitas rastejantes". Puxa-sacos não têm poder – copilotos têm. Não se trata apenas de ser um coadjuvante na cúpula de uma empresa – é ser o companheiro de viagem do presidente, um companheiro sem o qual ele não pode passar.

Grana alta no banco do passageiro

Copilotos de primeira linha ganham o equivalente ao profissional que segue outros caminhos. Não ganham tanto quanto aqueles que tomam "A mais rica das rotas (Capítulo 1) nem o caminho do "Dinheiro alheio" (Capítulo 7), mas dá para se sair tão bem ou melhor que quem toma outras rotas. Os 2 bilhões de dólares de Munger estão longe dos 52 bilhões de dólares de Buffett. Mas calma! São 2 bilhões de dólares! Jeffrey Skoll, o primeiro funcionário da eBay, era copiloto de Jerry Yang, e agora seu patrimônio líquido é de 3,6 bilhões de dólares.[2] Peter Chernin, copiloto de Rupert Murdoch desde 1989 e diretor executivo da News Corp, recebeu um total 62 milhões de dólares em 2007.[3]

Outra vantagem? Há muito mais oportunidades em ser um copiloto que um presidente. Um único presidente pode ter diversos copilotos – empresas grandes podem ter vários vice-presidentes, diretores e outros executivos tarimbados. Você pode não chegar a fazer uma fortuna da magnitude de um Bill Gates, ou mesmo de um Jeffrey Skoll, mas pode chegar à megarriqueza aqui.

Contudo, não se engane – esses caras (e essas moças) não são meros coadjuvantes. A viagem não é de graça. Há líderes legítimos que realizam façanhas assombrosas. Um exemplo: Chernin lançou *Os Simpsons* e *Beverly Hills 90210* – sucessos estrondosos da Fox. Ele foi uma figura-chave na negociação da DirectTV de Murdoch e responsável por transformar a Fox em uma máquina de produção de filmes de grande sucesso. E seu nome foi sugerido várias vezes como presidente potencial da Disney.[4]

Pesada é a cabeça

Muitos simplesmente não querem ser presidente! É duro! Riscos colossais, tensões, sacrifícios pessoais – nada bom para corações fracos. É muito mais fácil ser um seguidor. Steve Ballmer, presidente da Microsoft, esteve ao lado do fundador Bill Gates praticamente desde o primeiro dia – um copiloto soberbo. Mais tarde, em 2000, acabou sendo presidente, mas antes administrou numerosas áreas (um traço característico do copiloto). Nosso amigo Hank Greenberg (patrimônio líquido 2,8 bilhões de dólares),[5] do Capítulo 2, é outro copiloto de longa data que é presidente há mais tempo ainda. E o doutor Eric Schmidt (6,5 bilhões de dólares)[6] não seria presidente do Google agora se antes não tivesse sido copiloto dos fundadores Larry Page e Sergey Brin.

Entretanto, o caminho do copiloto até a presidência não é fácil, nem bem pavimentado, nem é para todo mundo. Lembre-se de Stan O'Neal, do Capítulo 2, que foi um copiloto leal e respeitado de David Komansky, mas que se arruinou como presidente da Merrill Lynch. David Pottruck, copiloto de Chuck Schwab, também fracassou rápido como presidente.[7] Mas ser copiloto para sempre é um caminho legítimo em si, sem desvios.

> ••➡ Uma grande vantagem de ser copiloto: você é um alvo menos evidente.

Outra relação custo-benefício: processos judiciários de acionistas são um negócio fabuloso (ver o Capítulo 6). Os presidentes são alvos de particulares e da mídia. Talvez você não queira uma coisa dessas – nem que os filhos de seus amigos leiam a respeito. Você pode sofrer impactos como copiloto, mas eles não se comparam aos que sofre um presidente – o rosto da empresa, sobre quem recai a violência da má vontade, das deposições, das tensões.

Os presidentes costumam ser retratados como heróis ou como vilões – a barra é essa! E mesmo quando são monstruosamente bem-sucedidos, são criticados por seu salário monumental (como Lee Raymond, do Capítulo 2). Ser um copiloto não lhe dá nenhuma imunidade, mas você deixa de ser a mosca, o centro do alvo. Pode ser um modo de vida melhor.

A pessoa certa

Alguns são copilotos para sempre por saberem que não são a pessoa certa para a presidência. Em geral, presidentes muito bem-sucedidos são líderes carismáticos. Nem todos são inspiradores. Talvez você simplesmente não queira ter o destino de seus acionistas e empregados sobre seus ombros esquálidos. Muita gente não quer!

No basquete, jogadores fabulosos são aqueles que – nos quatro últimos segundos da partida, quando estão perdendo por dois pontos e seu time está chegando na bola – pensam: "Vou pegar essa bola!". Que coisa maravilhosa de pensar! E se você pegar a bola e não acertar na cesta para ganhar? Pressão infinita! Os caras que realmente querem pegar essa bola naquele momento, naquele lugar, são os tipos de presidente. Mas o cara que pega a bola com a velocidade do raio e a passa mais depressa ainda para o cara que realmente sabe o que fazer com a bola – *esse* é o copiloto.

> O copiloto não faz a maioria dos pontos; mas, em geral, faz uma dobradinha com o atacante.

Sob o radar

De certa forma, ser copiloto é mais difícil que ser presidente. Você recebe pouca atenção. Em geral, não são os copilotos que aparecem na tevê, nem cujo perfil é publicado pela *Forbes* (a não ser que você se torne um Charlie Munger). Todavia, os copilotos têm mordomias sensacionais – altos salários, respeito (ao menos dentro da empresa) – sem ser um alvo gigantesco. E têm uma vida familiar privada. Copilotos ambiciosos escolhem seu papel. Quer supervisionar as vendas? O presidente acha que esta é uma boa possibilidade de expansão para você. Quer abrir um escritório em Londres? É só falar com o chefão (ou chefona) que pode acontecer. E você pode ter uma vida muito, muito boa. Ótimo – mas como chegar lá?

ESCOLHA A EMPRESA CERTA

É vital encontrar a empresa e o presidente-líder certos. Copilotos ficam em uma mesma companhia durante muito tempo. Mesmo quando é contratado como um cara da cúpula, depois eles se prendem a sua empresa. Ballmer foi copiloto durante vinte anos antes de se tornar presidente. E Munger ficou com Buffett mais de 46 anos.

Para ser levado a sério, você precisa de uma longa história com quem quer que seja a pessoa com quem você está viajando – e uma imagem de lealdade absoluta, de frente e de perfil. Os presidentes podem ser contratados entre gente de fora, mas isso raramente acontece com os copilotos – a menos que sejam contratados com um novo presidente. Mas, mesmo quando trazidos de fora, como Munger e Buffett, em geral os dois se conhecem há muito tempo.

O início da carreira de copiloto

Se você é jovem, comece agora. Contudo, se já está adiantado em sua carreira, não precisa introduzir mudanças drásticas – a menos que esteja em um setor que está encolhendo ou morrendo. Nesse caso, você tem de introduzir mudanças de qualquer maneira. E, então, todas as regras do Capítulo 10 sobre a escolha de uma profissão são aplicáveis. Mas faça mais pesquisa ainda para ter certeza de que está em um campo no qual deseja ficar. Como sempre, escolha um campo relevante com probabilidade de se tornar mais relevante ainda.

Ou não! Talvez você queira trabalhar para um visionário que vai revolucionar os carros norte-americanos. Os carros norte-americanos estão condenados há muito tempo. Durante toda a minha vida adulta, a Ford e a GM estão tentando falir, mas simplesmente não são capazes disso, motivo pelo qual o processo leva muito tempo. Tenho muita fé em que vão acabar conseguindo. Talvez você queira ser copiloto de um visionário que vai ajudar essas duas empresas a chegar mais depressa ao fim.

••➡ Escolha sua empresa com cuidado. Você vai ficar nela um bom tempo.

Considere a Caterpillar Tractor, por exemplo, que já foi extremamente sindicalizada. Não ia bem havia muito tempo. Em 1994, o presidente em exercício, Donald Fites, teve uma visão; no entanto, para implementá-la, precisava libertar sua companhia das algemas dos sindicatos. Portanto, fez o que poucos presidentes sindicalizados têm coragem de fazer – enfrentou seu sindicato e ganhou. A companhia sofreu piquetes durante 18 meses. Fites recusou-se a ceder. Exigiu que o sindicato pusesse as cartas na mesa. Trinta por cento de sua força de trabalho abandonou o emprego, de modo que Fites contratou mão-de-obra temporária. Até seus executivos *white-collar** lançaram-se ao

* Expressão de executivos que ficam no escritório apenas. (N. T.)

trabalho – seus advogados aprenderam a se unir. Depois disso, seu sindicato perdeu o poder e a Caterpillar floresceu – e continua florescente.[8] Você vai querer ser copiloto de um cara como esse. Visionário, durão, obcecado e futurista.

Mas como encontrar alguém assim? Pense em Ken Iverson (do Capítulo 2). Seus dois principais copilotos, Dave Aycock (operações) e Sam Siegel (finanças) deram-se bem na vida, acreditando em Iverson e assumindo lealmente o papel de coadjuvantes. Ambos me disseram basicamente a mesma coisa sobre o motivo pelo qual escolheram ser copilotos de Iverson: não escolheram; não foi de fato uma opção.

No capítulo anterior eu disse que, assim que conheci Iverson, ele simplesmente me deslumbrou – e eu não sou alguém que se impressiona de modo fácil. Ele causou a mesma sensação em Aycock e Siegel, e eles também não são pessoas que se impressionam facilmente. Você está procurando alguém que é tudo o que você não é e, de quebra, ainda é um visionário. Você está procurando um líder. Você está procurando alguém com certa magia em torno de si, seja ela carisma ou não. E vai continuar procurando até encontrar essa pessoa única. É muito parecido com procurar alguém para se casar.

Líder ou novata?

Você pode escolher uma empresa bem estabelecida, com um líder bem estabelecido para começar sua viagem, ou uma companhia inteiramente nova – ambas têm prós e contras para o copiloto.

Na rota bem estabelecida, você não precisa escolher a empresa número um de seu ramo, embora possa. É lucrativo tornar-se copiloto da cúpula de qualquer das 500 empresas da S&P. Você pode descobrir a remuneração paga por qualquer sociedade anônima grande ou média examinando as declarações publicadas no seu site. Já ouviu falar de Moe Nozari? Não? Ele é o vice-presidente da divisão executiva da 3M e ganhou 7,6 milhões de dólares em 2007.[9] E a doutora Joan Miller? Não acredito que você não conhece Joan. Ela ganhou 1,4 milhão de dólares no ano passado como vice-presidente sênior da Quest Diagnostics,[10] uma empresa bem pequena. Você não conhece essas pessoas; eu também não. Mas alguém lá de cima, no alto de suas empresas bem estabelecidas, conhece-as e gosta delas. Você pode ser como elas.

O que você quer, acima de tudo, é um presidente-líder. Uma pessoa única! Seu Ken Iverson. Ganha-se mais dinheiro viajando com um líder visionário de uma empresa pequena que está fazendo uma revolução em termos de produto e ajudando-a a crescer até um tamanho colossal.

Mas o risco aqui é grande. Você vai acabar no Google? Na eBay? Ou você vai escolher errado, entrando na WebVan, Petopia ou SweetLobster.com, pensando que a compra de lagostas pela internet é o futuro? Às vezes, é óbvio. TootsieRollsForEver.com pode ser um perdedor óbvio, mas dez anos depois. Como saber qual o mecanismo de busca que seria o melhor de todos? É aí que você precisa da qualidade de análise, para saber qual é o tipo de capital social privado sério. Seja um campo ou um produto inteiramente novo, seja algum já existente, você tem de analisar a estratégia da empresa *e* o time de gerenciamento. Você pode ter a melhor estratégia do mundo, mas uma gerência burra. A verdadeira chave é o líder.

••➡ Escolha uma empresa estabelecida ou outra nova em folha. As novas são mais arriscadas, mas as recompensas são maiores.

Como escolher o cavalo vencedor

O cavalo ao qual você se atrela é que conta. Alguns dizem: "Descubra alguém com um *pedigree* excepcional!". Errado! Tudo bem com os *pedigrees*, mas eles não preveem o êxito do presidente nem do copiloto. Steve Jobs abandonou o Reed College – que não é uma das 20 melhores escolas dos Estados Unidos. Não me entenda mal – o Reed não produz imbecis. Meu grande amigo Stephen Sillett, um cara brilhante que está fazendo uma pesquisa revolucionária com sequoias*, formou-se no Reed. Mas ele também poderia ter ido para qualquer escola – Cafundó Ville Junior College – e ser um gigante. O que quero dizer é que Harvard, Reed, Cafundó Ville – quer você tenha tirado o diploma ou não – não importam! (Bill Gates talvez seja o cara mais famoso que saiu de Harvard sem o diploma). Eu frequentei a escola comunitária e a Humboldt State University (onde Sillet faz pesquisa), mas isso nunca me atrapalhou em nada, e ter ou deixar de ter *pedigree* não é o que vai fazer ou destruir você.

---

* Árvore do tipo pau-brasil. (N. T.)

> Escolha um cavalo que perdeu algumas corridas, desde que não tenha perdido duas vezes do mesmo modo.

Portanto, o que levou os primeiros funcionários da Apple a escolhê-la? Ou escolher Gates? Ou Buffett? Ou a escolher qualquer dos presidentes absurdamente bem-sucedidos, ou até presidentes modestamente bem-sucedidos, que levaram copilotos a se juntarem a eles? Carisma e visão. Eles têm isso – você tem de descobrir se são reais ou não.

Apesar de ter carisma e visão, muita gente fracassa. Repetindo: pense como um cara de patrimônio privado e estude aquela seção do Capítulo 7. Depois, responda às perguntas seguintes:

- Seu cavalo potencial tem uma visão empresarial empolgante? Uma visão na qual você acredita a ponto de pôr dinheiro seu nas mãos dele? (Você não é obrigado a fazer isso, mas faria?)
- Seu cavalo faz um bom trabalho demitindo-se das tarefas e delegando-as? Isso é vital. Releia os Capítulos 1 e 2 sobre fundadores e presidentes para ter certeza de que seu cara (ou sua moça) tem a maioria ou todos os atributos necessários.
- Seu cavalo já perdeu uma corrida antes? Nenhum problema se isso aconteceu. Se o seu cavalo perdeu, tentou de novo e perdeu de novo (mas de forma diferente da primeira vez), está mostrando diligência e uma curva de aprendizado. Aprender com seus erros (como Herbert Dow, do Capítulo 1) pode exercitar seu cavalo para a vitória. Até Sam Walton fracassou no início.

Depois de encontrar a pessoa certa que vai lhe dar uma carona no seu sucesso, mergulhe de cabeça. Ou você a admira e confia inteiramente nela, ou não. Se admira e confia, seja leal até o fim. É isso que um presidente exige de um copiloto para que este seja aquele sem o qual ele não pode passar. Se for do seu feitio colocar seu êxito futuro nas mãos de um único líder, é melhor você tomar o caminho da empresa bem estabelecida. Dá certo! Mas a grana mais alta está realmente em ser copiloto de uma empresa jovem.

SEJA O CARA CERTO

Então você encontrou sua empresa e seu cavalo. Como é que você se torna um copiloto? Como é que você se torna aquele que chama a atenção do visionário? Aquele sem o qual ele não pode passar? Repito: é a lealdade!

Hoje em dia a lealdade é muito valiosa por estar mais escassa do que nunca. Desde a década de 1960, nossa sociedade exalta as virtudes de *whistleblowers**, ativistas, aqueles que se demitem e montam um negócio próprio, gente que protesta, radicais, gente que não é trouxa, gente que manda o chefão ir plantar batatas – você entendeu. A partir de filmes como *Wall Street*, começou a longa tendência de achar que o chefe é ruim e aquele que se contrapõe a ele é bom. O alvo claro dessa tendência é o presidente que, por sua vez, mais do que nunca, valoriza a lealdade.

A lealdade vai longe

Copilotos de sucesso absorvem e praticam a visão da empresa – e não apenas superficialmente ou como fachada (e é por isso que você precisa de uma companhia que adore em um campo que acha empolgante). Seus colegas podem apontar para você e dizer, "Aquele cara está *pegando carona na diretoria*", mas não acham que você está ali de alegre. O presidente e os outros executivos da cúpula (se você ainda não é um deles) querem ter certeza de que você vai estar ali "a longo prazo".

Lealdade implica merecer confiança – o que é da maior importância. Se não se puder contar com você para guardar segredo sobre os detalhes da festa de Natal iminente, depois ninguém vai lhe confiar os detalhes do lançamento de um produto secretíssimo. Seja leal, mas dê um *feedback* honesto. Presidentes bem-sucedidos raramente ouvem muitos "não". Por isso, muitos supersucessos – e não só presidentes de companhias – ficam meio esquisitos. Pense em Michael Jackson ou Madonna, por exemplo – durante muito tempo, ninguém lhes disse: "Olha, acho isso que você está fazendo uma tremenda canoa furada". Isso acontece com presidentes cercados de vacas de presépio, gente que só diz sim por medo. Você tem de ter a coragem de dizer "não", mas lealmente.

---

* Aqueles que denunciam práticas ilegais ou desonestas no local de trabalho. (N. T.)

••➡ Seja leal, mas dê *feedbacks* honestos. Não tenha medo de dizer, "Não acho boa ideia."

Uma das coisas lendárias que tornaram Ballmer tão indispensável a Bill Gates é sua capacidade de informá-lo educadamente de que estava errado, ao mesmo tempo em que era e parecia ser superleal.

Munger é conhecido em Berkshire como "o abominável homem do não".[11] Mas não diga "não" só para ser do contra. Diga "não" e mostre as coisas de outro ângulo. Se você for leal e digno de confiança com uma boa ficha de discernimentos pertinentes, o presidente vai ouvi-lo e vai adorá-lo.

Você tem de sentir, no fundo do coração, que sua empresa é boa, justa e santa; caso contrário, não vai ser um bom copiloto. Você tem de acreditar que sua empresa está tornando o mundo melhor. Que você está fazendo seu presidente ter um desempenho melhor. Que todos os problemas podem ser resolvidos – que nenhum obstáculo é grande demais. E que, embora a empresa não seja perfeita, seus benefícios superam em muito os seus defeitos, os quais podem ser corrigidos.

Copilotos não reclamam nem se queixam. Tudo quanto você pode fazer é apresentar uma estratégia para consertar o que o incomoda. Copilotos não são amargos – são racionais, mas animam entusiasticamente os líderes da empresa. Se você acha que não vai sentir nada disso em relação a seu presidente ou a sua companhia e quer seguir esse caminho, está na hora de procurar outra empresa ou outro cavalo – ou ambos. Se você é do tipo sarcástico, tome outro caminho.

Seja flexível

Se você é um engenheiro que só quer escrever códigos, vai ser duro se tornar copiloto. O braço direito do presidente tem de conhecer ou aprender vendas, marketing, criação de marcas, fabricação, administração de uma cadeia de fornecedores e muito mais. Jack Welch fez do seu estilo administrativo algo a ser imitado. Seus gerentes administram uma divisão, depois são mandados para outra. Ele tem caras (e moças) com conhecimentos profundos que nunca foram transferidos de uma divisão para outra, pois não há iguais em sua área. Mas ele também tinha caras com conhecimentos amplos, e alimentava-os. Em suma, ele estava criando um exército de copilotos e um estoque de futuros presidentes potenciais – não só para sua empresa mas para qualquer grande empresa norte-americana. Quem não gostaria de ter um copiloto da Escola de Administração Jack Welch dirigindo sua companhia?

Vou fazer... em lugar de posso fazer

Isso levanta uma outra questão – uma questão crucial em qualquer empresa. Quero gente com uma atitude do tipo *vou fazer*. Observe que eu disse *vou fazer*, e não *posso fazer*. Há uma diferença. *Posso fazer* significa capacidade e qualificação. O que é ótimo – dá certo em alguns lugares. Mas não comigo nem com a GE. Quando Jack Welch disse: "Bob, adoro seu trabalho com micro-ondas e aparelhos eletrodomésticos. É bárbaro! Mas agora eu preciso de você no setor de água, principalmente nos mercados emergentes de usinas de purificação. Você vai para Djibouti City. Tudo bem, cara?", Bob não respondeu: "Ok, Jack, posso fazer isso". Bob não entendia nada de purificação de água e não conseguia encontrar Djibouti City sozinho nem com um Sistema de Posicionamento Global publicado por um exército. Mas Bob respondeu alegremente: "Perfeito, Jack. Sim, *vou* nessa".

> ••➡ Assuma uma atitude do tipo *vou fazer*, e não do tipo *posso fazer*.

Posso fazer é o que está no seu currículo. *Vou fazer* significa que você vai ansiosamente muito além disso – para além de sua zona de conforto. Você pula. Você vai "dar conta do recado". Você vai fazer o que é importante para a empresa, seja o que for. Vai usar qualificações e talentos relevantes e passar pela curva de aprendizado rapidinho. Vai contratar pessoas, talvez até mais inteligentes que você, que sabem mais que você e que vão fazer de Djibouti um sucesso. Não se trata de *você* – trata-se do êxito de sua empresa e de seu/sua presidente. O sucesso dele (ou dela) é seu. Diz respeito a você também porque você vai ter de entrar em uma montanha-russa e, se sobreviver, será alguém melhor e estará pronto para a próxima tarefa. Mas, em essência, trata-se de fazer tudo o que você puder pela empresa e pelo presidente, e não do que você pode fazer. Uma diferença colossal.

Bons copilotos vivem de acordo com o *vou fazer*. Não reclamam de ter de ir para Djibouti. Eles dizem: "Tudo pronto". Apresentam-se como voluntários para as tarefas mais incômodas e pouco glamorosas. Você pode achar que isso compromete seu status, mas, acredite, o cara com quem você quer viajar percebe quando você realiza alegremente tarefas repulsivas. Eis aí um cara (ou moça) leal que deseja superar-se e fazer o que for melhor para a companhia e para o presidente.

Em minha empresa

Na minha empresa, mais de 25 funcionários de minha companhia se tornaram milionários; vários deles se aposentaram com menos de 40 anos e nunca mais precisaram trabalhar. Um deles ficou entediado, e voltou a trabalhar aqui. Alguns são muito ricos. Mas acima de todos eles está Jeff Silk, um copiloto arquetípico.

Quinze anos mais novo que eu, Jeff me foi recomendado por Mike Brusin, professor e amigo meu de longa data, que mais tarde foi professor de Jeff (seus ex-professores podem ser boas fontes de referência quando você estiver procurando alguém com quem viajar). No começo, Jeff mal sabia onde estava o nariz quando se tratava de operar em uma base cotidiana (sério). Mas nunca deixou de se aperfeiçoar, progredindo e tentando demonstrar sua lealdade. Verificava as condições de seu ego todas as manhãs. Fazia de tudo: pesquisa sobre o produto mais básico ou simples de seu gênero, trabalhava com o hardware dos computadores, vendia, supervisionava vendas, administrava pessoal, gerenciava nossa divisão institucional, era presidente e diretor executivo. Agora é vice-presidente e consegue fazer qualquer coisa na empresa. Nunca trabalhou tanto quanto agora - fazendo, principalmente, o que quer, gosta e acha que agrega o maior valor - e nunca esteve mais satisfeito. Mas, se eu pedir, ele faz qualquer coisa.

Nunca tive de me preocupar com o lugar de onde Jeff está vindo. Quando eu lhe pedia para fazer alguma coisa, essa coisa era feita. Nunca na vida senti qualquer inveja de sua parte em relação à minha riqueza e fama relativamente muito maiores. E ele diz que nunca sentiu nenhuma. Jeff está aqui há 25 anos e seu patrimônio líquido está em torno de 150 milhões de dólares, o que faz dele um cara mais rico que quase todo mundo; a exceção é um punhado ridículo de artistas famosíssimos. Ele tem uma esposa que o adora (a namorada da adolescência), três filhos maravilhosos, uma casa espetacular - uma vida familiar fantástica, equilibrada, que os presidentes raramente conseguem ter. Encarna uma versão do sonho norte-americano. Ele adora a vida que leva. Acabamos de lhe dar uma festinha de aniversário para comemorar seus 25 anos aqui. Ele pode ser muito duro, mas nessa hora havia lágrimas nos seus olhos. Você deve ir para um lugar onde você tenha lágrimas nos olhos daqui a 25 anos, onde você possa se sentir tão bem consigo mesmo e ser tão rico quanto Jeff. É difícil algo melhor.

Até que a morte os separe

Ser um bom copiloto é realmente como ser uma boa esposa. Uma boa esposa ou um bom copiloto faz sobretudo o que é certo, e é leal. Ela sabe quando seu companheiro está sendo idiota e não tem medo de lhe dizer isso (digo "ela" porque é mais vantajoso para mim). Ele ou ela tem uma atitude do tipo *vou fazer* (por exemplo, "Certo, meu bem. Vou limpar a calha". Ou "Vou com você assistir ao filme novo do Harrison Ford, no qual ele não é o herói de uma história de ação, e sim de uma história em que ele faz um papel romântico e nada explode durante três horas intermináveis"). Um bom copiloto e uma boa esposa veem o outro com todos os seus defeitos e amam seu companheiro apesar deles. Ser um bom copiloto é como se casar – só essas relações são duradouras e gratificantes de verdade!

Bibliografia do copiloto

Só lhe falei do básico. Há muito mais para você pesquisar para se preparar para essa viagem. Os livros apresentados a seguir orientam sobre a maneira de planejar sua rota de copiloto.

- *De bom a excelente*, de Jim Collins. Você precisa entender o que faz uma boa companhia em comparação com uma companhia maravilhosa – é melhor você viajar com uma maravilhosa. Collins explica o que você deve procurar em uma companhia que tem probabilidade de estourar na praça.
- *The five dysfunctions of a team* [As cinco disfunções de uma equipe], de Patrick M. Lencioni. Você acha que o cara da dobradinha administrativa que você está querendo montar tem chance de chegar lá? Ou é um palhaço de circo? Leia esse livro para evitar os palhaços e refletir sobre a maneira de encontrar o cara certo e se juntar a ele.
- *What got you here won't get you there* [O que trouxe você aqui não levará você lá], de Marshall Goldsmith. Indispensável! Esse livro ensina o que fazer para evoluir com o tempo e chegar a ser um copiloto cada vez mais valioso (e bem pago). E, se você deseja passar da copilotagem para a presidência de uma companhia, ele também ajuda.
- *Como fazer amigos e influenciar pessoas*, de Dale Carnegie. Recomendo esta obra para vendedores também, mas é leitura obriga-

tória para copilotos. É simplesmente o melhor guia para você aprender a se autoafirmar de maneira positiva, fazer as perguntas certas, negociar e dar mais de si do que seu chefe, seus clientes e seus empregados esperam.

•••➡ Guia do **copiloto**

Só porque você está viajando com alguém não quer dizer que está a passeio ou só pegando carona. Copilotos bons (isto é, ricos) têm luz própria. Assim como o processo de se tornar presidente, ser um bom copiloto leva tempo, exige fortaleza de caráter, determinação e um ego bem reforçado. Os copilotos fazem trabalho sujo com frequência, mas não têm o mesmo prestígio dos presidentes. Não se aborreça – seja um bom copiloto que será mais que recompensado. Siga estes passos:

1. *Escolha o cavalo certo ao qual se atrelar.* Mais importante que o campo certo ou a empresa certa é encontrar o cara ou a moça certa com quem viajar. É como um casamento! Certifique-se de que seu cavalo tem visão e talento, de que você pode confiar e conviver com ele durante a maior parte de sua vida adulta.
2. *Escolha a empresa certa.* Mais que qualquer outro caminho, escolher o ramo certo, o campo certo e a empresa certa é vital aqui, porque os copilotos ficam em uma mesma companhia durante muito tempo. Você pode até ser convidado para trabalhar em outra empresa e, apesar disso, vai querer continuar no mesmo campo. Faça suas pesquisas para, depois, se ater ao lugar onde aterrissar.
3. *Escolha entre uma empresa bem estabelecida e outra nova.* Você não precisa ser um copiloto do seu presidente desde o início, como Schmidt do Google, Skoll do Yahoo ou Ballmer da Microsoft – embora seja lucrativo. Se você teme o risco maior de um novo empreendimento, pode ser copiloto de uma companhia bem estabelecida – onde talvez não ganhe bilhões, mas na qual pode ganhar muitos milhões.
4. *Seja leal.* Seja leal e digno de confiança acima de tudo. Mas descubra quando e como dizer "não". Os copilotos são escolhidos por sua lealdade e capacidade, combinadas a críticas e *feedbacks* honestos. Seja alguém razoável e racional que levanta o astral da empresa.
5. *Assuma uma atitude do tipo vou fazer.* Vá além do "posso fazer". Supere-se. Faça o que é certo para a empresa. Apresente-se como voluntário! Todo mundo pode fazer o que sua capacidade permite. Faça mais.

4

Ricos... e famosos

Em busca de fama e fortuna?
Não se importa de abdicar da privacidade?
Experimente fazer um cruzeiro pelo caminho dos ricos e famosos.

Ser rico *e famoso* é um sonho comum. Mas a maioria dos ricos não é famosa. São donos de estacionamentos de trailers ou de pequenas empresas. São contadores ou médicos, não gente que tem um modo de vida de contos de fadas. Pensamos em longas limusines, anéis de vencedores de campeonatos, Oscar, posse de times esportivos ou em fazer cinema. Esse caminho é a substância das aspirações de carreira do ensino fundamental – jogador de beisebol, atriz, Oprah, Tiger. É possível planejar ficar rico seguindo esse caminho, mesmo que, na realidade, ele esteja fechado para a maioria quando chegamos à vida adulta. Exige que a gente comece cedo. O sonho infantil do estrelato. Mas quem sonha muito também se ilude muito. Esteja avisado: embora as riquezas desse caminho sejam reais e legítimas, correspondem a trabalho duro, e as chances de êxito são minúsculas.

Ou não. Esse caminho tem dois braços. Um deles é o talento – Derek Jeter, Whitney Houston e Cameron Diaz. O outro é ser magnata – Ted Turner, Rupert Murdoch, que são donos de impérios da mídia e os administram. O caminho do magnata da mídia é mais praticável – você não precisa subir por uma espiral muito estreita nem parecer a Cameron Diaz. Só precisa daquilo que qualquer pessoa de negócios precisa – perseverança, inteligência e sorte. Acontece nos anos de maturidade também. Mas isso não torna o caminho do talento menos tentador.

Há uma encruzilhada aqui de vez em quando – talentos que se tornam magnatas e vice-versa, embora seja raro. Oprah (patrimônio líquido de 2,5 bilhões de dólares)[1] é o maior híbrido de talento e magnata. Ela explorou com êxito uma carreira de locutora (talento) que acabou desembocando em um programa de entrevistas que ela produz (talento e magnata). Além disso, trabalhou no cinema (um de seus filmes mais célebres é *A cor púrpura* – categoria talento) e como produtora da Broadway (também em *A cor púrpura*, mas agora como magnata). Essa combinação é rara. Martha Stewart (patrimônio líquido de 638 milhões de dólares)[2] é um talento no seu mundo de magnata. Ter talento/ser magnata tende a uma riqueza maior que os talentos puros. E não se esqueça daquelas gêmeas diminutas – Mary Kate e Ashley Olsen. Sou antiquado demais para saber quem é quem, mas sua produtora e suas linhas de roupas fazem delas híbridos – valendo 100 milhões de dólares cada.[3]

Outro híbrido recente – mas um híbrido que se lançou da terra dos magnatas – é o fenômeno da cultura pop chamado Mark Cuban (patrimônio líquido 2,6 bilhões de dólares).[4] Além de suas outras excelentes qualidades de híbrido, Cuban é durão – não dá a mínima para o que dizem seus críticos e chega, inclusive, a ter um senso de humor delicioso a respeito deles. Nesse sentido, é um fundador-presidente do livro didático (Capítulo 1). O ex-barman começou a acumular riqueza como caubói de uma companhia eletrônica, fundando em 1995 a Broadcast.com, uma estação de rádio da internet, com um colega de faculdade. Pouco antes da quebra das empresas eletrônicas de 2000, ele fez uma venda oportuna para o Yahoo, por 5,7 bilhões de dólares em ações.

Além de sua empresa ter sido vendida em um momento crucial, ele não esperou a quebra tecnológica do Yahoo. Fez uma troca radical com Ross Perot pelos Dallas Mavericks e, desde então, irrita os funcionários da NBA. Em meados de 2006, Mark já tinha sido multado em mais de 1,6 milhão de dólares por funcionários da NBA por suas caretas no tribunal e por seu pavio curto.[5] E, por declarar que a liga era tão mal administrada quanto a Dairy Queen, a punição de Mark foi usar um chapéu de cartolina e servir refrigerantes durante um dia em uma franquia de Coppell, Texas.[6]

Em 2000, ele foi cofundador da 2929 Entertainment – uma *holding* de mídia – e é presidente da HDNet, uma estação a cabo de alta definição. Em 2007, participou do elenco de *Dancing with the stars* [Dançando com as estrelas] – um *reality show* que forma pares entre celebridades e dançarinos profissionais de bailes para uma maratona que dura sete dias. Isso o coloca tanto na categoria talento quanto as outras celebridades que apareceram no programa (embora ele seja um pouco enganador. A certa altura, ganhou a vida como instrutor em discotecas).[7]

Meu editor temia que eu parecesse mesquinho demais ao falar de Cuban – principalmente porque essas últimas frases minhas não o fazem parecer um grande talento – e que você não gostasse disso. E é verdade – eu não disse realmente nada de muito elogioso a seu respeito. Bom, tenho certeza de que é o contrário, que eu não disse nada tão repulsivo assim sobre Cuban a ponto de fazê-lo gostar realmente do que eu falei. Para ele gostar mesmo, eu teria de pegar pesado pra valer ao ridicularizá-lo. E eu gosto dele. Ok, Mark, essa aqui é só para você: você não passa de um blá-blá-blá horroroso. Sente-se melhor? Para você, leitor, o que quero dizer é que, se você se saiu muito bem como magnata e sabe como, pode passar de *rico* a *famoso*, exatamente como Mark Cuban.

UM SHOW DE TALENTO

E então? Como é que você se torna um astro do rock, um atleta profissional ou Cameron Diaz? A viagem por esse caminho começa cedo. Se você já passou dos 15 anos e está começando a jogar futebol, nunca vai chegar a ser um profissional. Sinto muito. No cinema ou no teatro talvez você possa começar um pouco depois – 18 anos –, embora muitos comecem muito antes. Todo caminho requer diligência e perseverança. Pense em um presidente cinquentão bem-sucedido – é provável que ele esteja em campo desde que saiu da faculdade, talvez há uns trinta anos! Mas um atleta profissional de 35 anos está na batalha há quase tanto tempo quanto ele. O famoso Tiger Woods começou no golfe aos 2 anos de idade.[8] Seu pai provavelmente gostava daquilo mais que Tiger gostava aos dois anos. Como disse Michael Jordan, "Ser um profissional é treinar quando você não está com vontade".

Como dar a partida

Ficar rico por meio do talento requer juventude ou uma decisão juvenil. Um aspirante de 35 anos não vai fazer sucesso em Hollywood, nem na

NFL, nem no golfe, nem em praticamente lugar algum – não importa qual. Isso não significa que os mais velhos não tenham talento. Katherine Hepburn ainda participava de filmes aos 87 anos. Mas ela também começou jovem. Será que pode acontecer um milagre? Sim, mas quase nunca. Glenn Close só conseguiu seu primeiro papel no cinema aos 35 anos. Wynonna Judd, cria da superestrela country Naomi, só deslanchou aos 38 anos. A chave? Lembra-se da frase "quase nunca"? A maior parte das celebridades começa cedo. Se você não é jovem nem começou jovem, o custo deste livro também vai ter valido a pena, porque está na hora de parar de perder tempo pensando nesse caminho; está na hora de escolher outro.

Se você é jovem e absolutamente determinado – quer saber de uma coisa? Pratique. O dia inteiro, todos os dias. Astros de sucesso começam jovens, mas também são monstruosamente determinados. Britney Spears e Justin Timberlake trabalharam muito mais quando crianças do que provavelmente qualquer um que você conheça. Em geral, os atletas profissionais levam vidas monásticas quando crianças, levantando-se antes do sol, praticando antes, durante e depois das aulas. Portanto, comece acordando às cinco da manhã para ter a velocidade do vento.

Quer ser um astro do rock? Entre para o coro de uma igreja, toque violão na casa de seus pais nos fins de semana, toque em festas populares. Nunca rejeite um convite para tocar por uma noite, por mais mortificante que seja. Você assistiu ao *American idol?* A maioria esmagadora deles canta para multidões desde os 9 anos.

Se você quer ser artista de cinema ou teatro, seja. Faça um curso em sua escola comunitária local. As cidades grandes têm muitas opções. Na verdade, os cursos são apenas mais uma desculpa para praticar. Se quiser ser autodidata, leia *Respect for acting* [Respeito à arte de atuar], de Uta Hagen, e *A preparação do ator,* de Constantin Stanislavski – o livro sobre metodologia teatral. Mas procure um teatro local ou festival de verão, vá lá e dê seu recado.

Promova-se

Para ter êxito, você tem de se promover, senão vai perder convites para se apresentar. Se conseguir, você vai contratar um agente para promovê-lo (o ramo das artes e do atletismo são incrivelmente sindicalizados. Você tem de dançar conforme a música dos sindicatos). Mas o que fazer para precisar de um agente? A revista *Back Stage* publica listas de convocação de elencos em toda cidade grande, elencos para tevê, para cinema, para dublagem, para rádio, o que for. Existem até listas de convocação de gente que ainda não é profissional, como você! Você pode fazer pesquisas e mandar seu currículo (por mais modesto que seja) online para Backstage.com. Você vai precisar de uma foto 8 X 10 em preto-e-branco – peça a um profissional para tirá-la ou a um amigo muito habilidoso – e um número de telefone. As listas dizem a você tudo o que é preciso para uma entrevista – um monólogo ensaiado, um sotaque, oito compassos de uma música da Broadway. Com *Back Stage*, uma série de fotos 8 X 10 e alguns selos, você está pronto. Conseguir o emprego cabe a você. Isso é promover-se.

Por fim, você vai precisar de um agente. Ele vai conseguir para você trabalhos melhores, mas isso também significa uma redução nos ganhos. Também há listas de agentes na revista *Back Stage*. Nota: nunca pague por uma entrevista nem deixe o agente cuidar de sua vida financeira. Agentes que se prezam não pedem dinheiro enquanto você não é pago. Se quiserem um adiantamento, é fria. Sempre. Caia fora.

Um dia, como o Brad Pitt, você pode ficar exigente. Mas, no começo, se alguém lhe oferece 7 dólares por hora para você usar uma fantasia de galinha e dançar, comece a dançar. Para mais informações sobre como começar, a *Back Stage* é uma grande fonte geral (leia primeiro a seção "Avoiding scams" [Evite entrar numa fria]). Leia também *Breaking into acting for dummies* [Iniciação em dramaturgia para tontos], de Larry Garrison e Wallace Wang, que fala do lado comercial das artes cênicas, da estruturação de um currículo para encontrar todo e qualquer tipo de trabalho e formas de se relacionar com os sindicatos.

Por fim, você precisa entrar em um sindicato. Você não vai conseguir certos empregos sem isso; mas, a partir de então, você vai ser governado por regras sindicais draconianas. Lembra-se da greve de autores de 2008 em Hollywood? É provável que muitos deles não quisessem férias não remuneradas de quatro meses, mas se o sindicato declara greve, não há nada a fazer.

No embalo do rock

As mesmas regras se aplicam aos aspirantes ao estrelato: promova-se e assuma todo e qualquer trabalho que aparecer. Entre em todos os bares e ofereça-se para tocar – de graça! (Depois que você for convidado uma segunda vez, pode começar a cobrar.) Crie um kit para a imprensa – uma foto, alguns comentários elogiosos (peça para a mamãe escrevê-los – se você já estiver velho demais para pedir uma coisa dessas para a mamãe, então já está velho demais para percorrer esse caminho), recortes de jornais e um CD. Frequente todos os lugares em que puder se apresentar e associe-se a tantos agentes quanto for possível. É uma questão de número! Quanto maior o número de pessoas com quem você tem contato, maiores as suas chances.

Há muito tempo, tudo girava em torno do disco lançado pela gravadora. Não gira mais! Com um computador decente, praticamente qualquer um pode fazer um CD, e qualquer um pode comprar qualquer música na iTunes. Hoje em dia, para estourar na praça você tem de ser um compositor (ver o Capítulo 8) ou fazer turnês. Até grandes nomes como Madonna, U2 e o rapper Jay-Z (mais sobre ele adiante) abandonaram as gravadoras tradicionais e assinaram contratos milionários – 120 milhões de dólares para Madge e 150 milhões de dólares para Jay-Z – com a Live Nation.[9] A Live Nation é uma empresa distinta e parcialmente independente do conglomerado de rádio Clear Channel, é dona e administradora de centenas de auditórios e casas de espetáculos no mundo inteiro.

Contudo, antes de negociar seu contrato de 150 milhões de dólares você vai passar muitas horas na estrada. Portanto, como é que você encontra um agente que promova sua arte e lhe consiga contratos? Da mesma forma que o pessoal das artes cênicas! Repetindo: nada de grana adiantada! Em segundo lugar... promova-se! Você pode encontrar agentes nas páginas amarelas ou em seu sindicato local. Mande-lhes seu kit de imprensa e convide-os para suas apresentações. Leitura obrigatória: *All you need to know about the music business* [Tudo o que você precisa saber sobre empreedimentos com música], de Donald S. Passman – ajuda você a encontrar um agente e a negociar um contrato. E, para ter uma boa ideia do setor, leia *So you wanna be a rock & roll star* [Então você quer ser um astro do rock], de Jacob Slicheter. Você não vai precisar de mais nada depois de ler esse livro.

A vida esportiva

Os caminhos dos atletas estão mais bem definidos. O astro do esporte do ensino médio. Convidado para frequentar uma faculdade. Destaque na faculdade. Convidado para participar de um time profissional. Se você não tiver êxito como astro do esporte no ensino médio, tome outro caminho. É muito raro alguém sair direto do ensino médio para o time profissional. Alguns conseguem, como Kobe Bryant, mas é melhor nem tentar. Se você sofrer uma lesão que acabe com sua carreira, ao menos vai ter um diploma universitário. Em geral, os campeões do tênis não passam pela rota universitária. Nem os ginastas das Olimpíadas – pelo menos não antes de as Olimpíadas terminarem – mas sua carreira já acabou aos 19 anos e a maioria esmagadora não é "rica e famosa". Mas Tiger foi para a faculdade! Claro, saiu antes de terminar o curso (como Steve Jobs e Bill Gates), mas antes Stanford o queria.

Atletas profissionais precisam de um agente. A IMG talvez seja a agência esportiva mais conhecida e administra muitos nomes colossais. Se quiser entrar em contato com outras, dê uma olhada no catálogo Sports Agent Directory <www.prosportsgroup.com>. Repetindo mais uma vez: *nada de grana adiantada!* O agente é pago quando você é pago – sempre. Seu agente vai ajudá-lo a negociar contratos mais vantajosos, conseguir patrocínios e caixas de cereais. É aí que está a grana alta (como as merendeiras e os bonecos no caso dos escritores – ver o Capítulo 8). Portanto, para se tornar um atleta profissional: 1. Pratique. 2. Termine o segundo grau. 3. Seja convidado para frequentar uma faculdade. 4. Encontre um agente. 5. Torne-se o rosto da Nike. Fácil assim. Agora vá treinar mais, para ter a velocidade do vento.

> •••➡ Para ganhar uma grana alta nesse caminho, você tem de se promover.

BURACOS NA ESTRADA QUE NINGUÉM VÊ!

O caminho do talento é novo, mas não dá para confiar. A persistência não tem nenhuma relação evidente com o êxito financeiro. Nem o talento sozinho. Por mais talentoso que você seja como ator, as suas chances de algum dia trabalhar nas artes cênicas são muito pequenas. Os números são assustadores. Segundo o Bureau of Labor Statistics (BLS)*, existem apenas

---

* Departamento de Estatísticas do Trabalho, uma espécie de IBGE. (N. T.)

157 mil empregos por ano no ramo das artes cênicas. Não 157 mil empregos para atores/atrizes (alguns são de galinhas dançarinas). Não há como saber quantos aspirantes estão servindo mesas em vez de estarem no palco. A Screen Actors Guild (SAG – o sindicato de atores de tevê e cinema)* tem aproximadamente 100 mil membros, mas até a SAG admite que só cerca de 50 ganhem, digamos, mais que 1 milhão de dólares por filme. Só uma elite diminuta ganha muito mais. O restante, segundo o BLS, ganha um salário médio de 11,28 dólares a hora – *quando* está trabalhando![10] Lembra daqueles comerciais de computadores da Dell com um carinha de cabelos soltos gritando, "Meu, você está comprando um Dell!"? Ele fez inúmeros comerciais Dell durante uns três anos – é provável que tenha ganhado uma boa grana. Apesar desse êxito, há pouco tempo estava trabalhando de garçom em um restaurante mexicano popular de Manhattan, o Tortilla Flats.[11] E ele é um sucesso das artes cênicas!

Vamos supor 100 atores desempregados para cada ator trabalhando nas artes cênicas (provavelmente uma estimativa baixa). Isso significa, mais ou menos, um milhão e meio de pessoas que dizem ser artistas, mesmo que suas devoluções de imposto de renda não confirmem essa declaração (a maioria não ganha sequer o bastante para *pagar* o imposto de renda). Portanto, se há um milhão e meio de pessoas como você e 50 que estouram na praça, você tem uma chance de aproximadamente 0,003% de ficar rico como artista. Você pode até ganhar o seu pão, mas aquele salário médio por hora significa que você tem mais probabilidade de ganhar 25 mil dólares por ano (2 mil dólares e uns quebrados por mês) que qualquer coisa que se aproxime do status de Cameron Diaz.

Os músicos enfrentam probabilidades igualmente desanimadoras. Não há estatísticas referentes a músicos sem trabalho, mas muito poucos se tornam Rolling Stones. Ou atletas! As melhores chances são as dos jogadores de beisebol. Se você faz parte da equipe principal de sua escola de ensino médio, diz a NCAA que você tem uns 0,45% de chance de ser convidado para uma das ligas importantes.[12] Terrível! E você ainda tem de ser um superastro para ganhar o salário de um superastro. O salário mínimo dos jogadores profissionais de beisebol é de aproximadamente 300 mil dólares.[13] Nada mal,

* Corporação dos Atores da Tela. (N. T.)

mas você não fica super-rico com ele porque não vai durar o bastante para chegar lá. Se você acha que não vai ser um astro do beisebol, experimente o hóquei – as chances de você se tornar um profissional são de 0,32% – porém os salários da cúpula não são tão altos. Os salários são altos para os maiores astros do futebol americano, mas as chances são menores ainda (0,08% de você se tornar um profissional). Basquete? Só 0,03%. Para as mulheres é pior. As jogadoras de basquete da equipe principal de sua escola de ensino médio têm uma chance de 0,02% de se tornarem profissionais.[14] Há menos times. É um mundo injusto. Apesar disso, todas essas probabilidades ainda são maiores que a de se tornar uma Cameron Diaz.

••➡ Comece muito cedo. Persevere. Mas não deixe de cultivar outras qualificações vendáveis.

Você pode dizer, "Mas a Cameron Diaz ganha 20 milhões de dólares por filme!". Ganhando isso, você não precisa de uma carreira vitalícia. Vinte milhões de dólares por filme – pague o seu agente, o contador, o chef, o instrutor da Cabala, o instrutor de ioga, pegue os 7 milhões de dólares que sobram e aposente-se. Ótimo! Mas, para ganhar os 20 milhões de dólares, você ainda precisa *ser* a Cameron Diaz – o que exige ter começado jovem ou, talvez, ter feito um pacto faustiano com o diabo. O que revela outra característica de todos os caminhos que levam à riqueza! As pessoas que ganham 20 milhões de dólares por filme não estão interessadas em fazer um filme e se aposentar. Elas não se demitem – são tenazes e ambiciosas. Você também deve ser. Não estou querendo dissuadi-lo – só estou avisando. Enquanto estiver percorrendo o caminho do talento, talvez seja bom você cultivar outras qualificações profissionais para que a transição para um caminho mais confiável seja menos penosa.

Não tão ricos ou famosos

Também está longe da estrada mais enriquecedora de todas – mesmo para quem ganha muito dinheiro. Nenhum dos 400 da *Forbes* ficou rico só com seu talento. Oprah é mais uma magnata. O talento puro que ganha mais é Tiger Woods – dizem que levou 100 milhões de dólares para casa em 2006.[15]

Tiger vai acabar entre os 400 da *Forbes* um ano desses. Mas pense em Madonna – há algo materialmente errado com a Material Girl. Ela ganhou 72 milhões de dólares em 2006 e recebeu uma grana alta durante décadas e, apesar disso, seu patrimônio líquido é de apenas 325 milhões de dólares.[16] Dados seus ganhos milionários, ela está para trás. Ganhou zilhões durante mais de 25 anos – se tivesse economizado só uns 10 milhões de dólares por ano e investido com sabedoria, ela agora teria *no mínimo* 1 billhão de dólares. Quanto será que custa um bustiê bordado com cristal de rocha?

Poucos atores acumulam uma riqueza astronômica. Dizem que Brad Pitt ganhou 35 milhões de dólares em 2006, superando seu coleguinha George Clooney em 10 milhões de dólares. Jennifer Aniston, ex de Brad e grande amiga sua, levou 14 milhões de dólares para casa em 2006.[17] Essas pessoas são tão grandes quanto você pode ser. Contudo, se Madonna não consegue chegar aos escalões mais altos da riqueza, elas também não vão conseguir.

Um caminho curto, precário e sem privacidade

E, além disso, a vida do talento é instável – um caminho em que é fácil cair. Você só é tão bom quanto seu último filme, música ou partida de beisebol – mas esse também é um modo de vida que tende à autodestruição. Não preciso me estender sobre essa questão, ela é óbvia nos noticiários. Pressão dos colegas, drogas, divórcio; tudo isso alimenta a autodestruição e não ajuda a construir uma grande fortuna. E, para coroar, nenhuma privacidade. Os astros simplesmente não podem sair em público sem que se forme uma aglomeração a sua volta, que pode representar perigo físico. Não acredita? Um amigo meu tentou ir com Whoopy Goldberg ao 7-Eleven local às três da manhã. Tiveram de fugir dos paparazzi por uma questão de segurança. E a vida de Whoopy nem chega a estar na imprensa sensacionalista!

•••➡ Para ter uma vida profissional rica e lucrativa, não faça coisas estúpidas, autodestrutivas.

Você mesmo pode não se meter em uma fria, mas seus aliados podem criar problemas. O boxeador Mike Tyson acusou seu agente, Don King, de administrar mal os seus bens e acabou ganhando 14 milhões de dólares em um acordo.[18] Embora o senhor King talvez não fosse o melhor dos guardiães dos bens de Tyson, todo mundo sabe que Tyson tinha um modo de vida exagerado, jogando dinheiro fora com ambas as luvas. Crianças no estrelato são ultravulneráveis, uma vez que precisam de pais escrupulosos e administração ética. Gary Coleman, da série de episódios de tevê *Diff'rent Strokes*, ganhou no mínimo 8 milhões de dólares como astro infantil, cuja maior parte os pais pagaram a si mesmos como honorários administrativos.[19] Mais tarde, ele os processou – e ganhou. Mas sua vitória não o protegeu da falência. Corey Feldman (em uma série de grandes sucessos musicais da década de 1980, entre os quais *Stand by me*) também foi vítima da mesma armadilha – sua família o deixou só com uns 40 mil de dólares.[20] Um preço absurdo pela administração não é tudo. É muito comum gente extremamente talentosa não se manter no auge por muito tempo. Onde está Macaulay Culkin agora? Nesse caminho, você começa cedo, tem de se tornar um astro cedo; e, depois, persistir.

Hollywood exige juventude e beleza. O esporte profissional exige articulações saudáveis. Nem o setor da música favorece os velhos. Springsteen, U2, os Stones e Madonna ainda estão cantando grandes sucessos e fazendo turnês. Van Halen, dirigido por um Eddie um pouco vacilante, ganhou quase 100 milhões de dólares em turnês em 2007.[21] Todos ainda colossais, mas é tudo. Há artistas mais velhos notáveis, mas são poucos em comparação com a lista interminável de jovens no rádio. Barry Bonds é um superastro do beisebol velho e respeitado, mas sua carreira muito provavelmente já acabou. Poucos atletas profissionais estão no auge aos 40 anos. E as coisas são mais fáceis para os atores que para as atrizes. Harrison Ford e Sean Connery ainda são considerados sexy. Mas não as atrizes mais velhas! Mesmo que em termos de idade Dame Judi Dench seja provavelmente um par amoroso mais apropriado para o senhor Connery, é pouco provável que esteja no elenco de um filme como uma personagem que desperte interesse romântico. Quem sabe, Michelle Pfeiffer, mas até ela talvez seja considerada velha demais para fazer o papel da mocinha. As estrelas do cinema, assim como os atletas, em geral estão acabados por volta dos 45 anos. Seus primeiros ganhos são a sua aposentadoria.

> ••➡ Se você não sabe tomar decisões financeiras acertadas, contrate alguém que sabe.

Com chances ridiculamente pequenas no caminho menos enriquecedor de todos e montes de outros para você fazer fortuna (ou para seus supostos aliados lhe darem uma carona na viagem), você tem certeza de que deseja continuar percorrendo este? Se tiver, provavelmente não há ninguém a não ser você mesmo que possa impedi-lo.

••➡ Teste pop

Quem é o atleta profissional mais bem-sucedido de todos os tempos em termos financeiros?

Resposta: *Matt White!* Quem? White ainda joga no Yokohoma BayStars do Japão. Depois de nove temporadas e 254 partidas, seu êxito financeiro aconteceu em função da compra de terras incultas de uma tia em dificuldades que precisava de dinheiro para pagar sua casa de repouso. Matt acabou descobrindo mais de 24 milhões de toneladas de xisto – usado em paisagismo e apreciado por sua beleza. A 100 dólares a tonelada, ele tem uma propriedade que vale mais ou menos 2,4 bilhões de dólares.* Matt é um exemplo perfeito de talento independentemente do modo pelo qual você fica rico. O atleta profissional mais rico do mundo não fez fortuna no atletismo. Um cara esperto. Apesar de seu golpe de sorte, Matt diz que vai continuar jogando beisebol. Todo mundo precisa de um *hobby*.

*Michael Farber, "The Billionaire Triple A", *Sports Illustrated* (13 de abril de 2007).

OS RODEIOS DO MAGNATA

Uma forma mais segura de chegar à riqueza e à fama é tornar-se um magnata da mídia. Os magnatas abarcam tanto o mundo da mídia quanto o mundo do entretenimento. São donos de estúdios, companhias a cabo, redes, gravadoras, revistas, talvez até de times esportivos. Os magnatas chegam até a produzir filmes e músicas. Em comparação aos talentos, os magnatas são muito mais ricos. A lista dos 400 da *Forbes* está cheia de magnatas como:

- Michael Bloomberg, fundador da Bloomberg e atual prefeito da Cidade de Nova York (11,5 bilhões de dólares).
- Charles Ergen, fundador da EchoStar (10,2 bilhões de dólares).

- ••➡ Rupert Murdoch, presidente da News Corp, acaba de comprar *The Wall Street Journal* (8,8 bilhões de dólares).
- ••➡ Sumner Redstone tem a maioria das ações da Viacom e da CBS, repreendeu Tom Cruise publicamente (o que Cruise, provavelmente, merecia) (7,6 bilhões de dólares).
- ••➡ James C. Kennedy e Blair Parry-Okeden, irmão e irmã, herdeiros da Cox Cable. Ele é o presidente da companhia (6,3 bilhões de dólares cada).
- ••➡ David Geffen, fundador da Geffen Records e cofundador da DreamWorks, abandonou a faculdade antes de tirar o diploma e é ex-funcionário dos correios, amigo dos Clinton em outros tempos (6 bilhões de dólares).[22]

E por aí vai, passando por George Lucas (3,9 bilhões de dólares), Steven Spielberg, (3 bilhões de dólares), entre outros. Você entendeu. Nem um único "talento" puro entre os mais ricos dos ricos, mas muitos, muitos magnatas. Mais dinheiro e oportunidades bem mais duradouras! Murdoch está com 77 anos, Geffen é um cara lépido aos 65 – ambos no auge. É um caminho que exige fortaleza de espírito, determinação, tino comercial, mas não a juventude ou o visual de Cameron Diaz.

Embora eu tenha apresentado a lista dos mais ricos dos ricos, é óbvio que também existe uma miríade de magnatas menores. Considere meu amigo Jim Cramer (patrimônio líquido estimado entre 50 e 100 milhões de dólares)[23] um cara um pouco mais velho (mais velho que Cameron Diaz), que teve muito êxito com dinheiro alheio (ver o Capítulo 7) ao fundar TheStreet.com e depois virou celebridade por ser magnata. Não há como escapar de Jim – ele está na tevê, nos livros, em toda parte. Seu programa de tevê eclético e cheio de energia faz dele um talento legítimo. Mas Jim não começou aí. Antes de TheStreet.com, antes de seu fundo de cobertura, antes de Goldman Sachs, antes da faculdade de direito de Harvard, ele era jornalista em um dos setores mais repulsivos da Califórnia – andando de machadinha e revólver para se proteger.[24] Com inúmeros talentos, Jim obteve êxitos grandes, mas não colossais, em múltiplos caminhos antes de se fixar como magnata e alguém com talento. O que quero dizer é que você não precisa ganhar zilhões para dar certo aqui.

Você pode começar pequeno e investir. Veja o que está à disposição na tevê a cabo de hoje – 500 canais ou mais! E, com norte-americanos fugindo cada vez mais dos estados que cobram impostos elevados em busca de outros menos punitivos, há uma necessidade crescente de rádio, noticiário e entretenimento regional. Mas esteja avisado: para se dar bem como magnata, você precisa ter tino comercial. Leia o Capítulo 2 – para saber como administrar um negócio – e o Capítulo 7 sobre capital social privado. Compre uma boa quantidade de pequenas empresas regionais para se tornar uma força que não se pode ignorar.

Erros no caminho do magnata

Na verdade, só existe um grande erro aqui – não diversificar. Um exemplo perfeito é a forma pela qual os que se concentraram na mídia baseada em jornais deram com os burros n'água. Os jornais, que já foram quentes, hoje não são mais. Sim, Rupert Murdoch pode ter acabado de comprar o *Wall Street Journal* como brinquedinho. No entanto, examine a lista dos 400 da *Forbes* que vai aprender muitas lições. Uma delas: hoje em dia, os jornais são uma forma de *perder* dinheiro.

Nem sempre foi assim. A fortuna de William Randolph Hearst garantiu gerações e gerações de Hearsts ricos – e transformou a jovem Patty Hearst em uma celebridade sequestrada em 1974 (como Eddie Lampert do Capítulo 7, só que Lampert se saiu melhor da situação). Joe Pulitzer, do Prêmio Pulitzer, construiu um império. Assim como Si Newhouse, cuja fortuna continua após sua morte porque ele teve visão suficiente para diversificar com outros meios de comunicação de massa.

Newhouse foi e continua sendo uma instituição da Cidade de Nova York – um serviço de balsa de Staten Island tem o seu nome.[25] Ele se tornou o principal arrimo de sua família aos 13 anos e assumiu seu primeiro jornal, o *Bayonne Times*, aos 16 (mesmo que os magnatas não sejam obrigados a começar cedo, ele começou – como Cameron Diaz!). Em 1922, aos 27 anos, Newhouse comprou o primeiro jornal só seu, o *Staten Island Advance*, por 98 mil dólares, e foi seu proprietário pelo resto da vida.[26]

Apesar de todo o seu êxito, Newhouse só fundou um jornal inteiramente novo. Ele gostava de comprar jornais falidos que pudesse dirigir para uma área prestes a ter um *boom*. Newhouse era um cara que trabalhava com capital próprio – uma sábia decisão para qualquer presidente de empresa (ver o Capítulo 1). Reinvestia tudo, sempre tinha em mente a questão dos custos, e combateu os sindicatos, com o argumento de que são caros e contribuem para a má qualidade. A certa altura, o império de mídia de Newhouse era o terceiro maior dos Estados Unidos, perdendo somente para o de Hearst e o de Scripps-Howard. Depois diversificou – foi para a tevê tradicional, para a tevê a cabo, para o rádio e para as revistas. Quando os jornais entraram em declínio, não o levaram de roldão.

Quando ele morreu em 1979, deixou para os dois filhos homens a sua empresa Advance Publications Inc., com seis estações de tevê, quinze estações a cabo, várias estações de rádio, sete revistas sob o selo Condé Nast e 31 jornais – além do *Staten Island Advance* e grana.

Nota à parte: construtores de fortunas tendem a ter filhos que não são como eles. Talvez por causa da vida fácil demais. Mas não foi o que aconteceu aos filhos de Newhouse. Samuel e Donald continuam construindo, absorvendo revistas importantes como *The New Yorker, Vogue, Vanity Fair* e *Gourmet.*[27] Estão entre os poucos que continuam entre os 400 da *Forbes* todo ano, desde que a lista foi criada (em 1982) – uma façanha e tanto. Agora, o patrimônio líquido de cada um deles é de 8,5 bilhões de dólares.[28]

••➡ Para construir um império duradouro de magnata, diversifique.

O império de Newhouse só floresceu porque ele diversificou, não ficou só nos jornais. Hoje em dia, não há grandes fortunas recém-construídas no ramo dos jornais. Os grandes jornais definharam por causa das notícias gratuitas da internet. Os pequenos jornais municipais definharam mais ainda ao perder anúncios classificados e coisas do gênero para a eBay e a Craigslist. A lição: não se concentre em um único meio de comunicação de massa – diversifique e invista em todos eles.

Um caminho mais promissor para o magnata

Muito melhor que jornais hoje em dia? Hip-hop – dá uma grana alta. E as fortunas do hip-hop parecem todas muito diversificadas (nota: como nossos amigos que são talento puro, o caminho do magnata hip-hop é extremamente difícil. Comece cedo e arranje um diploma universitário para a eventualidade de você não estourar na praça).

Sean Combs (também conhecido como "Diddy") fundou a Bad Boy – um império de mídia que inclui uma gravadora, confecções, uma produtora de cinema e restaurantes. Ele já foi artista, produtor de música e tevê, escritor e até apareceu na Broadway. Em 2006, seus negócios lhe renderam 23 milhões de dólares, e seu patrimônio líquido vale, aproximadamente, 346 milhões de dólares.[29] Russell Simmons, outro empresário diversificado do hip-hop como Combs, tem um patrimônio estimado em 340 milhões de dólares. Simmons construiu sua fortuna com duas gravadoras e uma confecção[30] (parece que todos os magnatas hip-hop têm confecções).

Acima de todos eles está Shawn Corey Carter (já foi acusado de esfaquear um rival no estômago, pelo que ficou três anos em liberdade condicional), também conhecido como o rapper Jay-Z.[31] Ao se lançar na carreira, Carter tomou a sábia decisão de eliminar todos os intermediários – a gravadora, o distribuidor, o agente, o produtor – para ficar com um bolo maior. Deu certo e compensou – muito, muito mesmo. Como alguém relativamente anônimo, fundou sua própria gravadora, a "Roc-a-Fella Records", com amigos. Em 1996, lançou o primeiro disco de Jay-Z. Portanto, foi um clássico fundador-presidente que se virou com capital próprio. Depois, fundou uma confecção arrasadora, a Rocawear, que vendeu em 2007 por 204 milhões de dólares. Embora tenha vendido os direitos sobre a marca, Carter manteve suas ações na empresa e ainda dirige o marketing, o desenvolvimento de produtos e a concessão de licenças.[32]

Como qualquer bom magnata da mídia, suas fontes de renda são diversificadas. Ele já foi presidente da Def Jam e da Records. Tem uma carreira bem-sucedida como músico e como dono de confecção. É dono da cadeia de clubes esportivos 40/40 Club, que está em expansão. Tem também uma carreira no cinema, muitos endossos, *royalties* e direitos autorais de peso, além de gerenciar outros artistas (eles são chamados de artistas, mesmo que você não considere o que eles fazem muito artístico). Já foi porta-voz da Budweiser e trabalha como consultor de marketing para a Anheuser-Busch. Como um verdadeiro magnata, ele comprou um time esportivo – e é coproprietário da

New Jersey Nets. A *Forbes* avalia sua renda de 2006 em 83 milhões de dólares,[33] e seu patrimônio líquido em 504 milhões de dólares.[34] Astros e estrelas do cinema, roam-se de inveja.

Na velocidade com que ele produz, administra, compra, concebe e cria, desde que não se diga mais que ele andou esfaqueando alguém – pouco provável, pois sua nova esposa, Beyoncé, deve mantê-lo sob controle; ela parece um doce –, não vai demorar nadinha para ele estar na lista da *Forbes.* Como sobre meus comentários sobre Mark Cuban, meu editor ficou apreensivo com as observações sobre as facadas, considerando-as degradantes e mesquinhas e com grandes chances de incomodar você, leitor. Jay-Z ficaria realmente ofendido se eu falasse dele sem mencionar as facadas, uma vez que ele próprio as promoveu como parte de sua boa-fé na realidade hip-hop. Se você quiser abrir esse caminho a facadas, vai precisar de um couro duro, muito duro mesmo.

Leituras que podem levar você à fama

Em sua condição de magnata da mídia, você deve folhear os Capítulos 1 ou 2, que falam da maneira de se tornar presidente de uma companhia, e ler os livros apresentados a seguir – são basicamente as mesmas lições. Para ficar rico percorrendo somente o caminho do "entretenimento", leia os livros citados antes neste capítulo, mas estes aqui também:

- *Audition* [Audição], de Michael Shurtleff. Este é *o* livro para atores empregados, escrito por um cara que realmente forma elencos para filmes e shows, e sabe o que está procurando. Sua primeira parada no caminho para o estrelato é aqui.
- *An agent tells all* [Um agente conta tudo], de Tony Martinez. Para as artes cênicas ou qualquer outro campo de "entretenimento", você precisa de um agente. Este livro dá dicas valiosas, e Tony é alguém que sabe das coisas.
- *O preço da ambição*, direção de George Huang. Você acertou, este título não é de um livro. É de um filme imperdível para qualquer um que esteja pensando em fazer carreira em Hollywood. Ele pode curar você de sua obsessão, caso você não esteja suficientemente motivado, isto é, profundamente motivado.

••➡ *It's is not about the bike:* my journey back to life [Não é sobre bicicleta: minha jornada de volta à vida], de Lance Armstrong e Sally Jenkins. Acha que a vida foi dura com você? Que tal lhe dizerem que você vai morrer aos 25 anos? Se quer mesmo ser um atleta profissional, leia a história de Armstrong para ver se você tem a indispensável fortaleza de espírito.

••➡ Guia dos **ricos e famosos**

Esse é o caminho mais difícil de todos. Para todos aqueles que o percorreram e tiveram êxito, há milhares (ou milhões) que fracassam e cuja chama apaga. As recompensas de ser rico e famoso continuam tentadoras e, por isso, as pessoas continuam tentando. É uma espécie de sonho norte-americano – um sonho que culmina com uma casa em Malibu e seguranças protegendo a privacidade da qual você passou décadas querendo desesperadamente abdicar.

Mas há algumas medidas para aumentar suas chances de se tornar um talento ou um magnata rico e famoso. Não é fácil. Se fosse, todos seríamos Cameron Diaz.

Como enriquecer com seu talento

1. *Comece cedo.* Quase universalmente, os talentos de todos os tipos começam cedo e perseveram em seu caminho. Entre os poucos "descobertos" tarde na vida (com 20 e tantos anos ou mais), quase todos batalharam desde novinhos.
2. *Tenha pais e/ou agentes responsáveis.* Talentos que não desmoronam por volta dos 25 anos parecem todos ter pais e/ou agentes responsáveis, éticos. Os talentos que não têm a orientação de um dos pais ou de alguém mais experiente tendem a acabar, repetidas vezes, em clínicas de reabilitação.

   Os talentos também se surpreendem batalhando muito com poucas compensações se seus agentes embolsam os lucros. Como ao contratar qualquer profissional, o administrador de sua carreira precisa ter um currículo comprovado e honorários transparentes (Creative Artists Agency e William Morris Agency são as duas maiores e mais respeitadas agências de artistas).

3. *Seja responsável você mesmo.* Receber cheques fabulosos por filmes ou discos não significa grande coisa quando são inteiramente gastos com burradas e clínicas de reabilitação. Não preciso fazer uma lista dos exemplos infinitos de talentos que dilapidaram quantias absurdas não só com deselegância e mau gosto mas também com drogas, advogados e coisas do gênero.
4. *Saiba de quanto vai precisar.* Os talentos não gastariam tanto dinheiro com diamantes e advogados se fizessem um orçamento. Só porque você ganhou 10 milhões de dólares por um filme não significa que você pode gastar 15 milhões de dólares por ano. As regras da matemática também se aplicam mesmo que você leve a taça do campeonato.

   Como o caminho do estrelato é curto, os talentos precisam entender o quanto precisam guardar para se sustentarem, bem como as famílias, as primeiras ex-mulheres, os filhos das primeiras ex e um enxame de namoradas. Se precisar de um motorista, guarda-costas, cozinheiro, massagista e instrutor de ioga como parte de sua equipe regular, certifique-se de que seus gastos não excedem os 4% de seus patrimônio líquido total. Mais que isso, é provável que você tenha de se virar com menos.
5. *Consiga um contrato grande.* Se puder.
6. *Repita muitas e muitas vezes.* A repetição compensa. "Prodígios que fizeram sucesso uma vez só" têm um belo pagamento por seus 15 minutos de fama; mas, a não ser que façam sua fama durar o ano todo (ver o Capítulo 8), um único sucesso não vai sustentá-los a vida inteira. Prodígios que fizeram sucesso uma vez só devem pensar em ler os outros capítulos deste livro.

Como enriquecer sendo magnata

1. *Conheça o mercado.* Você pode achar que tem a tecnologia mais moderna, o melhor produto e a melhor programação do mundo, o conteúdo mais quente do planeta; mas, se o seu público-alvo não se interessar, então o mais moderno, o melhor, o mais quente – dançam. Magnatas de sucesso "sacam" o que o mercado quer e adivinham sua curva evolutiva.

2. *Compre por pouco, venda por muito.* Pense como um empresário de uma companhia de capital social privado. Se Newhouse não se dava ao trabalho de adquirir propriedades em alta, você também não deve fazer isso. Identifique oportunidades de crescimento e invista aqui. Mas lembre-se de que, às vezes, mercados emergentes não emergem nunca, submergem. Estar em alta não se traduz necessariamente em grandes lucros – é só ver o caso do *The New York Times.*
3. *Diversifique.* A mídia é volúvel e a tecnologia está sempre mudando. É difícil saber como um determinado meio de comunicação vai estar daqui a dois anos, quanto mais daqui a dez. Os magnatas que diversificaram amplamente a sua esfera de ação estão em melhores condições de ganhar dinheiro com a mudança das tendências. Você pode ir fundo, desde que também abra o leque.

   Os magnatas mais bem-sucedidos de nossos dias têm participação na tevê, a cabo e por satélite, no rádio, no cinema, na internet e também nas mídias tradicionais.
4. *Compre um time esportivo.* Não tenho a menor ideia do porquê isso é importante, mas deve ser, uma vez que é um denominador comum aos magnatas.

5 Case-se bem. Muito bem mesmo

Será que Marilyn Monroe estava certa ao dizer, em *Os homens preferem as loiras,* "Você não sabe que um homem ser rico é como uma mulher ser bonita? Você não se casaria com uma moça só porque ela é bonita; mas, meu Deus, será que isso não ajuda?"

Soa ridículo? Então esta não é a sua rota. Veja a coisa assim: você não se casaria com alguém que lhe causasse repulsa física, não é? Então, por que se casar com alguém que lhe causa repulsa fiscal? Se o dinheiro mobiliza você, escolha entre os ricos. Se não gosta da ideia, tudo bem. Deixe os ricos para quem gosta.

Hoje em dia, casar-se por dinheiro é abominável. Mas casar-se bem não é novidade; é arquetípico na literatura e na mitologia – o casamento da linda camponesa com o príncipe encantado. Na Europa, a maioria dos casamentos era arranjada entre pessoas de fortunas equivalentes. Casar-se acima de sua faixa era aplaudido! Casar-se abaixo era sinal de fracasso. Por causa das finanças e da tecnologia da época, as pessoas movimentavam-se em círculos limitados. Escolhiam seus pares em seu círculo, ou alguém era escolhido lá fora pela família.

Só muito recentemente é que se tornou comum os amantes escolherem por conta própria – pavimentando outro caminho para a riqueza. Certo ou errado, esse caminho assumiu uma conotação indecente. Se em *Orgulho e preconceito* adoramos quando a heroína fisga o rico senhor Darcy, agora ela seria chamada de "golpeadora do baú". Mas não era.

Advertência: casar-se por dinheiro pode ser uma barra, tanto para o homem quanto para a mulher. Temos uma jovem amiga da família com uma herança considerável. Ela se casou com um homem jovem, bonito e cheio de energia. Tudo parecia perfeito – filhos etc. Ele deu o golpe do baú? Difícil saber. Mas sabemos que ela lhe emprestou dinheiro para ele começar sua empresa, que teve um êxito modesto – acabou vendida por 5 milhões de dólares –, o que fez dele um homem com recursos próprios. Na mesma noite em que o negócio foi fechado, em um jantar de comemoração, ela anunciou que ia deixá-lo por seu instrutor de caiaque. Que humilhação! Ela gostava de bancar o cara que estava com ela. O êxito do marido incomodou-a. Ela se vingou e arranjou outro boneco para brincar. Para revidar, ele ficou com o instrutor de caiaque *dele*. História verídica. Quando o dinheiro passa por cima do amor, esse caminho pode ser acidentado.

Sim, casar-se por dinheiro nem sempre dá certo – mas, em geral, casar-se nem sempre dá certo. Os índices de divórcio são elevados em toda parte. Apesar disso, não há prova nenhuma de que o índice de divórcio entre os que se casam com a riqueza seja nem um tico maior que o da população em geral. Se você fizer tudo direito, há muita coisa que pode ajudar a virar as probabilidades a seu favor. O conselho mais básico de todos: casar-se por dinheiro é uma maravilha, mas você tem de ter certeza de que é com alguém que você vai tratar bem e que vai tratar você bem. O dinheiro nunca vai substituir o amor. Mas pode ser um adendo delicioso – como crosta de açúcar em bolo.

Você pode rir, mas esse caminho é legítimo. Em uma pesquisa de 2007, feita pelo *Wall Street Journal*, dois terços das mulheres disseram estar "muito" ou "extremamente" dispostas a se casar por dinheiro. E não são só as mulheres – metade dos homens que participaram da pesquisa disseram que também se casariam por dinheiro. O interessante é que as mulheres entre 20 e 30 anos mostraram tanto as maiores expectativas de divórcio (71%) quanto de rendimentos mais elevados (2,5 milhões de dólares).[1]

Enfatizo mais uma vez: casar-se por dinheiro não significa necessariamente casar-se mal. Meu bisavô paterno, Philip I. Fisher, trabalhou a vida inteira para Levi Strauss – a pessoa e a empresa. Meu avô, o doutor Arthur L. Fisher (sobre quem escrevi extensamente em meu último livro), foi um beneficiário direto de um casamento por dinheiro, e eu também sou. Caroline, sua irmã mais velha, casou-se declaradamente por dinheiro no século XIX quando apareceu um pretendente rico – apresentado por meu bisavô –, que era parente de Levi Strauss, Henry Sahlein. Como era típico dos casamentos daquele século, passou a amá-lo depois do matrimônio. Era exatamente assim que as coisas eram naquela época. Ele foi generoso com ela. Ela, por sua vez, foi generosa com muitos membros da família, entre os quais o seu irmão (meu avô), que ela pôs na escola de medicina, e o meu pai, que ela pôs na faculdade. Se não tivesse se casado por dinheiro, tenho certeza de que minha juventude teria sido bem mais difícil. Eu me beneficiei ao longo de três gerações. Até hoje realizamos um jantar anual de Ação de Graças que Caroline começou a dar para a família na década de 1920. Agora é dado por suas netas, todas com seus 70 e 80 anos. Eu vou quase todo ano e agradeço a Caroline por ter se casado por dinheiro. Hoje em dia, a única diferença é você começar a ter amor por alguém antes dos votos de casamento. Fora isso, os outros princípios continuam os mesmos.

COMO AGARRAR UM(A) ~~MILIONÁRIO(A)~~ BILIONÁRIO(A)

Antes de mais nada, como descobrir o candidato rico apropriado? Preocupe-se com as outras coisas depois – apaixonar-se, convencê-lo a se casar com você, você a se casar com ele, contratos pré-nupciais etc. Eles não estão em todos os lugares – em 2007, só 1% do topo da pirâmide social norte-americana teve rendas superiores a 364 mil dólares.[2] Essa quantia pode não ser suficiente para você. Só 0,1% dos que mais ganham consegue mais de 5,6 milhões de dólares[3] – mas agora já estamos começando a nos entender. Apesar disso, trata-se apenas de umas 300 mil pessoas. Muitas já estão casadas (embora isso talvez não seja problema para alguns que tomaram essa rota, uma vez que, seja como for, muitos vão se divorciar em breve).

Outra história para enfatizar a importância de encontrar um candidato apresentável que possa vir a ser seu amor rico: conheço um cara que tem um patrimônio líquido de uns 300 milhões de dólares – um fundador-presidente que vendeu sua empresa. Tinha 55 anos, era um solteirão livre e desimpedido – nunca se casou, não tinha filhos, nem preocupações. Seus desejos eram modestos, usava roupas simples, dirigia um Volkswagen – não estava nem aí com o luxo. Tinha ações e títulos. Sempre que as ações caíam, ele ficava desesperado, de modo que acabou investindo todo o seu dinheiro em títulos. Eu o citava em seminários para clientes, para mostrar por que algumas pessoas precisam de ações e outras não. Ele tinha muito mais dinheiro do que viria a precisar algum dia, não tinha necessidade dos retornos crescentes das ações, e sua volatilidade incomodava-o. Os títulos deixavam-no despreocupado. Finalmente parei de contar sua história porque, toda vez que a contava, algumas mulheres solteiras ficavam depois ou telefonavam mais tarde para saber como entrar em contato com ele. História verídica! Elas iam ao seminário, buscando, portanto, o local do dinheiro. Raciocínio lógico. Não estavam pensando em casar-se com ele, em fisgá-lo, nada disso – só em se encontrar com ele. Portanto, o que fazer para encontrar o seu rico par amoroso?

Localização, localização, localização

Como os imóveis, os três aspectos mais estratégicos da caça a um cônjuge rico são localização, localização e localização. Há lugares onde você vai ter mais probabilidades de se encontrar com os ricos. Se esse é o seu caminho, vá lá. Onde? Dê uma olhada nos 400 da *Forbes*. Você não precisa ter tanta ambição, mas é um bom mapa geofortunático. No website da *Forbes* <www.forbes.com> há um mapa dos Estados Unidos mostrando onde vivem os mais ricos do país – um visual quase perfeito de onde vivem os menos fabulosamente ricos. Quando um estado tem uma porcentagem elevada de bilionários, você pode supor tranquilamente que também vai haver concentrações equivalentes de gente com 5 milhões de dólares, 20 milhões de dólares e até 200 milhões de dólares. Eles andam juntos porque vêm basicamente das mesmas fontes básicas de geração de riqueza.

Em 2007, a Califórnia abrigava a maioria dos 400 da *Forbes* – 88 deles, ou seja, 22%. Nova York era o estado seguinte, com 73 – a maioria na cidade de Nova York (64). Texas (37) e Flórida (25) também tinham ricos. Esses estados são grandes; portanto, faz sentido terem muita gente rica. Per capita, o lugar mais favorecido é o Alasca – com um rico para cada 220 mil pessoas (certo, o Alasca só tem uns 660 mil habitantes – poucos entre os quais escolher). O seguinte? Wyoming! Um bilionário por cada 255 mil pessoas. O Alabama está mal nessa história – só um por cada 4,6 milhões. Apesar disso, ainda está mais bem colocado que Arkansas, Delaware, Havaí, Iowa, Kentucky, Maine, Novo México, Dakota do Norte, Carolina do Sul e Virgínia Ocidental – esses não têm nenhum.[4] É provável que nenhum megarrico se mude para lugares menos ricos, velhos e feios. Portanto, saia dos lugares pobres e vá para os mais ricos – é onde eles estão! Esse primeiro passo é simples.

Os melhores e os piores lugares para caçar os norte-americanos mais ricos

Quer saber onde vivem os norte-americanos mais ricos? A lista apresentada a seguir mostra onde você vai encontrar a maioria e a minoria dos 400 membros da *Forbes*.

Os melhores lugares	Os piores lugares
1. Alasca (1 para cada 220 mil)	1. Arkansas (nenhum)
2. Wyoming (1 para cada 255 mil)	2. Delaware (nenhum)
3. Nova York (1 para cada 264 mil)	3. Havaí (nenhum)
4. Washington, DC (1 para cada 275 mil)	4. Iowa (nenhum)
5. Califórnia (1 para cada 410 mil)	5. Kentucky (nenhum)
6. Montana (1 para cada 468 mil)	6. Maine (nenhum)
7. Nebrasca (1 para cada 586 mil)	7. Novo México (nenhum)
8. Kansas (1 para cada 549 mil)	8. Dakota do Norte (nenhum)
9. Connecticut (1 para cada 585 mil)	9. Carolina do Sul (nenhum)
10. Nebrasca (1 para cada 586 mil)	10. Virgínia Ocidental (nenhum)

Fonte: US Bureau of the Census, <www.census.gov>; Matthew Miller, "The Forbes 400", *Forbes* (20 setembro de 2007).

Estude as leis locais

Como os índices de divórcio são altos em todos os lugares, é mais seguro para você se casar em um estado que tenha *comunhão de bens* do que em outro com *direito comum**. A maioria dos estados norte-americanos é regida pelo direito comum – 41 ao todo –, o que significa que cada cônjuge tem direitos jurídicos e de propriedade completamente separados. Parece ótimo, a menos que seu objetivo seja se casar bem – você sempre corre o risco de ser posto de lado! Embora eu não esteja defendendo que você se case esperando o divórcio, deve se casar com plena consciência de que os elevados índices de

* No Brasil há a opção de casamento sob o regime de comunhão ou separação de bens, independentemente do estado em que se casa. (N. T.)

separação também incluem os ricos, e que você deve estar preparado para essa eventudalidade.

Em um estado regido pelo direito comum, se chegar a hora de dividir os bens, em geral você é submetido ao que é conhecido como "distribuição equitativa dos bens." Equitativa? Parece justo, não é? Só que é "equitativa" aos olhos do juiz. O que você vai receber torna-se uma questão judiciária e, para saber mais a respeito, você deve ler o Capítulo 6 e saber que, às vezes, os processos jurídicos podem se transformar em torneios de popularidade – com ambos os lados disputando os favores do juiz. Se o juiz chegar à conclusão de que você é um bandido (como Heather Mills McCartney, mais adiante neste mesmo capítulo), pode acabar recebendo menos. E, se você se casou por dinheiro, seu cônjuge mais rico pode ter mais condições de comprar uma orientação jurídica melhor. É incerteza demais. Você pode combater a incerteza com um contrato pré-nupcial draconiano, ou descobrir um cônjuge endinheirado em outro lugar.

Por exemplo: Arizona, Califórnia, Idaho, Louisiana, Nevada, Novo México, Texas, Washington e Wisconsin são estados regidos pela comunhão de bens. Ali, ambos os cônjuges têm direito a 50% de toda a renda e de todos os bens adquiridos durante o casamento – mesmo que um deles ganhe muito dinheiro e o outro não ganhe nada. Os cônjuges também têm partes iguais nas dívidas, mas isso não vai ser problema se você percorrer esse caminho como se deve (as leis e o IR, nos Estados Unidos, variam dependendo do estado; consulte: <http://www.irs.gov/irm/part25/ch13s01.html>.

Uma regra (com muitas exceções, evidentemente) é que os estados regidos pela comunhão de bens são melhores para o cônjuge mais pobre, e piores para o mais rico. Advertência: quando um cônjuge mais rico quer se mudar da Califórnia para a Geórgia, pode estar prevendo um divórcio. Mas é seguro se mudar para outro estado regido pela comunhão de bens. Estou tentando convencer minha mulher, com quem estou casado há 38 anos, a se mudar da Califórnia para Washington – ambos estados regidos pela comunhão de bens – de modo que ela saiba que não estou querendo me divorciar. Pense nisso.

Siga o dinheiro

Em seguida, suas probabilidades aumentam se você concentrar sua carreira e atividades sociais em torno de gente rica. Se você está na área das finanças (52 bilionários) ou investimentos (51), tem mais probabilidade de encontrar um cônjuge rico do que no setor automobilístico (nenhum). O ramo da prestação de serviços também é ótimo (42) – talvez você devesse conseguir um emprego em uma consultoria administrativa. Vá para Nova York ou Hollywood para nadar nas piscinas da mídia e dos magnatas (33). Se você se dedica a causas ambientais, está sem sorte – nessa área não há nenhum bilionário –, mas atuando com petróleo e gasolina há 30 deles.[5] Os megarricos fazem muita caridade, mas talvez não gostem se você atacar a fonte de sua riqueza, de modo que as reuniões do Greenpeace não são um local provável para conhecer um bilionário. Mas você pode se apresentar como voluntário(a) para causas como livre-comércio, redes de mosquito para combater a malária ou vacinação de crianças no mundo inteiro (nada controvertidas).

Case-se somente nos estados norte-americanos regidos pela comunhão de bens

A maioria dos estados norte-americanos é regida pelo direito comum – ambos os cônjuges têm bens em separado, o que significa que a renda de cada um pertence exclusivamente a ele mesmo. Os estados regidos pela comunhão de bens consideram a renda e os bens adquiridos durante o casamento como propriedade de ambos os cônjuges. Para se casar bem, os seguintes estados norte-americanos são os mais seguros:

* Arizona
* Califórnia
* Idaho
* Louisiana
* Nevada
* Novo México
* Texas
* Washington
* Wisconsin

Fonte: Kaye Thomas, "Community Property States", Fairmark.com (12 de maio de 2002).

Se você tem estômago para tanto, as atividades do Partido Republicano, assim como as do Partido Democrata, são excelentes para conhecer gente rica que financia políticos e dá festas. Ambos os partidos têm uma miríade de eventos para atrair e manter suas ricas bases financiadoras (ambos os partidos são equivalentes em termos de tamanho e riqueza, mas seus membros vêm tipicamente de setores econômicos diferentes e ligeiramente conflitantes. Os caras do petróleo, por exemplo, têm mais probabilidade de serem republicanos. Advogados querelantes têm mais probabilidades de serem democratas). Se você se tornar um voluntário da área de levantamento de fundos, vai conhecer muita gente rica que financia partidos políticos.

Essas atividades tendem a funcionar melhor quando se concentram em cidades maiores e capitais de estados, por razões óbvias. As instituições de caridade são uma possibilidade semelhante, sem a questão política, e estão em toda parte. Assim como você tem mais chances de encontrar um cônjuge rico em estados ricos regidos pela comunhão de bens, como a Califórnia ou Nevada, do que em estados pobres regidos pelo direito comum, como a Virgínia Ocidental ou a Carolina do Sul, também tem mais chances de conhecê-los caso se apresente para fazer trabalho voluntário nos fóruns sociais ou políticos certos.

••➡ Localização é a chave. Procure a geografia ideal.

Trata-se realmente do lugar certo na hora certa. Melinda Gates nunca teria conhecido Bill Gates se não estivesse em Washington trabalhando para a Microsoft. Como ele sempre foi um workaholic, teria sido estranho ele encontrar um amor fora do ambiente de trabalho. A maioria dos ultrarricos é assim. É obcecada pelo que faz. Você tem de estar onde essa maioria está.

Outro lugar perfeito é um seminário gratuito sobre investimentos. Escolha aqueles dirigidos para investidores de alta renda, em vez daqueles voltados para gente que quer enriquecer. As financeiras fazem esses seminários em toda comunidade importante toda semana, tentando vender aos participantes carteiras de investimentos com base em comissão. O público é uma mistura de graus variados de riqueza e, em geral, é permitida a entrada de gente sem convite – o que é bom se esse for o seu caminho. Minha empresa não faz esse tipo de seminários para atrair clientes há anos, mas fazíamos e sempre – sempre – há solteiros ricos no meio da multidão. Nova York é ótima para isso – talvez seja o melhor lugar.

Em uma noite da década de 1990, estávamos fazendo um desses seminários em Manhattan, no Plaza Hotel. Regis Philbin apareceu e as pessoas ficaram de queixo caído – sua presença emprestou um certo encanto ao público. E foi embora logo, antes que a multidão caísse em cima dele. Depois, um grupinho de participantes ainda ficou conversando comigo e com o círculo mais íntimo de funcionários da minha empresa. Entre eles havia uma morena lindíssima, conversando com um dos nossos representantes. Depois do seminário, nossos empregados foram tomar um drinque. A história da moça era tão interessante que nosso representante levou-a para contá-la.

Ela era uma jovem dentista que já tinha sua clínica particular e estava querendo se casar de acordo com o credo de Marilyn Monroe – segundo o qual você não se casa puramente por dinheiro, mas por que não por dinheiro também? Ela tinha muita gente atrás dela, e esperava ter muito mais.

Toda noite, de segunda a quinta, depois de furar e obturar dentes, ela procurava um hotel onde estivesse havendo um seminário. Seus dois favoritos eram o Plaza e o Grand Hyatt, pois muitos seminários acontecem toda noite nesses dois espaços. Ela escolhia seminários que davam a impressão de atrair os mais ricos e cujo público não era tão velho. Foi assim que chegou até nós. Depois, ela procurava os porteiros e lhes mostrava seu cartão de visitas de dentista. Ela disse que, quase sempre, conseguia entrar. Quando não conseguia, ia para o saguão em busca de outro seminário do qual participar. Lá dentro quase sempre havia comida de graça. Quatro noites por semana ela comia de graça – muito frugal. Ela se misturava com as pessoas antes do seminário, em busca de alvos. Era muito direta – perguntava o que estavam fazendo ali, falava-lhes sobre sua carreira, queria saber qual era a deles e, em geral, dava corda aos homens – todos eles escolhidos por ela. Naquela primeira conversa, ela sempre perguntava se queriam ter filhos – logo, ou um dia –, porque o tópico filhos era algo crítico e uma forma de saber se eles eram ou não o material certo para um casamento.

Com aqueles de que gostava, ela trocava cartões de visita e oferecia um exame odontológico grátis – essa oferta faria com que se lembrassem dela. Em uma semana ela podia telefonar para os homens que quisesse. Quando não se lembravam vividamente dela, ela sabia que não os tinha impressionado muito e batia em retirada. Quando se lembravam, ela fazia um convite para uns drinques no fim de semana. Ela disse que vinha fazendo isso havia pouco mais de um ano e tinha encontros marcados todo fim de semana, mas que ficava de folga aos domingos. Recebeu várias propostas de casamento, mas ainda não do cara certo.

No entanto, disse que estava muito confiante de que encontraria o Homem Certo em um ano. Tenho certeza de que encontrou. Marilyn teria ficado orgulhosa. Nunca mais ouvimos falar dela (paramos de fazer esse tipo de seminário), mas eu acho que ela conseguiu, pois fabricou uma máquina para tal. Ela parecia bem adiantada na aplicação de seu método. Mas toda panela tem a sua tampa e tenho certeza de que, em uma noite qualquer, o homem certo cheio da grana conheceu-a e se encantou com ela. Poucas são tão disciplinadas e dedicadas a esse caminho quanto essa moça. Mas, se você tiver disciplina também, pode fazer exatamente o que ela fazia, pois vai dar certo para você também. Pode apostar.

COMO UM BOM VINHO – EM BOM ESTADO DE CONSERVAÇÃO

Você provavelmente vai se casar com alguém bem mais velho. Poucos ricos são muito jovens. E muitos são casados. Mas Daniel Ziff, que herdou seus 3,5 bilhões de dólares do pai editor William Ziff, Jr., só tem 36 anos e ainda é solteiro.[6] Ivanka, a filha de 27 anos de Donald Trump, pode herdar uma trouxinha com os 3 bilhões de dólares do papai.[7] E ainda temos Mark Zuckerberg, presidente do Facebook – 24 anos, seu patrimônio líquido talvez valha 1 bilhão de dólares e também ainda está solteiro.[8] No entanto, a maioria é mais velha. Mas não se trata somente de um sujeito mais velho com uma mulher mais nova – mulheres ricas mais velhas também gostam de homens mais jovens. Exemplos: Demi Moore e Susan Sarandon casaram-se com homens mais novos que elas. Pense nas pessoas como se fossem um bom vinho, cujo sabor melhora com a idade, e que estão no auge. Se você acha essa declaração pouco romântica, lembre-se de que o amor é vital nesse caminho, mas que a paixão é meio opcional.

Mesmo descartando a paixão, um bom vinho requer bom estado de conservação. E, como uma boa garrafa de vinho, um casamento precisa de uma boa embalagem, com um bom contrato pré-nupcial, principalmente nos estados regidos pelo direito comum. O contrato pré-nupcial vai manter você inteiro caso haja alguma queda.

Mesmo nos estados regidos pela comunhão de bens, o contrato pré-nupcial é vital – os bens adquiridos antes do casamento podem entrar em jogo. Você precisa de um contrato para saber quem fica com o quê, como e quando. Hoje em dia, os contratos pré-nupciais estão em baixa entre os jovens. Parecem amarrar demais – sufocando a paixão. Mas, para se casar por dinheiro, você precisa de um. Se achar de mau gosto, pense no seguinte: você não entraria em outro negócio sem um contrato. Você não adota uma criança, não compra uma casa ou um carro, não entra em um emprego, não contrata um administrador financeiro nem sequer entra em uma academia de ginástica sem assinar um contrato. Por que com o casamento seria diferente? Como o casamento é comprovadamente o mais sério dos compromissos, um pré-nupcial é mais vital ainda.

••➡ Faça as contas. Saiba quanto você vale e exija essa quantia desde o começo.

Às vezes, o vinho azeda! Você não tem como controlar o cônjuge. Por isso, a questão do divórcio. Nunca é um objetivo, mas sempre é um risco. O que acontece, então? Com quanto você deve ficar? Em outras palavras: quanto vale a sua vida? Qual deveria ser a sua compensação por ano de casamento? Seu tempo e seu afeto são valiosos. Cabe a você determinar o seu valor. Se não conseguir, ninguém mais consegue.

Pense em Ron Perelman, um investidor de capital social privado que trabalha com dinheiro alheio (Capítulo 7), com um patrimônio líquido de 10 bilhões de dólares.[9] E solteiro! Ironicamente, alguns dizem que ele se casou com sua primeira mulher, Faith Golding, por dinheiro. Logo depois de seu casamento em 1965 (sem contrato pré-nupcial),[10] Ron tomou dinheiro emprestado de Faith para comprar sua primeira empresa; e foi muito bem-sucedido. Eles se divorciaram 20 anos depois. Ela ficou com 8 milhões de dólares[11] –

menos de meio milhão por ano de casada. O que parece pouco quando se trata de alguém como Perelman.

A esposa número dois, Claudia Cohen, colunista de fofocas da alta sociedade e personalidade da tevê, saiu-se melhor. Quando se separaram, Claudia recebeu 80 milhões de dólares por nove anos de casada e uma filha – 8,9 milhões de dólares por ano![12] A esposa número três, Patricia Duff, levantava fundos para políticos (uma forma excelente de conhecer gente rica, como eu já disse antes) e era personalidade da tevê – às vezes. Se você quer um divórcio litigioso, do tipo novela picante, procure notícias do deles no Google. Ela só teve um filho com Perelman e recebeu 30 milhões de dólares depois de 18 meses de casamento.[13] Isso equivale a 20 milhões de dólares por ano só para brigar em Le Cirque com um sujeito que não consegue ficar casado!

Finalmente foi a vez de Ellen Barkin. Eu a adorei em seu filme de 1991, *Trocaram meu sexo*, e em *Cão de guarda*, de 1992. Depois sua carreira ficou mais devagar, mas ela usou sua fama, trocando-a por dinheiro por meio do casamento (ver o Capítulo 4 sobre o uso da fama para conseguir dinheiro e o cinema como um caminho jovem e difícil). Ela se casou com Perelman em 2000; o divórcio veio em 2006. As declarações do quanto ela recebeu variam. Seus amigos dizem que foram 20 milhões de dólares, ele diz que foram 60 milhões de dólares. Digamos que tenham sido 40 milhões de dólares – 6,66 milhões de dólares por ano para entreter o cara que é dono da Revlon. Enquanto preparava este livro e lia a versão da saga apresentada por ela, achei que ela pensava que seu casamento iria durar e que levou um choque quando terminou. O divórcio, repetindo, nunca é um objetivo, mas sempre é um risco. Apesar disso, como o Capítulo 4 mostra, são pouquíssimas as atrizes que ganham 6 milhões de dólares por ano. E acredito que ninguém com a idade de Barkin (54) conseguiria.

Mas 6,66 milhões de dólares por ano estão longe de 20 milhões de dólares. Onde foi que Barkin errou? Todas as outras esposas de Perelman tiveram ao menos um filho com ele – ela não teve nenhum. Talvez tenha sido isso. Além disso, ela fez um contrato pré-nupcial, só que não exigiu o suficiente. Estudando a história de Perelman, ela devia saber que havia o risco de ele não ficar casado e exigir uma compensação por um fracasso prematuro. Afinal de contas, se o casamento durasse, os termos pré-nupciais nunca seriam aplicados e não lhe custariam nada. O que eu quero dizer: sempre exija muito desde o começo. O que é "muito"? No caso de Perelman, você usaria a história dele, algo como, "ao menos tanto quanto sua ex mais bem paga – com correção monetária".

Se você não fizer isso desde o início, vai lhe custar no fim. Perelman tem mais experiência e advogados melhores que você, de modo que um advogado espetacular é essencial. Por exemplo: Heather Mills McCartney conseguiu arrancar mais de Paul McCartney do que Claudia Cohen, a esposa de Perelman mais bem-sucedida financeiramente – ambas com um filho cada. E isso apesar de Perelman ser muitíssimo mais rico que Paul McCartney, e Heather Mills McCartney ser um problema mais óbvio na frente de um juiz do que Cohen. Até o juiz disse que Mills era uma peste![14] E os juízes raramente dizem alguma coisa, muito menos uma crítica.

Você precisa de um bom contrato pré-nupcial, porque a lista dos casamentos por dinheiro que acabam em divórcio é longa, como a de todos os casamentos. Alguns exemplos? A ex de Neil Diamond, Marcia Murphy, recebeu 150 milhões de dólares por seu casamento de 25 anos.[15] Diane Richie, a ex-mulher de Lionel Richie, recebeu 20 milhões de dólares por oito anos. Wendy McCaw, mulher de Craig McCaw, o magnata das telecomunicações e um dos 400 da *Forbes*, recebeu 460 milhões de dólares – 23 milhões de dólares por ano durante vinte anos! Os McCaws fizeram a coisa certa e continuam amigos.[16] Se você conseguir, case-se com um contrato pré-nupcial e depois mantenha a amizade.

Anna Nicole Smith talvez seja a mais famosa de todas. Não quero me alongar muito nesse caso (tudo o que você quiser saber, e mais, está na blogosfera). Mas a moral da história de Anna é sempre fazer a coisa certa:

- Faça a coisa certa contratando desde o início um bom advogado especializado em questões de família.
- Não faça nada que pareça estúpido. Aqui, estúpido é parecer estúpido.
- Se você se casar com um advogado, você perde. Eles sabem, você não.
- Pegue as rédeas. Você não tem condições de vencer em nenhum caminho para a riqueza sem um controle básico da vida.

OS HOMENS TAMBÉM PODEM JOGAR!

O estereótipo de "dar o golpe do baú" é uma mulher jovem se casar com um homem mais velho. Mas esse não é um caminho só para mulheres! Muitos homens se casam com mulheres ricas e bem-sucedidas – mais velhas ou mais novas. Em menor número, sim, porque, em geral, os homens controlam mais riquezas. Não se trata de preconceito sexual. Basta dar uma olhada na lista dos 400 da *Forbes* – a maioria é de homens, seja qual for o motivo. Mas isso não significa que esse não seja um caminho legítimo tanto para os homens quanto para as mulheres.

Um exemplo: se John McCain teve êxitos na vida que o qualificam para ser presidente, com certeza o maior de todos eles, tanto quanto sei, foi casar-se bem. Cindy é linda, dedicada, elegante e megarrica! (Você já conhece as piadinhas – ela levou até seu próprio suprimento de cerveja!) O mesmo se pode dizer do senador John Kerry (patrimônio líquido de 314 milhões de dólares),[17] que se casou por dinheiro duas vezes! A primeira mulher, Julia Thorne, era de uma família sangue-azul dos Estados Unidos, com uma fortuna de acordo com seu status. Mas não tinha estômago para a vida política (quem pode acusá-la por isso?) e sofria de depressão.[18] Kerry divorciou-se e casou-se de novo, agora com Theresa Heinz. Ironicamente, ela também havia casado por dinheiro! Trabalhando como tradutora da ONU, conheceu e casou-se com o senador *republicano* Heinz – do catchup Heinz. Quando ele morreu, em 1991, em um acidente de avião, ela recebeu cerca de 1 bilhão de dólares, talvez mais.[19] Em 1995, ela trocou de papel e casou-se. Kerry é prova de que você pode se casar por dinheiro com alguém que já tinha se casado por dinheiro. Eu definiria Kerry como alguém que usou a celebridade para dar o golpe do baú, parecido com o que fez Ellen Barkin.

O primeiro marido de Jane Fonda, o ex-político Tom Hayden, abandonou a cena política com algo entre 2 milhões de dólares e 10 milhões de dólares, dependendo da fonte a que você dá mais crédito. Para um político de terceiro escalão, não está mal. Depois Fonda trocou sua fama em deterioração por um casamento mais rico (como Ellen Barkin!) com Ted Turner, membro dos 400 da *Forbes*. Ela devia saber que não ia durar. Declarou que nunca teve uma boa relação com homem algum. Meu palpite é que quem se casa por dinheiro não espera que o casamento dure, tanto com base no fato do divórcio ser tão comum quanto em suas experiências de vida.

> ••➡ Casar-se bem funciona tanto para os homens quanto para as mulheres.

Felicidade conjugal

Mas não precisam terminar melancolicamente. Tanto o casamento de McCain quanto o de Kerry parecem ter dado certo. Christopher McKnown, presidente de uma pequena empresa de consultoria no ramo de saúde, está casado com Abigail Johnson há vinte anos. Ela é da rica família Fidelity, administra parte da empresa e seu patrimônio líquido pessoal é de 15 bilhões de dólares.[20] Meg Whitman, ex-presidente da eBay, com um patrimônio líquido no valor de 1,4 bilhão de dólares,[21] ainda está casada com seu cirurgião cerebral – 28 anos e pedrada.[22] As cirurgias cerebrais dão uma boa grana, mas não tanto quanto ser casado com uma ex-presidente de uma grande companhia.

Parece que os cirurgiões cerebrais têm um sexto sentido no que diz respeito a se casar bem. Pergunte só ao doutor Glen Nelson. Ele teve a boa sorte de se casar com a presidente da Carlson, Marilyn Carlson Nelson – patrimônio líquido de 2,2 bilhões de dólares.[23] Será que ele se casou só por dinheiro? Acho que não – eles estão juntos há décadas, têm quatro filhos e sofreram a morte trágica de uma filha. Além disso, Marilyn abandonou os negócios da família durante um tempo para criar os filhos e apoiar a carreira médica do marido. Dinheiro da família é ótimo, mas o dinheiro da presidente de uma grande empresa é melhor – Marilyn voltou para substituir o pai fundador no cargo de presidente. O doutor Nelson não foi o único cara inteligente o bastante para se casar com uma moça rica da família Carlson. Edwin "Skip" Gage é casado há muito tempo – um casamento feliz – com a irmã de Marilyn, Barbara Carlson Gage, igualmente rica.

Stedman Graham é um caso interessante. É companheiro de Oprah há muito tempo e, mesmo já tendo sido noivos, nunca se casaram. Ele é presidente de sua própria empresa, a S. Graham & Associates, uma empresa de consultoria que parece promover basicamente os seus livros e compromissos de palestrante.[24] É um cara inteligente, muito ativo em sua comunidade, mas talvez não fosse tão bem-sucedido se não fosse sua ligação com Oprah. E por que não se casou com ela? Ele não vai ver um centavo dos 2,5 bilhões de dólares de Oprah,[25] uma vez que ela resolveu não o incluir em seu testamento.[26] Mas aí está um cara que se apaixonou por uma mulher absurdamente rica, e eles estão juntos para sempre e parecem muito felizes. Ele não parece se importar com o fato de ela ter impedido todo e qualquer acesso a sua riqueza, mas beneficiou-se de sua fortuna e relações sociais. Lembre-se, casar-se bem não significa encontrar cinicamente alguém a quem enganar. Significa, felizmente, encontrar alguém que você pode amar e respeitar e, meu Deus do céu, será que atrapalha se esse alguém também tiver grana?

••➡ Ele disse que ela está morta

Advertência: nem todo mundo que percorre esse caminho se sai bem – seja homem ou mulher. Outra história verídica: Margaret Lesher casou-se bem e herdou uma fortuna editorial do primeiro marido – a família dele era dona do *Contra Costa Times* e publicações semelhantes em torno de São Francisco. Quando a viúva, de 65 anos, se casou com um caubói profissional de 40 anos, as sobrancelhas ergueram-se. Logo os dois foram acampar no Arizona, sozinhos, à beira de um lago. O que aconteceu a seguir é o fim: "ele disse que ela está morta" – ela foi encontrada de manhã flutuando em 2,5 metros de água. Ele afirma que ela deve ter saído para nadar à noite, depois de eles terem tomado duas garrafas de champanhe e algumas cervejas, e afogou-se. Ou será que ele a embriagou, levou-a para a canoa e empurrou-a na água? Os parentes dela dizem que ele a afogou, mas não têm como provar. Não havia um contrato pré-nupcial, mas o testamento de Margaret estipulava que ele ficaria com 5 milhões de dólares.[27] Alguns podem querer só o seu dinheiro, não você.

AMOR, CASAMENTO E DINHEIRO

O amor está nos olhos de quem ama. O que um homem adora, outro acha um porre. Quando você estiver com a minha idade, já vai ter conhecido uma infinidade de casais maravilhosos entre os quais é impossível dizer o que um deles vê no outro. Mas isso não significa que o amor não esteja queimando ali com belas chamas – e para sempre. Não cabe a mim dizer o que você deve considerar fascinante em um par amoroso. Mas, seja o que for que desperta o seu interesse, não há motivo algum para essa pessoa também não ser rica. Se você acha a riqueza repugnante, o que alguns acham, não devia estar lendo este livro, para começo de conversa.

Muitos se acomodam com grande facilidade ao casamento. Quando há uma ligação romântica que dura relativamente poucos meses, as pessoas começam a falar em "casamento" como se o amor só pudesse ser encontrado naquela única pessoa durante toda a sua vida. Lembra daquele velho provérbio que diz "Toda panela tem sua tampa"? Bom, se você fizer um bom investimento nessa área, há de fato muita gente que você poderia amar em uma base permanente. É só uma questão de trabalhar para encontrar essas pessoas e depois escolher a melhor para você. A mais excelente de todas. E isso pode incluir riqueza.

Hoje em dia há tanta gente rica que, se você puser os olhos só nessas pessoas, poderá encontrar o amor aí, com a mesma probabilidade que você tem de encontrar o amor na livraria do seu bairro. Talvez o passo mais importante seja reconhecer que não é errado procurar amar alguém rico – que não há nada de mal nisso.

Tire suas conclusões, vá onde está o dinheiro, explore o local, trace um plano de ação e implemente esse plano como aquela nossa jovem dentista; desse modo, simplesmente não há motivo para você não encontrar um amor rico, e no mesmo tempo que você encontraria entre os que não são ricos. É tudo uma questão do que está na sua cabeça, e é uma questão perfeita, se ficar rico seguindo essa rota for o seu objetivo.

Siga as regras ao pé da letra

Como outros caminhos, há outros livros para você ler que ajudam na sua viagem. A maioria dos livros sobre "casar por dinheiro" são sátiras ou dão tiros a esmo em ambas as partes dos casamentos em que há muita diferença de fortuna, e são um prejuízo. Ignore-os. Entre os poucos livros particularmente bons sobre esse assunto, temos:

- *How to marry the rich* [Como se casar com um rico], de Ginie Sayles. Trata-se de um bom guia de casamento e namoro, mesmo que você não queira se casar por dinheiro. Bom para todos os solteiros que não querem continuar solteiros.

••➡ *How to marry money* [Como se casar com dinheiro], de Kevin Doyle. Lotado de dicas – às vezes irônicas –, parece sátira, mas não é. O autor escreve sobre o assunto com o pseudônimo artístico de "Ruth Leslee Greene."

••➡ *How to marry money.* Mesmo título, só que esse é de autoria de Susan Wright. Nunca vendeu bem, mas trata o assunto com seriedade, com ideias que você pode copiar.

••➡ Guia para **casar-se bem**

Jane Austen nos fala de uma verdade reconhecida universalmente: que um homem solteiro de posse de uma fortuna deve estar precisando de uma mulher. Absolutamente certo! E não só para as damas que estão à caça de riqueza. Hoje em dia, como as pessoas podem escolher livremente o seu par amoroso, casar-se bem é um caminho legítimo para a riqueza. Se não fosse, o que diríamos a Ellen Barkin para que ela pudesse fazer melhor da próxima vez?

1. *Lugar certo, momento certo.* Identifique o local certo e vá onde eles estão. É fácil. Além disso, estude as leis locais e procure um estado regido pela comunhão de bens, para a eventualidade de as coisas darem errado.
2. *Fique onde eles estão.* A maioria dos riquíssimos é consumida pelo trabalho. Vá onde eles trabalham. A proximidade é crítica. Trabalhar para instituições de caridade ou levantar fundos para a política são formas maravilhosas de conhecer os megarricos, mas só os tipos certos de causas funcionam. Levantar fundos para salvar as tarambolas talvez seja apenas perda de tempo. Seminários sobre investimentos, porém, são perfeitos para você encontrar alvos (e comer de graça).
3. *A idade conta.* Fato: a maioria dos ricos é velha. Você pode conhecer uma jovem herdeira, mas é provável que ela já esteja cercada de pretendentes. Suas probabilidades aumentam com alguém mais velho.

4. *Faça um contrato pré-nupcial.* Pense muito, e muito bem, sobre o quanto você vale e imponha seu preço desde o início. Não fazer isso pode significar que você vai acabar sem nada – principalmente em estados regidos pelo direito comum. E contrate um advogado de família de primeira linha. Quanto melhor o advogado, tanto mais você ganha.
5. *Não faça nada estúpido.* O juiz e o mundo estão de olho – principalmente quando você se casa com alguém muito rico. Aprenda com Heather Mills e Anna Nicole Smith e comprometa-se para a vida toda. Pode significar uma compensação maior, e antes do que você pensa.

6 Roube – como um pirata, mas dentro da lei

Você, algum dia, já desejou simplesmente pegar o dinheiro?
Gostaria que alguém considerasse você um herói?
E que os outros o temessem? Esse é o seu caminho.

Na literatura e na mitologia, os ladrões costumam ser heróis-vilões – Robin Hood e Jesse James –, roubando dos ricos, dando aos pobres. Parece romântico, mesmo quando é ficção. Mas espere aí, você *pode* roubar dentro da lei e ser um herói como advogado de querelantes (AQ) – o Robin Hood de hoje.

Idolatrados por Hollywood, os advogados querelantes apresentam-se como cruzados que lutam pelos indefesos – enfrentando a grande empresa malvada para salvar o coitadinho – ganhando prêmios colossais em julgamentos-espetáculo muito bem divulgados, com manchetes em letras garrafais e muita emoção. Minhas desculpas aos outros advogados e estudantes de direito se pareço duro, mas é verdade: a maioria dos advogados de defesa é um híbrido perfeito de roubo e banditismo.

Outros advogados se saem bem financeiramente. A maioria trabalha arduamente por hora bem paga (e até por hora muito bem paga) em funções muito chatas, mas necessárias, como planejamento imobiliário, direito contratual ou comercial, direito fiscal ou direito trabalhista. Com uma vida inteira de trabalho árduo, certa frugalidade e bons retornos de investimentos (Capítulo 10), eles podem acabar com algo entre 2 e 30 milhões de dólares. Mas a que custo? A vida familiar pode sofrer, pois a maioria dos advogados cobra por hora, de modo que muitos trabalham infindavelmente. O dinheiro grosso está no roubo legalizado – trabalhar em defesa dos réus.

GUERREIRO OU PIRATA?

Pergunta: esses caras são guerreiros ou piratas? Os guerreiros originais deixavam confortáveis castelos medievais para recuperar Terras Santas daqueles que eles viam como ateus e maus. Será que os advogados querelantes estão fazendo justiça aos malfeitores – enfrentando os grandes para ajudar os pequenos e pobres? Não, são piratas à procura do espólio de guerra. E, quando conseguem o que querem, raramente põem os pés em uma sala de audiências.

O que querem realmente é entrar com um processo na justiça e resolver a questão fora da sala de audiências – ser pagos para ir embora –, extorsão básica como a dos bandidos, com honorários colossais e pouco trabalho. Se você gosta um pouco do lado sombrio da vida e parte de você curte jogar pesado, esse é o melhor caminho que existe. E você não precisa achar que é mau. Os advogados querelantes *sempre* se convencem de que são cruzados e têm muito orgulho de si mesmos. Percorra esse caminho que você também vai ter.

No entanto, se os advogados querelantes fossem realmente cruzados, não fariam chantagem. Não entrariam com processos na justiça só para serem pagos e irem embora. Cruzados de verdade levariam seus processos até o fim do julgamento, sempre, por uma questão de justiça. O fato de a maioria esmagadora dos advogados querelantes ser paga para ir embora – e em geral estão extorquindo seus alvos – demonstra a falácia de sua autoimagem de guerreiro. São ladrões. Até a medula dos ossos!

Tenho uma boa notícia sobre essa rota: aquela parte de nossa sociedade com tendência ao roubo pode tomar esse caminho, roubar dentro da lei, ganhar um caminhão de dinheiro e sentir orgulho de si própria, tudo ao mesmo tempo. Você também pode. Seja um herói! Não há outro caminho que reúna todas essas qualidades. Os outros caminhos dizem respeito a transações voluntárias. Esse não.

Bravatas, pura e simplesmente

Se você sempre teve a fantasia infantil de se tornar pirata, mas não gosta dos riscos físicos – ou talvez só enjoe no mar –, esse caminho tem todos os outros benefícios. Você pode apavorar as pessoas. Pode obrigá-las a lhe pagarem da mesma maneira básica que os gângsteres da máfia utilizavam.

Você pode intimidar e saquear. Parcelas enormes da sociedade vão considerar você um guerreiro salvador. E você vai achar que suas vítimas merecem o tratamento que você lhes dá – isto é, se você fizer tudo certo, como vou descrever. E é excitante – bravatas, pura e simplesmente! Um dos advogados querelantes mais famosos de todos os tempos, Bill Lerach (que agora está tomando um chá de cadeira na prisão – detalhes mais adiante), vangloriava-se abertamente de que tomar uísque escocês era seu principal exercício físico quando não estava ameaçando presidentes de companhias.[1] Afirmava ter um muque escocês daqueles – exatamente como um pirata de boteco de cais. Argh, que companhia!

Os piratas não poderiam interessar-se menos por *pedigree.* Esqueça escolas de elite. O sucesso deles não tem nada a ver com diplomas; tem a ver com quem eles são (piratas). Os advogados querelantes da cúpula costumam frequentar faculdades medíocres e escolas de direito sem brilho. Fato: você também não precisa de uma escola de elite. Não precisa frequentar nenhuma escola de direito para passar no exame da Ordem dos Advogados da Califórnia, do Maine, de Nova York, de Vermont, da Virgínia, de Washington DC nem do estado de Washington.[2] Não se exige diploma algum para chantagear, extorquir, pilhar e assaltar. E o que é um processo judiciário no qual você é pago para ir embora, senão um assalto?

O ATACANTE DA ESTRADA

A faculdade de direito é uma opção popular hoje em dia, mas muitos que tiram o diploma não se tornam advogados. Por quê? Repito: a maioria dos diversos ramos jurídicos exige muitas extenuantes horas de voo. Os recém-formados perguntam-se se é isso mesmo o que querem. No entanto, apesar de tanta gente escolher a faculdade de direito e não seguir a carreira, o número de advogados vem subindo verticalmente. Em 1972, tínhamos um advogado para cada 572 norte-americanos. Em 2000, um para cada 264.[3] Será que precisamos de tantos assim? Não sei, mas agora há uma competição acirradíssima. Não vou descrever o processo de se tornar um advogado normal, escolher uma faculdade de direito, formar-se, passar no exame da Ordem dos Advogados, tampouco falarei sobre a maneira de conseguir o primeiro emprego. Há uma infinidade de livros sobre tudo isso. Não, este capítulo e essa rota não falam sobre como se tornar um advogado *normal*. Falam sobre como se tornar um advogado de querelantes, um AQ. Mas, ao refletir sobre o assunto e sobre por que ser um AQ é uma rota que leva à riqueza, vale a pena tentar descobrir por que os advogados normais, em geral, não ficam super-ricos.

Você se forma na escola de direito e vai trabalhar para um grande escritório de advocacia. Ele é subdividido em áreas diferentes, como litígios, planejamento imobiliário, direito financeiro e direito comercial em geral. Escritórios diferentes têm especializações distintas. Os maiores tendem a fazer de tudo um pouco. Cada área é assumida por um ou vários sócios, e o escritório é administrado de forma relativamente cooperativa por esses sócios. Recém-formado na escola de direito, você é o que chamam de *assistente*. Se for muito bom, entre sete e nove anos pode acabar virando sócio. Se não for, provavelmente irá embora.

Em 2006, o salário de um assistente dos 20 escritórios de advocacia norte-americanos que pagam mais estava na faixa dos 200 mil dólares anuais (16,66 mil dólares por mês).[4] Isso é o que pagam a assistentes com três, quatro e cinco anos de casa. Parece bom? Lembre-se, primeiro você paga a escola de direito e, provavelmente, tem uma dívida escolar astronômica. Você tem um fluxo de caixa *negativo* e, depois, suporta os primeiros anos extenuantes de trabalho jurídico – as célebres semanas de 80 horas. Só depois é que você começa a ganhar os 200 mil dólares – *se* estiver em um dos escritórios que mais pagam. E se você estiver abaixo da média, em um escritório de tamanho médio? É duro, competitivo, e esse povo trabalha pra valer.

> ••➡ Ser um advogado normal é uma boa forma de ganhar um bom dinheiro, mas não é necessariamente um caminho que leva à riqueza.

Pior ainda: os escritórios mais importantes estão nas maiores cidades, que são cidades caras. E os advogados da cúpula não são geralmente muito frugais – mas você tem de ser e investir bem para fazer um pé-de-meia como um advogado normal. Pense no seguinte: o salário médio de todos os advogados era de 102.470 dólares anuais, mais ou menos 8.500 dólares por mês, em maio de 2006.[5] Menos do você pensa. Sim, essa média inclui os promotores, os advogados das instituições de caridade e advogados probono que estão fazendo trabalho social (os quais, muitas vezes, são guerreiros genuínos), advogados que trabalham por conta própria e não têm clientes, e assistentes no seu primeiro ano de trabalho em escritórios mixurucas de cidades minúsculas. Muitos advogados não ganham tudo isso. Até os que ganham mais ainda estão trabalhando por hora. Não é pobreza, mas com esses salários você tem de economizar e investir bem para se aposentar com algo entre 2 e 30 milhões de dólares. É possível, mas não é mais nem menos do que alguém com uma renda legal na "rota mais usada" (Capítulo 10).

Você pode conseguir pôr a mão em uma boa grana caso se torne sócio de um escritório de advocacia – o que é dificílimo! Leva uma média de sete a nove anos, e poucos assistentes conseguem chegar lá. Muitos escritórios têm uma cultura do tipo "ou entra, ou cai fora" – se você não se tornou sócio no seu nono ano, eles podem lhe dar um chute. No entanto, 77% dos assistentes não conseguem passar do quinto ano![6] As probabilidades são menores ainda em relação aos grandes escritórios. Entretanto, se você conseguiu se tornar sócio, vai ganhar bem. Os sócios da cúpula cobram 500 dólares a hora, ou mais. Os sócios principais dos três maiores escritórios de Nova York agora cobram mais de mil dólares a hora, e seus honorários aumentam de 6% a 7% ao ano.[7]

Só estou lhe mostrando a clara demarcação entre o grosso dos profissionais do direito – que requer "A rota mais usada" e não deixa você megarrico – e a única área que realmente dá dinheiro.

A MAIS RICA ESTRADA DENTRO DA LEI

Para ganhar dinheiro a rodo no ramo do direito, só existe um caminho – o do AQ –, que só trata de questões civis ou com o sistema "de reparação por ato ilícito extracontratual". É um setor gigantesco: os custos das questões civis totalizaram 247 bilhões de dólares em 2007, ou 2% do PNB norte-americano[8] (o dobro da porcentagem de outros países desenvolvidos[9] – os Estados Unidos são o paraíso dos AQs!). Dessa quantia, só 22% são realmente usados para reembolsar vítimas. Os AQs recebem um adicional de 50% mais que seus clientes – embolsando 33% dos 247 bilhões de dólares![10] Uma parte desse dinheiro pode ser sua.

Os outros advogados cobram por hora. Exemplo: você atropela as petúnias de sua vizinha com seu carro. Ela processa você. Seu advogado de defesa é pago por hora. O AQ de sua vizinha ganha uma porcentagem recebida de qualquer julgamento – em geral, entre 20% e 40%, mais despesas. Suponha que eles convençam o juiz de que as petúnias eram tão raras e que o sofrimento causado por sua perda foi tão intenso que merecem uma sentença de 10 milhões de dólares. O AQ recebe 3,5 milhões de dólares, *mais* as despesas. Ninguém na área de direito ganha mais que um AQ quando ele faz as coisas certas – ninguém (uma exceção potencial é um consultor jurídico de uma empresa jovem que estoura na praça e consegue opções excepcionais na condição de copiloto – ver o Capítulo 3).

Caso em pauta: Joe Jamail (patrimônio líquido de 1,5 bilhão de dólares)[11] é conhecido como o "Rei do Delito Civil" – um AQ lendário. Já ganhou vereditos milionários, inclusive um de 3,3 bilhões de dólares – seus honorários giraram em torno dos 400 milhões de dólares.[12] Qual o processo? E quem se importa? *Quatrocentos milhões de dólares* (tudo bem – ele representava a Pennzoil contra a Texaco por ter roído a corda da proposta Getty de fusão de companhias petrolíferas planejada para a década de 1980).

Quase tão impressionante quanto esse caso foram os 6 milhões de dólares que Jamail ganhou para um cliente paralisado por causa de uma colisão com um caminhão comercial. Parece fácil? Talvez tenha sido, exceto pelo fato de Jamail ter admitido na sala de audiências – conforme os arquivos – que seu cliente *estava embriagado – completamente bêbado:* o teor alcoólico de seu sangue era três vezes maior que o permitido pela lei. No entanto, Jamail convenceu o júri de que, apesar de bêbado, seu cliente estava dirigindo responsavelmente e, por isso, a culpa não era dele.[13] Essa façanha exige muito talento. Argh, que companhia!

•••➜ Não há outra forma lucrativa de roubar dentro da lei.

PREJUDIQUE-NOS E TENHA MEDO

Portanto, como roubar à moda dos AQs, ganhar rios de dinheiro, infundir medo no coração de algumas pessoas ao mesmo tempo em que parece um Robin Hood para outras e, ainda, fazer a mídia adorar você? Em primeiro lugar, você precisa de um cliente que tenha a simpatia geral. Crianças, principalmente doentes, são perfeitas (ou crianças com a *possibilidade* de serem expostas a algo que talvez seja perigoso. Talvez.). Doenças fatais também são ótimas – melhor ainda se tiverem alguma relação com o trabalho ou se tiverem sido "criadas" por uma grande empresa multinacional. Os clientes não precisam estar doentes de fato. Você pode entrar com uma enorme ação coletiva em favor de um cara que morreu de possível exposição à substância química X – embora ele tivesse 89 anos. Mas a substância química X pode ter acelerado sua morte prematura! A partir dessa morte, você estrutura toda uma classe de outros que *podem* ter sido expostos. E depois você extorque o fabricante da substância química X pela possibilidade de todas essas pessoas morrerem.

A parte da extorsão entra em jogo porque a publicidade e as acusações contra o fabricante da tal substância química vão lesar a empresa, uma vez que levarão os acionistas e clientes para os braços da concorrência. Para impedir as perdas, o fabricante da substância química faz um acordo com você – paga para você ir embora. Paga uma parte de suas estimativas dos danos que você pode lhe fazer em termos de negócios perdidos – mais uma quantia dos nada insignificantes custos legais que teria para se defender. Até a defesa de uma pequena ação coletiva custará uns 2 milhões de dólares e vai se arrastar, no mínimo, por dois anos para o réu – que vai sofrer o máximo de perda de oportunidades comerciais! Em geral, as empresas pagam parte dessa quantia só para você as deixar em paz.

Seu processo também pode ser confuso, obscuro, com leis arcaicas e pouco testadas, talvez aplicadas de formas ingênuas. As áreas indefinidas são as melhores. Substâncias químicas complicadas. Doenças raras sobre as quais pouco se sabe em termos de agentes causadores. Termos técnicos grandes, complexos, multissilábicos, dos quais os jurados nunca ouviram falar. Quanto mais obscura e complexa a área, mais o julgamento tende a acabar em favor daquele de quem o júri gosta mais. As possibilidades são infinitas. Os processos trabalhistas são bons porque as grandes empresas sempre têm uma imagem ruim, e as leis de todo o território norte-americano costumam ser nebulosas, indistintas, variando de estado para estado. Além disso, os operários são as criaturas mais norte-americanas e simpáticas que você poderia desejar!

Como explorar crianças por amor e por dinheiro

O uso de crianças doentes é um método comprovado e infalível – imortalizado pelo papel de Julia Roberts em *Erin Brockovich – uma mulher de talento,* pelo qual ela ganhou um Oscar. Se você assistiu ao filme, sabe que Erin Brockovich é uma profissional corajosa, mas não é advogada, está numa maré de azar, trabalhando em um escritório de advocacia meia-boca. Ela depara com uma série de irregularidades médicas em Hinkley, Califórnia, e vai investigar. Essa Erin! Sem formação na área jurídica, sem treinamento como investigadora – mas ela tem garra, determinação, e... bom... se você assistiu ao filme, já sabe.

Ela convence o chefe a assumir o caso. Veja só! A malvada Pacific Gas & Electric (PG&E), despejando intencionalmente uma substância chamada crômio hexavalente (composto químico polissilábico, complicado) na água potável de Hinkley. Algumas crianças dali estão sofrendo de câncer (crianças doentes!). Por que a PG&E faria uma coisa dessas? (Nos filmes, as empresas sempre são más.) Nesse caso, era porque sabia que os habitantes de Hinkley eram pobres demais, impotentes demais para reagir. Impotentes – até conhecerem Erin e seu chefe – guerreiros genuínos – que ganham uma quantia enorme para eles no tribunal. Depois, Erin recebe um aumento colossal, um carro novo e um monte de shortinhos. Viva! Aí vêm os créditos.

Na realidade, um processo desses chega a um acordo em uma arbitragem privada e nunca entra na sala de audiências de um tribunal. Se fossem cruzados de verdade, Brockovich e seu chefe teriam levado a companhia a julgamento. A PG&E não admitiu sua culpa. Não estou dizendo que a empresa era inocente e que as crianças não adoeceram. Não sei. A maioria dos cientistas diz que o crômio hexavalente, quando ingerido da forma alegada, não é tóxico para os seres humanos. Ele passa direto pelo corpo.[14] Mas "fatos" e "ciência" não estavam em jogo. Um julgamento leva anos, gera uma enorme publicidade negativa para as ações da empresa e implica perda de clientes e da boa vontade da população em geral. O lado da PG&E não dá um filme sexy.

A PG&E pagou 333 milhões de dólares para fazê-los ir embora. Ironicamente, as perdas a sua reputação graças à ficção de Steven Soderbergh's devem ter sido muitíssimo maiores – mas teriam sido ainda maiores em um tribunal. Nota: trata-se de uma empresa com ações no mercado no valor de 14 bilhões de dólares e 13 bilhões de dólares de vendas anuais. O acordo parece enorme, mas não fazê-lo provavelmente teria custado mais. A vitória em um julgamento desse tipo teria levado anos e anos. Nesse ínterim, a empresa teria sido arrastada na lama publicamente. As pessoas lembram-se mais das acusações do que quando o tribunal finalmente inocenta o réu. Aí ninguém noticia. Nada acontecendo não é notícia.

> Questão confusa. Cliente que desperta simpatia. Você já está com meio caminho andado.

No entanto, para Brockovich e seu chefe, você ou outro AQ, a compensação é generosa. Segundo seu contrato, receberam 40% mais 10 milhões de dólares de custas – 143,2 milhões de dólares ao todo. E havia crianças doentes, quer o crômio hexavalente fosse o causador, quer não. O que foi que elas receberam? Membros dessa categoria, documentados com relatórios médicos, dizem ter ganho só 50 mil dólares ou 60 mil dólares – o que não é muito quando você está de câncer.[15] Para onde foi o resto? Os membros da categoria parecem confusos quanto a isso.[16] Mas você pode apostar que Julia Roberts não está preocupada com o fato de ter enganado o público. Ela desempenhou um papel típico de Robin Hood. Os Estados Unidos a adoram por isso.

Bodes expiatórios legais

As pessoas gostam de fazer acusações quando alguma coisa dá errado – faz parte da natureza humana – seja na medicina, seja nos investimentos, seja no amor, em qualquer coisa. Os bodes expiatórios ajudam a enfrentar esse tipo de situação. Os bem-comportados chamam isso de *evitar a culpa.* Os advogados de defesa têm êxito acusando bodes expiatórios por tragédias aleatórias ou deliberadas (ou mesmo quando não se trata de tragédia). Os bodes expiatórios pagam os AQs para deixar de acusá-los.

John Edwards, ex-senador, candidato à vice-presidência e à presidência, é lendário por levar realmente seus casos a julgamento. Ele declarou muitas e muitas vezes que a paralisia cerebral pode ser inteiramente evitada – a paralisia causada por erro médico durante o parto. Em um caso famoso, ele "serviu de médium" de sua jovem cliente, dirigindo-se ao júri *como se fosse a menininha no ventre da mãe* implorando a eles para fazer a coisa certa, isto é, julgar em favor de sua cliente. Foi o que eles fizeram. A cliente de Edwards saiu do hospital com 1,5 milhão de dólares do médico – e 4,25 milhões de dólares ao todo.[17] O êxito de Edwards gerou uma mini-indústria. Você já viu os comerciais: "Se o seu filho tem paralisia cerebral, pode ser por erro ou negligência do médico. Você pode processá-lo! Ligue para Dewey, Cheatem & Howe".

Os casos de paralisia cerebral são perfeitos. Envolvem crianças com problemas e uma doença sobre a qual pouco se sabe. Um casal da Flórida processou o Jacksonville Naval Hospital em uma causa de 150 milhões de dólares.[18] Todavia, segundo o American College of Obstetrics and Gynecologists, a paralisia cerebral está, com toda a probabilidade, ligada aos genes, a uma infecção pré-natal ou outras questões que vão além do controle médico, mais que qualquer outra coisa.[19] Tente dizer isso ao júri ou à mídia quando eles estão assistindo a um teatro piegas.

O *delito* civil é só uma parte da *extorsão*

Nosso sistema de direito civil é super-rigoroso com as pequenas empresas. Os custos de defesa jurídica e as perdas em termos de imagem podem ser esmagadores em relação a seu tamanho – tornando suas ameaças de extorsão mais bem-sucedidas ainda para você. Quando uma pequena empresa é ré, sempre sente um medo mortal e tende a ceder a pressões. Muitos advogados de defesa procuram alvos que suspeitam que não têm condições de *não* ceder. Quando o processo começa, eles exigem privadamente ser pagos para ir embora. Em geral, a empresa-ré faz um acordo. Os acordos costumam ser cobertos pelo seguro da companhia, o que torna mais fácil para a ré assinar um deles. É tão mais fácil pagar AQs para irem embora do que lutar que esta se torna para eles uma oportunidade de ouro.

Melhor ainda: nesse processo, essas discussões sobre acordos não são admissíveis no tribunal. O réu não pode gritar para o juiz: "Mas ele me disse que se pagássemos só 1,5 milhão de dólares ele retiraria a queixa – isso é tão absurdo!". Não é lindo? Proteja-se tornando-se um AQ.

Portanto, em termos ideais, você quer alvos que sejam, ao mesmo tempo, grandes e visíveis – assim o processo mancha sua reputação junto aos clientes e acionistas como no caso de Erin Brockovich –, mas você pode preferir muitas pequenas empresas que se assustam facilmente.

Há um passo nos procedimentos normais de um processo em que o réu pede rotineiramente o encerramento da demanda. Os juízes quase nunca o concedem, o que é bom para você em sua condição de AQ. Você ganha mais tempo para extorquir. Os juízes acreditam que devem ser judiciosos e ouvir o caso para garantir que não estão deixando passar nada real com danos reais. O juiz, ao agir judiciosamente, diminui as probabilidades de que sua sentença seja anulada mais tarde, no tribunal de apelações. Ter uma sentença anulada talvez seja o que os juízes mais detestam. Portanto, o caso segue em frente e você pode continuar intimidando e lesando o réu até ele fazer um acordo.

Depois que têm início, os danos ao réu aumentam diariamente, quer ele acabe provando sua inocência ou não. Aqui não existe isso de *inocente até prova em contrário*. Os réus nunca "ganham" realmente. Os julgamentos levam de dois a quatro anos, quando o réu consegue vencer. Os custos do processo superam facilmente os 2 milhões de dólares – casos maiores, muito mais.

Contudo, em sua condição de AQ, suas despesas são mínimas – seu tempo, pequenas viagens, depoimentos de especialistas, reprodução de material, despesas com funcionários de escritório – e não totalizam uma fortuna. Isso faz a balança pender a seu favor. Todo mês custa a eles muito mais que a você. O pagamento propriamente dito pode ser coberto pelo seguro, mas os custos de defesa do réu não são, a menos que sua seguradora tenha permissão de fazer sua defesa, o que significa abrir mão do controle – e, em geral, significa também trabalho jurídico sujo. Portanto, pelo simples fato de seguir em frente mês após mês, você aumenta a pressão sobre o réu, motivando-o a pagar-lhe para ir embora, uma vez que ele não entendeu a mensagem desde o começo. Você quer pedir para ser pago para ir embora imediatamente, e pede novamente, depois que o juiz recusa o pedido do réu para encerrar a demanda, e mais uma vez, de quatro em quatro meses, até o fim.

Se o réu segue realmente com o processo até o fim, isso significa que ele está confiante em sua inocência, ou que é durão, ou que, por motivos que você como AQ não entende, considera-se simplesmente incapaz de fazer um acordo (vamos discutir isso melhor mais adiante). Porém, se ele se sai bem em todo o processo, você pede dinheiro outra vez, muito menos, e ameaça apelar.

Se você não for pago, apele. Aí mais um ano passa, fácil, e você pode continuar pedindo para lhe pagarem para ir embora. Do começo ao fim, você continua em cima do réu com golpes corporais. Qual o melhor tipo de golpe?

Jogar para a mídia ver

Os AQs fingem que não querem cobertura da mídia – dar na vista irrita os juízes. No entanto, em geral, procuram sim, e nesse caminho você precisa tirar da mídia o máximo possível, principalmente se o réu tiver valor como marca, um valor que você possa lesar – como no caso de Erin Brockovich. Um segredinho sujo, importante e pouco conhecido em nossa cultura: os AQs são uma das fontes mais cruciais dos jornalistas. A maioria das matérias negativas é iniciada por piratas. Os jornalistas fazem qualquer coisa para manter sua "fonte", o AQ, oculto (repetindo: o juiz pode não gostar nada desse tipo de coisa). Sob a proteção da Primeira Emenda*, isso pode ser feito.

A mídia é sua sócia nesse caminho porque você a alimenta com muito lixo, e muito lixo é sinônimo de más notícias, que é o que mais vende. Enquanto isso, a campanha da mídia afasta os clientes de fato e potenciais do seu réu, deixando-o com uma disposição maior para fazer um acordo. Se, como AQ, você entra em contato com um importante jornalista do mundo da indústria e comércio, oferecendo-lhe uma entrevista exclusiva sobre seu novo processo contra uma empresa com grande visibilidade, sou capaz de jurar que você vai ser muito bem recebido.

Nosso sistema de delitos civis foi estruturado de um modo que é vantajoso para você. O réu tem duas opções. Lutar até o fim, arcando com danos e custos para vencer, dos quais nunca vai se recuperar. Ou pagar para você ir embora. A maioria paga.

Como réu (todos os donos de empresa tornam-se réus, múltiplas vezes, assim que chegam a um certo tamanho – que é menor do que você pensa), procuro ser racional sobre essa questão, considerando-a um custo empresarial. Minha equipe jurídica considera cada caso individualmente. Mas, às vezes, como réu, a gente vê as coisas de formas que você, como AQ, talvez nem imagine. Exemplo: há alguns anos, fomos atacados por um AQ de San Diego que estava querendo entrar com uma ação coletiva contra minha empresa,

* Parte da Constituição dos EUA que fala sobre Direitos Humanos. (N. T.)

alegando propaganda enganosa por conta de uma cláusula capciosa que o juiz declarou que não se aplicava nesses processos. O processo exigia a devolução de honorários a todos os nossos clientes. Eu não só sabia que ele estava completamente errado e, por conseguinte, que ganharíamos na Justiça, como também achava que, se o pagássemos para nos deixar em paz para economizar os custos e o pesadelo da mídia, os clientes de minha empresa nunca acreditariam que não tínhamos feito nada de errado. Se não havíamos feito nada de errado, por que fazer um acordo?

Em uma questão de integridade como essa – com a alegação de que enganávamos os clientes, quando sabíamos que não era nada disso –, minha postura foi a de não fazer acordo nenhum, por nenhum preço, em nenhum momento. Nossa reputação diante dos clientes estava em jogo. No meu campo, a reputação tem uma importância crucial. E, de acordo com nossos padrões, o AQ não era muito assustador, de forma que lutamos – até o fim. Ganhamos. Contudo, durante todo o processo, o AQ continuou pedindo para ser pago e não aceitava que simplesmente não íamos fazer isso. Meus advogados não paravam de me trazer sua última oferta, e sempre voltavam com um recado simples: vá para o inferno, AQ.

Para mim, os milhões que gastamos e o tempo que o pessoal mais tarimbado, eu inclusive, desviamos de nossas funções principais para ir até o fim e ganhar valeram a pena. Eu não ia admitir que nossos clientes nos vissem pagar por algo que não havíamos feito e ficar para sempre com aquela espada suspensa sobre nossas cabeças. Isso teria lesado nossa integridade! No início, o AQ queria uma grana alta para ir embora e, no fim, não pediu quase nada – foi diminuindo a quantia de acordo com a passagem dos anos. Mas o AQ nunca entendeu que não pagaríamos em nenhuma circunstância. Se você se resolveu por esse caminho, vai encontrar esse tipo de caso, e é melhor identificá-lo rapidinho. Quando o réu simplesmente não vai pagar, certifique-se de que você tem de fato uma queixa. Provavelmente não tem, e deve parar de perder tempo o quanto antes.

Mais trapaças em seu favor

Outra grande vantagem para você, enquanto AQ, é quando entra com um processo realmente repugnante e dá com os burros n'água – talvez você processe o papa por molestar crianças e por desvio de fundos, sem nem uma única prova que seja, forçando a barra durante todo o processo, perdendo feio e, nesse ínterim, quebrando todas as regras de conduta, como mentir para o juiz; mesmo assim ainda é muito difícil para o réu coletar provas de que você lhe causou danos. Quando consegue, são ridículas. Você simplesmente não tem tudo isso para perder. No caso mencionado, nós ganhamos em todas as instâncias, e o AQ cometeu alguns erros crassos. Ganhamos até o prêmio quase impossível de não pagar as custas do processo – uma raridade. Apesar disso, tudo quanto recebemos foi a merreca de 13 mil dólares. Você, como AQ, tem muita dificuldade em perder algo mais que o seu tempo. Ponto para você!

Já paguei AQs para irem embora, duas vezes, em um total de 5 milhões de dólares. Ambos os casos envolveram queixas de uma ação coletiva contra minha empresa, alegando que havíamos transgredido as leis salariais e as leis de horas extras da Califórnia. Esses processos são rotineiros e não justificam defesa em um tribunal. Não fizemos nada de errado, mas as leis trabalhistas sobre isso são nebulosas. E teria custado mais nos defendermos do que pagar esses caras para nos deixarem em paz. E esses processos não são sobre coisas como fraude, que afeta a percepção dos clientes. São sobre a nossa forma de tratar os empregados – que já sabem exatamente o que somos e o que não somos –, de modo que a visão que têm de nós não seria prejudicada em nada por essas alegações bobas.

Muitíssimas empresas californianas passam por isso assim que chegam a certo tamanho. É apenas um custo empresarial em certos estados (ver o Capítulo 8). O AQ não quer ir ao tribunal – só quer o espólio de guerra. É mais barato fazer um acordo que lutar. Lutar não leva a nada. É o saque grande e fácil do AQ com quase nenhum trabalho. Há todo um setor fazendo isso – *o seu* setor nesse caminho. Você pode atingir um grupo de empregados de uma empresa uma vez – depois você precisa de um outro grupo de empregados. A chave é descobrir qual empresa exatamente acabou de chegar a um tamanho a partir do qual valha a pena você atormentar. Acontece quando você chega a 500 funcionários. É como achar um navio naufragado carregado com um tesouro no fundo do mar. Basta ser o primeiro a chegar para levar tudo antes que outro aventureiro lance mão.

A PRÁTICA DO TIRO AO ALVO

Além de clientes simpáticos à sociedade (operários, crianças), você quer um alvo empresarial que possa pagar e queira fazer um acordo bem antes de você ter trabalhado muito. É fácil demonizar a grande empresa.

A indústria farmacêutica

As empresas desse ramo são os maiores alvos. As grandes são imensas – suas ações preferenciais ajustáveis e conversíveis têm um valor de mercado colossal e, por isso, os acordos são colossais. A indústria farmacêutica é um casamento perfeito entre clientes simpáticos, questões técnicas complicadas e alvos fáceis de demonizar. Lembra o estardalhaço em torno do Vioxx? O Vioxx é um inibidor de COX-2 (complicado), uma substância usada como analgésico por quem tem osteoartrite e estômago sensível – e deve ser ingerido durante períodos curtos. Testes posteriores (feitos pela Merck) mostraram aumento de problemas cardiovasculares quando usado por mais de 18 meses. E foi por isso que a Merck o tirou das prateleiras.[20] Mas o Vioxx não devia ser usado a longo prazo – portanto, não havia com o que se preocupar, certo? Errado. Quando a notícia foi publicada, o estoque da Merck encalhou. Logo a sua linha de crédito foi cortada por órgãos classificadores com medo de litígios e desembolsos.[21]

Em outubro de 2007, a Merck foi citada em aproximadamente 26.600 ações judiciais – *26.600!* Quantos jurados médios compreendem a fórmula atômica $C_{17}H_{14}O_4S$? O produto tem um metabolismo hepático e meia-vida de 17 anos (supercomplicado). Até agora, só 19 casos foram a julgamento. A Merck ganhou 12, os querelantes, 5. Dois acabaram com a anulação do processo. Outras 5.500 demandas foram indeferidas – possivelmente por falta de provas. Outras 20 foram indeferidas ou retiradas antes da escolha do júri.[22] Apesar disso, quando essa poeira baixar, os AQs terão recebido quase 2 bilhões de dólares em honorários.[23] Será que você consegue fazer seu cliente parecer simpático a ponto de conseguir coletar honorários colossais de um alvo "vilão"?

Tabaco

Quando eu era jovem, meu pai me ensinou a olhar para os dois lados da rua antes de atravessar, e a não fumar. Esqueça que há uma advertência geral de um cirurgião desde 1965 dizendo que o cigarro dá câncer. Qualquer um que tenha se viciado desde então estava devidamente avisado. Mas os AQs continuam encontrando novos ângulos. Você também pode encontrar. Os fabricantes de cigarros sempre parecem maus, sempre.

Outros alvos

O amianto é um alvo maravilhoso. Pode até superar o tabaco como vaca que dá dinheiro. Há entre 50 e 75 mil novas ações judiciais que giram em torno do amianto todo ano. A maioria delas – mais de 600 mil no fim do ano 2000 – foi feita por querelantes que não têm nenhuma doença relacionada ao amianto, e talvez nunca tenham.[24] Belo trabalho de pirataria!

Um novo alvo quentíssimo é o fabricante de vacinas, graças a uma suposta ligação entre o autismo e o timerosal – um conservante à base de mercúrio (substância química complicada – crianças doentes – um grande laboratório farmacêutico!). Provavelmente, o aumento dos diagnósticos de autismo se deva ao fato de ser um problema que agora é diagnosticado – há 10, 20 anos, essas crianças só teriam sido consideradas "devagar" ou "desligadas". Mas talvez eu esteja errado. Seja como for, é uma questão perfeita para um processo judicial!

Você pode pegar no começo a nova onda dos ftalatos! Essa substância química torna o plástico flexível e quase indestrutível. É usada em brinquedos de crianças, e também em sacos de transfusão de sangue e outros utensílios hospitalares. O Greenpeace chegou à conclusão de que é "nocivo", e a Califórnia proibiu o seu uso em suas fronteiras. O Greenpeace prefere um composto substituto que deixa o plástico mais quebradiço – o que significa que os brinquedos de seus filhos vão se quebrar mais facilmente em pedaços manejáveis que podem causar asfixia. Logo vamos estar livres dos ftalatos e ricos graças a ações judiciais por asfixia! Não faz mal que *o próprio fundador do Greenpeace* ache que os ftalatos são inocentes e absolutamente seguros.[25] É um nome complicado e quase impronunciável!

> Com alvos que a mídia adora espicaçar - grandes empresas, indústria farmacêutica, fabricantes de cigarros -, suas possibilidades melhoram.

Ações litigiosas

Um clássico é processar ações públicas cujo preço está caindo verticalmente. Os piratas descobrem um acionista e entram na Justiça, alegando que a empresa devia ter revelado algumas informações antes para evitar a queda (por meio da magia?). Essas demandas nunca fazem sentido, mas são onipresentes. A mídia as adora – pintar as empresas como instituições más que fraudam deliberadamente o proletariado acionista.

Funciona mais ou menos assim: a empresa X vende suas ações a 50 dólares cada – patrimônio de 10 bilhões de dólares. Os ganhos despencam. Quando a notícia é publicada, a ação cai 20% – para 40 dólares –, uma perda de 2 bilhões de dólares. Um AQ entra na justiça em nome dos acionistas, pedindo um total de 2 bilhões de dólares. A empresa X faz um acordo de 60 milhões de dólares. O AQ fica com 20 milhões de dólares. Nota: os pagamentos das grandes empresas *aos* acionistas são feitos *por* acionistas – o resultado é zero. A única diferença é que alguns acionistas podem ter vendido suas ações e outros novos as compraram. Todos os acionistas correntes pagam e sofrem em benefício de alguns acionistas antigos, de modo que as novas ações agora valem menos ainda. É como desvestir um santo para vestir outro. Se você era e continua sendo acionista, é como receber um pequeno dividendo e pagar ao AQ 30% do total como honorário. Esses processos são comuns.

QUANDO O PIRATA SE TORNA VILÃO

E quando é que a pirataria legal se torna ilegal? Quando você desrespeita a lei. Pergunte a Melvyn Weiss e Bill Lerach (aquele do braço escocês com músculos bem definidos). Durante décadas, nenhuma dupla de palavras insuflou mais terror no coração dos presidentes de companhias que "Milberg Weiss" (bom, talvez o termo "Lerach" ganhe). Fundada em 1965 por Melvyn Weiss, a Milberg Weiss afirmava lutar pelos operários braçais enganados por grandes empresas malvadas, que os faziam perder as economias de toda uma vida em ações que não valiam nada. Na sua condição de salvadora dos operários, a Milberg Weiss coletou mais de 45 bilhões de dólares de empresas em nome de "investidores enganados": *45 bilhões de dólares!* Em 1976, Bill Lerach entrou na brincadeira, abrindo a Milberg West em San Diego, e era tão temido quanto Weiss (ou mais).

Acabaram tendo mais de 200 advogados em todo o território dos Estados Unidos – maiores que qualquer rival –, uma máquina que entrava com um processo por semana na Justiça quando estava no auge. Os principais sócios ganharam centenas de milhões de dólares. Tiravam de todo mundo! De algumas companhias, várias vezes. Noventa por cento dos casos terminaram em acordo – eles não estavam interessados em processar ninguém.[26] Lerach era famoso por ameaçar pessoalmente os presidentes de companhias com pobreza e coisa pior.[27] Conversa de pirata. Argh!

Para conseguir essas demandas, você tem de registrá-las em um tribunal antes que outro aventureiro faça isso. Esse procedimento é conhecido como *corrida aos degraus dos tribunais.* Aquele que registra a demanda primeiro pega o caso. Como ter certeza de que você é o primeiro? Weiss e Lerach sabiam. Toda ação coletiva precisa de um querelante principal – uma pessoa normal que representa danos típicos. Encontrar uma delas exige tempo –, diminuindo sua velocidade na corrida para o tribunal. Por isso, Weiss e Lerach construíram um celeiro de ações jurídicas potenciais com queixas *pré-fabricadas.*

Como conseguir um querelante e uma queixa de antemão? Weiss e Lerach aconselhavam as pessoas a comprarem porcentagens diminutas das empresas por meio da aquisição de milhares de ações, e esperar. Quando uma delas despencava, eles iam direto para o tribunal. Por isso, seu cliente tinha um corte – entre 7% e 15% da parte do advogado – o que, certa vez, levou a uma quantia de mais de 1 milhão de dólares. Usavam o mesmo querelante mais de uma vez – 40 vezes no caso de um homem. Isso é ilegal – crime sério, comparável a assassinato, estupro, incêndio proposital etc. Sempre se pergunta aos advogados se fizeram pagamentos adicionais aos querelantes. Durante décadas, Weiss e Lerach mentiram sob juramento, assim como esses astros querelantes.

Furo de reportagem! As ações são voláteis. Às vezes, elas caem. Apresentam riscos. Punir empresas por uma volatilidade normal só redistribui os lucros, lesa os acionistas e o preço das ações. Isso não ajuda quem é pequeno. É extorsão pura e simples. Mas as companhias fazem acordo só para os AQs as deixarem em paz.[28]

Uma investigação formal começou em 2001. Você deve estar pensando que Weiss e Lerach iam diminuir a velocidade. Não! O esquema continuou –

ao menos até 2005. Ao todo, os promotores declararam que eles receberam propina em mais de 150 ações judiciais coletivas.[29] Lerach foi considerado culpado e pegou dois anos de cadeia e uma multa de 7,75 milhões de dólares.[30] Weiss também foi considerado culpado por oferecer proteção (como um chefão da máfia!) e pegou dois anos e nove meses de cadeia, além de pagar uma multa de 10 milhões de dólares.[31] A empresa fez um acordo de 75 milhões de dólares para evitar um processo criminal (interessante um escritório de advocacia estar tão ansioso por evitar os tribunais).[32] Apesar das sentenças de prisão e das multas, Bill "Braço Escocês" Lerach ainda insiste em dizer, na cadeia, que ele e Weiss faziam "simplesmente o procedimento normal do setor".[33] Minha nossa!

••➡ Não seja um Lerach.

Nesse caminho ou em outro qualquer, nunca, nunca desrespeite a lei. Você não quer acabar na prisão, fazendo companhia a Lerach e Weiss. Como mostro em detalhes no próximo capítulo, sobre "dinheiro alheio", desrespeitar a lei sempre é mau negócio. Seja qual for o caminho, macacões laranja de presidiário são, pura e simplesmente, feios. Seja um AQ. Roube... mas roube dentro da lei, nunca ilegalmente. Não seja um Lerach.

Entretanto, para variar, esses dois criminosos só vão cumprir parte da pena, como acontece na maioria dos casos. Uma regra prática imperfeita diz que os condenados cumprem cerca de um terço da pena que lhes foi dada pelo juiz. Portanto, talvez Lerach e Weiss passem mais ou menos um ano atrás das grades. Estão proibidos de exercer a profissão pelo resto da vida, mas estão ricos. Ninguém sabe o quanto, só eles. Lembra-se do que dissemos no Capítulo 4, de que os artistas não acabam tão ricos assim quanto em geral se pensa? Sou capaz de apostar que Weiss e Lerach estão ambos mais ricos que qualquer personalidade da tevê ou do cinema, com exceção da Oprah. Eles não vão ter um triste fim por terem dado com os burros n'água tão fragorosamente. Veja a situação por outro ângulo: os Estados Unidos têm milhares desses pequenos criminosos do tipo pirata que adorariam trocar mais ou menos um ano de cadeia – desde que depois possam velejar tranquilamente rumo ao pôr-do-sol – por uma fração da fortuna de Weiss ou Lerach. Essa forma de pirataria é movida a saques.

O CAMINHO DO CÍRCULO ÍNTIMO

Os AQs não admitem abertamente (mas admitem em particular): raramente têm êxito graças à lei. Em julgamentos ou arbitragens civis, e até mesmo em mediações não obrigatórias, a chave é sua capacidade de convencer o juiz, o júri, o árbitro ou mediador de que você é um cara legal. Os juízes não reconhecem, mas muitíssimas vezes eles, ou o júri, concluem quem é o mocinho e quem é o bandido, o resto é detalhe e grau de compreensão. A lei gira em torno desse julgamento de caráter. Depois que você convence o juiz de que você é o mocinho e o outro é o bandido, basicamente o julgamento já terminou. É por isso que os AQs da cúpula não precisam frequentar as melhores escolas de direito. É tudo uma questão de investigação, teatro e interpretação básica tanto das reações do juiz quanto dos outros participantes – nenhuma nuance jurídica. Ganhar é sinônimo de uma boa estratégia – depois, criar a imagem que vai convencer o juiz ou o júri de alguma forma, de algum jeito, de que você é o mocinho e seu oponente é o bandido. Muito irônico isso em um mundo de piratas!

Há um caminho interior. Muitos dos maiores AQs fazem parte de um Círculo Íntimo de Advogados. Entre – se puder! É uma honra (visite-os em <www.innercircle.org>. Eles só admitem os AQs que ganham rios de dinheiro. A participação limita-se a cem membros. Você tem condições?

Para se candidatar, os membros devem ter participado de, pelo menos, cinquenta julgamentos de danos pessoais e conseguido, no mínimo, três vereditos de mais de 1 milhão de dólares ou um veredito de mais de 10 milhões de dólares. A maioria de nossos membros já conseguiu vereditos de muitos milhões de dólares para seus clientes.[34]

É óbvio que existem muito mais de cem AQs. Muitos dos célebres não estão na lista. Sim, John Edwards é membro. E, para falar a verdade, há cinco mulheres que também são membros. Esse caminho tem uma tendência claramente masculina no topo. Mas esses cem receberam uma grana alta. Talvez parte dela possa ser sua.

Leitura legal

Como esses livros ensinam você a persuadir e a negociar, na verdade, são bons para todo mundo, e não só para aqueles que estão no caminho pirata.

- *Rules of the road:* a plaintiff lawyer's guide to proving liability [Regras do caminho: guia dos advogados querelantes para provar responsabilidade], de Rick Friedman e Patrick Malone. Esses autores são AQs bem-sucedidos, experientes, contando para você o que fazer – melhores que uma faculdade de direito. Friedman é membro do célebre Inner Circle of Advocates.
- *Theater tips and strategies for jury trials* [Dicas e estratégias teatrais para sessões de júri], de David Ball. O professor Ball transformou seus conhecimentos de teatro em uma carreira de importante consultor dos tribunais. Ensina os advogados que estão na ativa a arte de contar histórias que despertam emoções no júri e que farão você ganhar o processo.
- *David Ball on damages* [David Ball sobre danos], de David Ball. Mais um livro do professor Ball. Enxergar dentro da cabeça dos jurados – saber o que pensam, o que você precisa fazer para manipulá-los. Este livro ensina a convencê-los de que você é o mocinho e o outro é o bandido. Leitura obrigatória para quem tomou esse caminho.
- *Legal blame:* how jurors think and talk about accidents [A lei e a culpa: os que os jurados pensam e falam sobre acidentes], de Neil Feigenson. Trata dos mesmos tópicos que David Ball, mas de uma perspectiva mais psicológica.

••➡ Guia para **roubar, mas dentro da lei**

Em geral, você precisa ter o diploma de uma escola de direito (embora não seja uma necessidade absoluta). Você tem de passar no exame da Ordem dos Advogados no local em que você reside e/ou exerce a profissão. Há muito menos advogados que saíram da faculdade antes de receber o diploma que presidentes de companhias. Mas, para aqueles que se formaram, mesmo em escolas de direito horrorosas, esse caminho é perfeito. As grandes fortunas não têm muito a ver com *pedigree*. Advertência sobre a solidão: algumas pessoas vão temer e detestar você, e vão manter distância – como de qualquer pirata.

1. *Seja o tipo certo de advogado.* Só ser advogado não resolve. Para ganhar rios de dinheiro, você tem de ser advogado da parte querelante – um pirata com orgulho do que faz.
2. *Pense em cliente, pense em um alvo.* Tudo quanto você precisa é:
   a. Clientes simpáticos – aqueles considerados pobres e oprimidos dão bons clientes, por exemplo, os doentes, as crianças, os operários desqualificados, classe média baixa.
   b. Alvos que pareçam vilões – os alvos devem poder ser apresentados facilmente como vilões. As grandes empresas são bons alvos – grandes companhias de petróleo, laboratórios farmacêuticos, fabricantes de cigarros. As financeiras também – todas essas são áreas consideradas ricas. Do mesmo modo, as pequenas podem ser bons alvos, uma vez que não podem se dar ao luxo de reagir, fazendo um acordo fácil, fácil. Pense em termos de volume.
   c. Assuntos complexos – processe com tópicos que podem confundir os jurados facilmente, pois assim você controla a imagem de mocinho e bandido. Depois, o caso diz mais respeito a quem eles gostam do que aos fatos.
3. *Para conseguir uma grana realmente alta, concentre-se em ações judiciais coletivas.* Ganhar uma porcentagem desses acordos é baba com uma grande ação coletiva. As mesmas regras: clientes desamparados, vilões que são grandes empresas riquíssimas, assuntos complexos. Seja um bom contador de histórias.
4. *Arranje um cachorro.* Ser pirata pode levar a uma vida solitária. Algumas pessoas podem não gostar de você. Você vai fazer inimigos. Um cachorro bem grande vai lhe dar proteção e amor.

7 Dinheiro alheio – onde os mais ricos estão

Gosta de dizer aos outros o que fazer?
Tem nervos de aço?
O dinheiro alheio pode ser perfeito para você.

Esta rota é pavimentada com *dinheiro alheio* – administração financeira, fundo privado, corretagem, bancos, seguros etc. É fácil de entrar. Você não precisa de um curso de mestrado nem da inteligência de um cirurgião cerebral. Aqui também há um monte de desvios. É comum quem trabalha com dinheiro alheio fundar grandes empresas (Capítulo 1) e gerar copilotos muito ricos (Capítulo 3). Alguns acabam virando heróis, outros acabam na prisão – há muito espaço para o conflito de interesses. Mas alguém bom para trabalhar com dinheiro alheio enriquece ao mesmo tempo – com eficiência e ética – a si mesmo e a seus clientes. Ficar rico enriquecendo outros – o que pode haver de melhor?

O dinheiro alheio é o caminho mais usado pelos ultrarricos. Não se trata de saber como é que você vai chegar a ser riquíssimo, e sim de saber como os riquíssimos chegaram lá. Oitenta e seis por cento dos 400 membros da *Forbes* chegaram lá por esse caminho – a maior parte de todas as categorias. E pilhas mais modestas de 2 milhões de dólares a 50 milhões de dólares são feitas por muita gente, em geral em poucos anos.

REGRAS BÁSICAS DA CARREIRA COM DINHEIRO ALHEIO

As pessoas geralmente pensam que é necessário conhecer antes os aspectos técnicos das finanças para ter êxito aqui. Não! Aprender primeiro a vender e depois conhecer as finanças funciona divinamente bem – talvez até melhor. Uma regra nada intuitiva que aprendi observando outros percorrerem esse caminho é:

Gente jovem aprende a vender e a se comunicar melhor do que gente mais velha, e, por algum motivo, os mais velhos aprendem a manejar as finanças melhor que os jovens.

Comece aprendendo a vender. Há tempo depois para conhecer o mundo das finanças e dos investimentos. Aprender a vender é como esquiar – quanto antes você começa, mais rápido e melhor você aprende. Mas aprender a analisar investimentos é como aprender a contratar bem o seu pessoal – anos de experiência no mundo real tornam o discernimento mais fácil. O tempo ajuda.

Aprenda a vender. O resto vem por si

É comum os jovens quererem começar como importantes analistas de pesquisa e investimento, ou gerentes de portfólios – com certeza vão ser o próximo Warren Buffett ou Peter Lynch da vida –, e é comum desprezarem soberanamente qualquer coisa relacionada a vendas. Quase nunca conseguem a renda desejada. Meu conselho aos jovens: comecem aprendendo a fazer vendas por telefone – mesmo que não tenham nada a ver com investimento. Aqui sua aparência juvenil não vai lhe fazer mal algum. Depois passe para a venda ao vivo e em cores, primeiro com produtos ou serviços simples, depois mais complicados. A competência nas vendas vem rápido quando você é jovem. Mas a facilidade de aprender a vender cai sistematicamente com a idade. Pessoas com mais de 40 anos que nunca venderam nada podem aprender, mas é mais difícil, leva mais tempo e parece pouco natural (como esquiar!).

Conhecer o produto é menos crítico – pode ser um processo muito rápido quando necessário. Há trinta anos, Ken Koskella, que originalmente trabalhou com vendas e marketing na Franklin Resources (aposentou-se rico e agora faz apresentações solo como comediante, porque gosta – o cara da velha guarda do mundo dos negócios, de terno, fazendo piadas sobre o quanto os caras da velha guarda são engraçados), ensinou-me que, se você realmente sabe vender, pode ser jogado na cidade mais remota dos Estados Unidos que vai estar ganhando o seu pão em uma semana. Talvez não ganhe tudo o que vai ganhar mais tarde, mas se vira – sem saber nada mais de antemão.

Muitos acham que não precisam vender – que vão fundar uma empresa e contratar vendedores. Nesse caminho, você simplesmente não tem condições de contratar e administrar bem os representantes de vendas se você mesmo não sabe se promover. Não funciona. Este não é um livro que ensina a vender ou a administrar vendas (apresento uma lista de livros desse tipo mais adiante); mas uma razão para aprender a vender é que é o único jeito de você aprender a contratar e administrar vendedores – uma capacidade crucial em muitos caminhos. Fato: as empresas precisam mais de vendedores que de ambiciosos sabichões desqualificados com 23 anos. Os jovens que tomarem esse caminho têm de aprender a vender – qualquer coisa – entre seus 20 e 30 anos, e, depois, vender produtos financeiros. Você vai aprender mais sobre finanças, de uma forma natural, quando já estiver com a mão na massa. Com seus 30 e poucos anos, reestruture-se para mergulhar nas profundezas analíticas e técnicas das finanças. A essa altura, sua experiência extra do mundo real vai ajudar você a dominar as finanças.

••➡ Aprenda a vender. É a qualificação mais importante de todas para quem trabalha com dinheiro alheio.

Descubra a empresa certa

Qualquer empresa é a empresa certa se ensinar você a vender. As grandes empresas contratam por atacado. Não faz muita diferença se é a Merrill Lynch, a JP Morgan ou a New York Life. Visite, entreviste, converse e veja qual delas não faz você querer pular pela janela antes de ter aprendido a vender. Ou então procure uma empresa especializada em um certo nicho de mercado – toda cidade grande tem. Nenhuma delas é inerentemente melhor ou pior. As grandes financeiras costumam contratar gente recém-formada, ou sem experiência de verdade – de acordo com a mentalidade de "jogar espaguete na parede para ver o que gruda". Quando os novatos se desgastam rápido, isso não prejudica a companhia (isso não vai acontecer se você se concentrar somente em aprender a vender). Para um começo mais promissor, tente uma empresa especializada em algum nicho do mercado. Mas *aprender a vender é a chave.* Para isso, compre ou pegue estes livros emprestados e pratique muito o que eles ensinam repetidamente:

- *Como fazer amigos e influenciar pessoas*, de Dale Carnegie;
- *Crer para ver*, de Wayne Dyer;
- *Psychology of selling* [Psicologia de vendas], de Brian Tracy;
- *The difference maker* [Quem faz a diferença], de John Maxwell;
- *Confidence* [Confiança], de Rosabeth Kanter;
- *See you at the top* [Encontro você no topo], de Zig Ziglar;
- *Alcançando excelência em vendas*, de Neil Rackham.

Depois você tem de passar em exames para conseguir uma licença antes de começar a angariar clientes. Os exames são personalizados – baseados no que você vende. Não são difíceis se você estudar, e você não precisa de um diploma para fazê-los. Mas esteja avisado: em muitas empresas, se você não passar na primeira vez, adeus.

Aí então chega a hora de vender. E, se você não vender, logo vão lhe mostrar a porta da rua. A maioria das empresas tem cotas periódicas – você talvez tenha de conseguir mais ou menos 500 mil dólares em haveres de novos clientes por mês. Se não conseguir, um abraço, passar bem. Não estou dizendo isso para desanimá-lo, e sim para enfatizar a importância de aprender a vender. Você pode ser um tremendo analista de mercado, mas se não conseguir clientes que o contratem, tome um outro caminho. Sua empresa tem de ajudar com listas de nomes para quem telefonar, mas depois tudo cabe a você.

OS PASSOS PARA FICAR RICO COM DINHEIRO ALHEIO

Então, que tipo de financista você vai ser? Considere dois campos – *com base em comissão* e *com base em honorários* – definidos pela sua maneira de cobrar por seus serviços e talvez pelo que você vende.

Os financistas que trabalham *com base em comissão* – como corretores de ações e de seguros – vendem *produtos* (isto é, ações, títulos, fundos mútuos e até seguros) em troca de uma comissão. O que você ganha depende inteiramente do quanto você vende. Você vende ações que lhe dão 1% de comissão. Você ganhou 10 mil dólares. Você continua angariando clientes e vendendo produtos – a renda continua aumentado. O modelo fundamental do negócio com base em comissão é:

- ••➡ conseguir o cliente;
- ••➡ vender o(s) produto(s) ao cliente;
- ••➡ receber a comissão.

Você ganha proporcionalmente ao que vende. Quer um salário de 250 mil dólares por ano? Com 1% de comissão, você tem de vender 25 milhões de dólares em produtos. Como? Consiga cem clientes a 250 mil dólares cada, ou cinquenta clientes a 500 mil dólares! Você decide. O problema? A menos que você consiga que eles vendam o que você lhes vendeu e comprem uma outra coisa, você vai ter de angariar alguns novos clientes todo ano. Seu tempo é gasto na caça aos clientes. Se for um bom caçador, não vai ter problema nenhum. É tudo *na base da comissão.*

Os financistas que trabalham *com base em honorários* – como consultores de investimentos, administradores financeiros ou que atuam no setor de fundos de cobertura – prestam *serviços* por uma determinada porcentagem dos ativos em questão. Digamos que você tem cem clientes. Cada um deles investe 250 mil dólares com você. Você cobra 1,25% por ano (uma remuneração típica de consultores que trabalham com base em honorários). Isso dá 312,5 mil dólares de renda anual, desde que os clientes permaneçam. Quanto mais aumenta o volume dos ativos, mais você ganha. Se você mantiver seus clientes e o mercado ajudar, você pode ganhar mais no ano que vem! Mas vai ganhar menos se os ativos deles encolherem. O modelo fundamental de um negócio com base em honorários é:

- ••➡ conseguir o cliente;
- ••➡ manter o cliente;
- ••➡ trabalhar bem para ele.

Sua renda depende da quantidade de ativos dos clientes que você consegue, de sua competência no sentido de manter os clientes e dos retornos que você (ou sua empresa) obtém para eles.

Trabalhar com base em honorários foi por onde comecei décadas antes. Era simples e atraente. Eu sabia que, se conseguisse clientes e redes de finalização a uma taxa de X por cento, então minha empresa cresceria a uma taxa de X% + Y%. Portanto, se conseguisse novos ativos a 15% ao ano e aumentasse esses ativos em 15%, a empresa cresceria a uma taxa de 30% ao ano. Quentíssimo. É o Y na fórmula X + Y que torna esse modelo de trabalho com dinheiro alheio tão irresistível. E minha empresa cresceu um pouquinho mais que 30% ao ano nesses mais de 25 anos. Se você conseguir fazer uma companhia crescer a uma taxa de 30% durante 25 anos sem vender ações a gente de fora, você acaba muito rico segundo os padrões de qualquer um.

> •••➡ Escolha o seu modelo de negócio – baseado em comissão ou em honorários.

Avalie o negócio

E então? Para você o negócio é na base da comissão ou dos honorários? Para decidir, pense como o dono de uma empresa. Eis aqui um exercício que você pode fazer de muitas maneiras diferentes para saber o que vale quanto:

- Acesse o endereço <www.morningstar.com>.
- Procure qualquer ação – um fundo mútuo como Janus Capital (com base em honorários) ou uma corretora com sistema de comunicação próprio como a Merril Lynch (como base em comissões).
- Clique no botão "*snapshot*", ou retrato 3 x 4, na coluna da esquerda.
- Clique em "*industry peers*", ou empresas semelhantes (no topo). Nota: uma companhia ser classificada como *empresa semelhante* é algo que cabe à Morningstar – às vezes os resultados parecem estranhos. Por exemplo: entre os *industry peers* da Merril Lynch estão Goldman Sachs e Morgan Stanley (outras corretoras), mas também NYSE Euronext e Nasdaq Stock Market (bolsas de valores). Ignore as bolsas de valores.
- Faça uma lista de companhias semelhantes.
- Divida o valor total de cada uma delas (valor de mercado = valor do número de ações multiplicado por seu preço) pelo número de vendas para gerar uma proporção.
- Veja quem tem as maiores e as menores proporções.

Tabela 7.1 – Valor de mercado de fundo mútuo *versus* vendas

Empresa	Valor de mercado (em milhares de dólares)	Vendas (em milhares de dólares)	Proporção
Franklin Resources	28.258	6.206	4,6
BlackRock	25.641	4.419	5,8
T. Rowe Price	16.635	2.210	7,8
Invesco	13.148	2.936	4,5
Legg Mason	9.827	4.653	2,1
Janus Capital	5.746	1.138	5,0
Eaton Vance	5.889	1.018	5,8
Waddell & Reed	3.116	787	4,0
Cohen & Steers	1.195	273	4,4

Fonte: Morningstar.com, 24 de dezembro de 2007.[1] **Em milhares de dólares.**

Fiz essas contas para lhe dar um exemplo. Você pode fazê-las em relação a qualquer ação. A Tabela 7.1 mostra resultados para fundos mútuos – empresas que trabalham com base em honorários. A maioria dos fundos de família têm proporções entre 4 e quase 6. Legg Mason e T. Rowe Price estão nos dois extremos do leque. Portanto, o mercado diz que esses tipos de empresa valem de quatro a seis vezes a quantia correspondente a suas vendas anuais.

A Tabela 7.2 mostra corretoras de valores – que trabalham com base em comissões. Você vai notar que as proporções são menores: a maioria é de menos de 2! Os extremos são Charles Schwab e TD Ameritrade (Schwab tem um negócio colossal de fundos mútuos e é um híbrido – trabalha com comissão e honorários). O mercado diz que um dólar de vendas com base em comissão vale a metade do dólar de vendas com base em honorários. O problema? Até corretores de tamanho médio são maiores que quase todas as financeiras. As maiores corretoras são quase dez vezes maiores que as maiores financeiras. Há muitíssimo mais negócios no mundo com base em comissão, só que não têm tanto valor. É aí que está o seu dilema: mais quantidade *versus* mais valor. (Nota: antes mesmo de a Bear Stearns implodir em 2008, ainda era mais ou menos tão lucrativa quanto empresas semelhantes.)

O mesmo se pode dizer em relação aos seguros (Tabela 7.3) – é um ramo que se baseia mais ainda na comissão que os corretores. Com proporções menores, têm menos valor que os corretores, mas os negócios potenciais são enormes. Os menores agentes da Tabela 7.3 têm um volume total maior de negócios que as maiores famílias de fundos mútuos.

Tabela 7.2 – Valor de mercado de corretoras de ações *versus* vendas

Empresa	Valor de mercado (em milhares de dólares)	Vendas (em milhares de dólares)	Proporção
Goldman Sachs Group	85.230	44.653	1,0
Morgan Stanley	58.336	40.344	1,4
Merril Lynch	46.000	28.835	1,6
Lehman Brothers	34.797	19.400	1,8
Charles Schwab	29.246	4.745	6,2
TD Ameritrade	11.848	2.177	5,4
Bear Stearns	10.253	8.738	1,2
Raymond James	4.084	2.610	1,6
Lazard	2.159	1.805	1,2
E*Trade	1.538	2.259	0,7

Fonte: Morningstar.com, 24 de dezembro de 2007.[2]

Tabela 7.3 – Valor de mercado de seguros *versus* vendas

Empresa	Cap. de mercado (em milhares de dólares)	Vendas (em milhares de dólares)	Proporção
AXA	82.439	139.351	0,6
Metropolitan Life	46.991	52.171	0,9
Prudential Corporation	35.015	65.901	0,5
Sun Life Financial	32.138	21.385	1,5
Aflac	30.498	15.063	2,0
Principal Financial Group	18.500	10.901	1,7
Lincoln National	16.135	10.750	1,5
Genworth Financial	US$ 11.427	11.751	1,0
Nationwide	6.544	4.472	1,5

Fonte: Morningstar, 24 de dezembro de 2007.[3]

Nota: seguradoras enormes são mais antigas que a maioria das corretoras e mais antigas ainda que as financeiras. Portanto, aqui o dilema é o tamanho da oportunidade *versus* o valor da renda *versus* maturidade. Pense como um fundador-presidente de companhia que usa dinheiro alheio. Se uma lei ditasse que as empresas só poderiam ter uma renda máxima de 1 bilhão de dólares, nada mais, não existiria a menor dúvida de que você iria querer ser do tipo com base em comissões – o valor da empresa seria bem maior. Um pequeno êxito com base em honorários tem um caminho muito, muito longo pela frente.

Isso não significa depreciar os seguros e a corretagem de ações – que geraram muitos megarricos. Alguns consideram Warren Buffett (patrimônio líquido de 52 bilhões de dólares)[4] um investidor. Na verdade, é presidente de uma companhia de seguros. Os lucros da Berkshire Hathaway vêm, em sua maioria esmagadora, dos seguros. O caso de Buffett é inusitado. Quem vem em segundo lugar como o mais rico vendedor de seguros é Hank Greenberg, ex-presidente da AIG, com um patrimônio líquido muito menor: só 2,8 bilhões de dólares.[5] Arthur Williams fundou e vendeu uma seguradora para a Primerica e seu patrimônio líquido é de 1,8 bilhão de dólares.[6] Ernest Stempel, um copiloto de Hank Greenberg (Capítulo 3), fundou a divisão de seguros de vida da AIG (patrimônio líquido de 1,7 bilhão de dólares).[7] Patrick Ryan (1,4 bilhão de dólares) fundou uma empresa que acabou se transformando na AON, a maior corretora de resseguros dos Estados Unidos.[8] Mas, além de Buffett, essas companhias não se comparam com a riqueza baseada em honorários – as primeiras 15 apresentados na lista a seguir.

Os mais ricos entre os que trabalham com dinheiro alheio com base em honorários

Nome	Famoso por	Patrimônio líquido (em dólares)
Edward Johnson III	Fidelity	10 bilhões
George Soros	Uma porção de fundos de cobertura e por fazer a libra inglesa despencar	8,8 bilhões
Charles Johnson	Franklin Resources	6 bilhões
Charles Schwab	Empresa com o mesmo nome	5,5 bilhões

James Simons	Fundos de cobertura	5,5 bilhões
Rupert Johnson	Franklin Resources	5,2 bilhões
Edward Lampert	Fundo de cobertura ESL e por ter sido sequestrado	4,5 bilhões
Leon Black	Apollo Management	4 bilhões
Ray Dalio	Financista e fundos de cobertura	4 bilhões
Stanley Druckenmiller	Fez a libra inglesa despencar com o Soros	3,5 bilhões
Bruce Kovner	Fundos de cobertura e uma espineta	3,5 bilhões
Paul Tudor Jones III	Fundos de cobertura	3,3 bilhões
Kenneth Griffin	Fundos de cobertura	3 bilhões
Charles Brandes	Financeira Brandes	2,5 bilhões
David Shaw	Fundos de cobertura	2,5 bilhões

Fonte: Matthew Miller, "The Forbes 400", *Forbes* (8 de outubro de 2007).

Além de Charles Schwab, o único membro dos 400 da *Forbes* que vem do setor de corretagem com base em comissões é Sandy Weill (1,8 bilhão de dólares). Mas até ele evoluiu a partir daí. Sendo originalmente o presidente de uma legítima agência de corretagem de ações, aliás dinamite pura nessa função, Weill fez fortuna ao vendê-la para a Travelers, uma seguradora, que mais tarde se fundiu à Citicorp e criou o Citigroup. Sua grande fortuna lhe chegou pelo caminho da presidência no Citi (Capítulo 2), e não realmente dos seguros ou da corretagem de ações.

Como fundador-presidente de uma companhia que lida com dinheiro alheio com base em honorários, meu êxito não foi suficiente para eu estar entre os 15 empresários mais ricos que trabalham com dinheiro alheio desse modo. Mas a minha empresinha vale 1,8 bilhão de dólares e, por conseguinte, estou na mesma posição em que está Sandy Weill e no mesmo patamar que qualquer um da área dos seguros, como Warren Buffett e Hank Greenberg. Esse é um dos atrativos de trabalhar com dinheiro alheio com base em honorários. Você não precisa ser tão grande assim em termos globais para ficar mais rico.

Apesar disso, a corretagem é lucrativa. Joseph Moglia, presidente da TD Ameritrade, ganhou 62,3 milhões de dólares como remuneração em 2007.

Richard Fuld, da Lehman Brothers, recebeu 51,7 milhões de dólares. E James Cayne da Bear Stearns, recebeu 38,3 milhões de dólares (antes de a empresa falir em 2008). Nem mesmo os 7,5 milhões de dólares que John Mack recebeu da Morgan Stanley são uma quantia desprezível.[9] Mas, para conseguir uma megafortuna, trabalhar com base em honorários é melhor. No entanto, para acumular de 2 milhões de dólares a 50 milhões de dólares, qualquer forma de administração do dinheiro alheio dá certo.

PROTEJA SUAS APOSTAS

Você gosta de grandes riscos e grandes lucros? Você é alguém independente? Gosta de honorários bem gordos? Funde uma empresa que administre fundos mútuos. Os fundos mútuos são conhecidos como o modelo *2 e 20* porque cobram 2% dos ativos administrados durante um ano (isto é, se você lhes der 1 milhão de dólares, eles ficam com 20 mil dólares por ano), mas também ficam com *20% dos ganhos anuais!* Se você é bom, ou tem sorte, ou ambos, seu negócio vai crescer rápido.

Digamos que você faz uma aposta: uma determinada ação vai dominar o mercado nos próximos cinco anos; talvez ações grandes, como do setor da eletricidade ou remédios. Você pode apostar alto aqui. Você administra 100 milhões de dólares com um contrato de 2 e 20. Suponha que sua aposta resulte em 20% ao ano durante cinco anos.

- No fim do primeiro ano, seus 100 milhões de dólares transformam-se em 120 milhões de dólares. Você fica com 2% (2,4 milhões de dólares) mais 20% do lucro de 20 milhões de dólares (4 milhões de dólares) – *6,4 milhões de dólares de lucro.*
- O segundo ano começa e, subtraindo seus honorários, os ativos agora são de 113,6 milhões de dólares. Com mais 20% de ganhos, você pega seus honorários de 2 e 20 – *7,27 milhões de dólares de lucro.*
- No quinto ano, seu lucro é superior a *10,6 milhões de dólares!*

Depois de cinco anos, você ganha quase 42 milhões de dólares ao todo em honorários! E isso só com relação aos ativos com os quais começou. Gere retornos elevados que você vai conseguir mais clientes com mais ativos.

Bem, suponha que você é um administrador comum que trabalhe com base em honorários – os ativos vão aumentar 20% ao ano durante cinco anos, mas você cobra só 1,25% ao ano.

- ••➡ No primeiro ano, seus 100 milhões de dólares transformam-se em 120 milhões de dólares. Você ganha 1,25% dessa quantia – 1,5 milhão de dólares. Nada mal, mas não são 6,4 milhões de dólares.
- ••➡ O segundo ano começa e, deduzindo seus honorários, os ativos agora estão em 118,5 milhões de dólares. Com mais 20% de ganhos, você recebe seus honorários de 1,25% = 1,78 milhão de dólares.
- ••➡ No quinto ano, seu lucro é de 2,96 milhões de dólares.

Depois de cinco anos, você ganhou um total de 10,8 milhões de dólares em honorários – bom, mas está longe de 42 milhões de dólares. É claro que seus clientes ficaram em uma situação melhor que você, pois você recebeu uma parte menor do dinheiro deles com honorários. Mas um administrador de fundos mútuos pensa: "Por que não apostar alto para obter um retorno extra?" Se você estiver certo, aqueles 20% de "juros transportados" vão render horrores. Se estiver errado, *mesmo assim* você recebe 2% dos ativos por ano. O surpreendente é que, se estiver errado ao apostar, você não precisa reembolsar os clientes por uma perda de 20%! Claro, se você estiver errado, seus clientes é que sofrem. Para conseguir grandes ganhos como administrador de fundos mútuos, você precisa assumir grandes riscos. Um risco menor significa um ganho menor.

Os fundos mútuos não são novidade – a sua popularidade é que é. Antes de 1940, os vigaristas criariam dois fundos. Com um deles, convenceriam metade de seus clientes de que a ação XYZ subiria e que deveriam comprá-la. Em outro fundo, eles convenceriam os clientes de que a ação XYZ cairia *e que eles deveriam vendê-la a descoberto* (emprestá-la, vendê-la, esperar que caia, depois comprá-la de novo a preço mais baixo, embolsando a diferença e pagando novamente a ação emprestada). Nenhum dos dois grupos de clientes conhecia o outro. Enquanto a XYZ estivesse volátil, os dois fundos ganhavam 10% dessa volatilidade. Os clientes que perdiam demitiam os vigaristas e desapareciam. Os clientes que não perdiam não se davam conta de que se tratava de vigarice e, na verdade, dariam aos escroques mais dinheiro para uma outra aposta. Essa trapaça foi proibida pelo esforço conjunto da Lei da Companhia de Investimentos e da Lei dos Consultores de Investimentos de 1940.

Mas você pode assumir às cegas um lado de uma grande aposta e acertar na mosca, ou ir para casa. Se não tiver sorte, logo vai estar entrando em outro caminho. Se tiver, juro a você que poucos observadores vão achar que se trata de pura sorte. Você também não vai achar. Os melhores administradores de fundos mútuos não têm somente sorte – são competentes. Mas poucos fundos mútuos acertam em um alvo grande. A maioria vai para casa. Essa arena é crivada de êxitos espetaculares e, apesar disso, a maioria dos fundos mútuos logo perde seus atrativos. Poucos sobrevivem dois anos antes de todos os seus investidores os resgatarem e desaparecerem. Já vi dezenas de pessoas começarem com fundos mútuos – só duas sobreviveram a longo prazo. É um ramo traiçoeiro. Fazer apostas colossais como base de sua carreira deixa os nervos em frangalhos. Jim Cramer abandonou-a exatamente por causa disso. Já vi gente se dar bem durante alguns anos e, de repente, tudo explode em suas mãos – e essa gente acabou sem nada.

Aposte nos fundos

Os fundos mútuos operam geralmente em categorias específicas, como arbitragem conversível, valores mobiliários com problemas, patrimônios de longo e curto prazos, mercados neutros e outras. Os investidores podem comprar várias categorias e diversificar (embora os investidores que fazem isso recebam invariavelmente retornos menores porque não conseguem diversificar muito, pagar honorários altíssimos e ainda ter lucro – ver o Capítulo 10 sobre isso, relativo à frugalidade).

Os administradores de fundos mútuos também têm um grande número de práticas de contratação. Para seguir esse caminho, é só aplicar em toda a parte – dar tiro para todo lado! Você vai encontrar uma quantidade absurda de nomes se fizer uma busca com o Google – milhares. A maioria não contrata. A maioria é de uma pessoa, com algo entre 10 milhões de dólares e 40 milhões de dólares, trabalhando por conta própria de pijama. Mas, se continuar procurando, vai descobrir os que contratam – são invariavelmente os maiores.

Não há garantia aqui – um fundo pode explodir rápido. Não estou sugerindo esse caminho em termos de carreira de longo prazo, a menos que você seja fundador-presidente ou copiloto. Mas é um setor maravilhoso para você aprender e se lançar. Trabalhe aqui durante alguns anos. Aprenda o que eles fazem. Consiga um mapa da mina. Depois você pode se lançar por conta própria.

Os fundos mútuos são ligeiramente regulamentados, de modo que é fácil entrar nessa seara. Um escritório de advocacia como o Shartsis Friese, de São Francisco, especializado em fundos mútuos, pode levar você a se estabelecer legalmente e aprender as regras com um pé nas costas (acesse o endereço seguinte para saber mais sobre as práticas usadas pelos escritórios de advocacia na administração dos fundos mútuos: <http://www.hedgeworld.com/sp_directory/search.cgi?category_name=3>).

E depois – acho que você vai odiar ouvir isso – tudo gira em torno de vender, de conseguir clientes para o seu fundo. As táticas usadas na administração dos fundos mútuos são muito genéricas. Preste atenção às regras obrigatórias e a todas as proibições respeitadas por seu escritório de advocacia; depois descubra alguma coisa que você ache o máximo em termos da possibilidade de se sair bem e supere a casa nesse sentido.

É muito comum as pessoas encontrarem um grande investidor-âncora antes de começarem seu fundo. Digamos que você é corretor da Merrill Lynch com uma lista de clientes que totaliza 100 milhões de dólares em ativos. Entre eles, você conseguiu um grande elefante de 40 milhões de dólares para o qual você trabalhou bem e em quem investiu toneladas de tempo. As pessoas chegam, muitas vezes, à conclusão de que podem ganhar tanto com um elefante em um fundo mútuo quanto todo o resto. De modo que você pede demissão, começa seu próprio fundo mútuo com um cliente como âncora e depois procura crescer a partir daí.

O processo como um todo não é muito mais complicado do que:

- apostar alto;
- encontrar clientes que vão bancar suas apostas;
- adotar as leis aplicáveis...
- ... enquanto você ganha 2 de 20.

Talvez o administrador mais bem-sucedido de fundos mútuos dos últimos tempos seja Ken Griffin. Com apenas 38 anos, um patrimônio no valor de 3 bilhões de dólares,[10] ele criou o Citadel Investment Group em 1990 com um formato clássico de fundos mútuos. Hoje ele tem equipes em múltiplas categorias fazendo apostas altas com lucros potenciais minúsculos, que ele alavanca pesadamente para obter grandes retornos. Ele é um fenômeno porque a maioria que tenta o que ele fez não apenas fracassa, desmorona.

Mas, mesmo que você seja bem-sucedido, seu futuro é incerto. Por intermédio de seu pai, conheço Alex Brockman desde criança – um dos caras mais legais do mundo, e muito inteligente. Alex negocia a dívida nacional dos países latino-americanos para Ken Griffin e é muito bem pago por conseguir fazer isso. Mas Alex sabe que há uma espada suspensa sobre sua cabeça. Ele ganhou um caminhão de dinheiro em 2007 – o que ele fez deu certo – e Griffin pagou alegremente por isso. Alex sabe que pode muito bem não estar no cargo em 2009 se não se sair bem em 2008. O cara que apresentou Alex a Griffin, o chefe original de Alex no Citadel, agora está acabado – morreu com um golpe daquela espada que pendia sobre sua cabeça.

Meu primeiro exemplo não supõe nenhuma grande capacidade – só a sorte cega. Mas é óbvio que Ken Griffin tem capacidade. Dê mais uma olhada na lista de financistas que trabalham com dinheiro alheio com base em honorários. É assim que famosos administradores de fundos mútuos (Soros, Cohen, Kovner, Jones, Simons, Shaw) chegaram lá: em geral, assumindo grandes riscos para conseguir retornos gigantescos. Isso requer nervos de aço, como Eddie Lampert sabe melhor do que ninguém. O patrimônio líquido de Lampert é de apenas 4,5 bilhões de dólares hoje em dia, mas ele é jovem e pode chegar a ter muito mais. Conhecido por seu olho clínico quase infalível, ele comprou o K-Mart – o terceiro maior descontador de títulos de crédito dos Estados Unidos. Mas o K-Mart virou do avesso, gerando retornos colossais para o fundo de cobertura ESL de Lampert.[11] (Repetindo: mais um risco enorme que deu certo.)

Ele quase não aproveitou a chance. Certa noite, pouco antes desse evento, Lampert saiu do trabalho. Quando estava indo pegar o carro, foi agarrado por quatro homens armados que lhe puseram uma venda nos olhos e uma mordaça na boca, amarraram-no e jogaram-no dentro de um veículo.

Ele passou dois dias amarrado dentro de uma banheira de um motel horroroso. Lampert achou que iam matá-lo, mas manteve a calma. Observou que eram desorganizados. Primeiro disseram que foram contratados por 5 milhões de dólares para matá-lo.[12] Depois que iam trocá-lo por um resgate de 1 milhão de dólares.[13] Estavam armados e eram aterrorizantes – mas também eram jovens e estavam com medo. Conforme se viu, não havia um plano muito elaborado – os quatro bandidos tinham simplesmente feito uma busca no Google para descobrir gente rica que morava na região e encontraram Lampert.[14]

Lampert tentou negociar, propondo cobrir qualquer quantia que pudesse lhes ter sido oferecida. Disse aos bandidos que deviam soltá-lo – que só ele poderia assinar o cheque de um resgate alto. Mas sua chance apareceu quando os ouviu pedindo pizza pelo telefone – com o cartão de crédito de Lampert! Ele comentou que a polícia seria alertada para o fato de seu cartão de crédito estar sendo usado – eles não tinham pensado nisso? A única maneira de evitar a prisão seria soltá-lo – no ato – e fugirem. Lampert lembrou-os de que não tinha condições de identificá-los – desviara sabiamente os olhos quando eles lhe tiraram a venda para a única refeição que lhe deram.[15] Na manhã de domingo, deixaram Lampert em uma rodovia a poucos quilômetros de sua casa. Enquanto não iam embora, ele ainda temia que o matassem. Lampert foi a uma delegacia de polícia de Greenwich. Os bandidos foram presos dias depois.[16] Lampert poderia ter entrado em pânico, ou desistido. Mas manteve-se calmo e atento, pensando criativamente nas formas de sair dessa. Durão, calmo e senhor de si! Como você tem de ser para ter êxito no universo dos fundos mútuos! Você tem nervos de aço como ele?

GRANDES APOSTAS DO CAPITAL PRIVADO

O *capital privado* é parente próximo dos fundos mútuos – também com um esquema de 2 e 20. Esse tipo de empresa assume empresas abertas em apuros, põe ordem na casa e depois vende a empresa com lucro. Esse negócio costuma ser chamado de *compra alavancada*. Você assume a empresa, talvez com uma nova administração, corta fora as divisões que estão dando prejuízo, financia outras que estão dando lucro e emite, talvez, mais ações de novo, mais tarde, a preços mais elevados. Se for benfeita, a compra alavancada é superlucrativa. Parte do êxito se deve a saber como fazer um bom empréstimo. Outra parte é a capacidade de identificar empresas problemáticas que podem ser compradas barato porque ninguém está vendo o seu potencial, mas que podem ser consertadas e os lucros podem chegar a ser muito grandes comparados aos custos dos juros implicados na compra.

Os últimos anos viram uma atividade recorde no setor das compras alavancadas – rendendo uma grana altíssima para os sócios de empresas de capital privado. Kravis, Kohlberg & Roberts (KKR) tiveram um 2007 cheio – oferecendo-se para comprar a TXU Energy por 45 bilhões de dólares. O co-fundador Jerome Kohlberg (1,5 bilhão de dólares) não está mais na empresa, mas tanto Henry Kravis quanto George Roberts estão, cada um deles, com um patrimônio líquido de 5,5 bilhões de dólares. Outro grupo que está tirando vantagem dos nossos tempos é o dos fundadores do Carlyle Group – William Conway Jr. (2,5 bilhões de dólares), Daniel D'Aniello (2,5 bilhões de dólares) e David Rubenstein (2,5 bilhões de dólares).[17]

Assaltantes empresariais levam a um mundo melhor

A mídia pinta esses investidores como ratos gananciosos, mas por quê? A ação pode conseguir um belo aumento do preço quando o negócio é anunciado. É o darwinismo capitalista. Todos nos beneficiamos com uma eficiência maior, uma produtividade maior e mais inovações. Nem sempre ficamos com uma empresa melhor depois dessas compras. As coisas podem dar errado, e é melhor o comprador se sair muito bem dessa história, senão ele também já era. E os presidentes de empresas públicas sem atrativos e que não querem que elas sejam compradas (nem que eles mesmos fiquem desempregados) sabem que é melhor eles mesmos deslancharem, senão também vão para a lata de lixo da história, aumentando o incentivo para a produtividade empresarial, que beneficia funcionários, acionistas, clientes – todo mundo.

Está na moda criticar esses investidores por sua renda colossal (quando a mídia cai matando em cima da renda de um grupo, você já sabe que encontrou um bom caminho para a riqueza). Sem querer, o senhor Kravis surpreendeu-se participando de um pseudodocumentário – *The war on greed, starring the homes of Henry Kravis* [Guerra aos gananciosos – estrelando, as casas de Henry Kravis] – supostamente uma visão "imparcial" dos "excessos" do capital privado. Esse documentário justapõe as casas do senhor Kravis às moradias modestas do "Zé dos Anzóis", ao mesmo tempo em que dá os detalhes dos ganhos de Kravis.

O senhor Kravis é megarrico – não é crime ser megarrico (se você considera a riqueza um crime, precisa de um outro livro. Tente *Free to choose* [Liberdade para escolher], de Milton Friedman). Robert Greenwald, o diretor do filme, disse: "Vi os números relativos ao que esse cara ganha e juro que não acreditei. Pensei que havia um engano. Sou de Nova York e esse tipo de igualitarismo está arraigado em muitos de nós".[18] Gente como Greenwald protesta, vê grandes lucros como algo "injusto". Se o senhor Greenwald quer "justiça", devia observar Cuba ou Venezuela para ver como a "justiça" funciona na prática. Só trabalhar nessas empresas já faz bem à carreira. Há uma infinidade de outros Alex Brockmans – e muitos copilotos ricos (Capítulo 3) –, assim como aqueles que estão ganhando um salário bem gordo e estão percorrendo "A rota mais usada" (Capítulo 10).

NÃO DESRESPEITE A LEI

Com dinheiro alheio é essencial você entender bem que nunca deve desrespeitar a lei. Alguns investidores às vezes esquecem. Os marginais podem ficar ricos, mas não ficam ricos para sempre. Alguns administradores de dinheiro alheio ficam ricos dentro da lei, mas depois trapaceiam. Alguns trapaceiros ficam ricos. Seja como for, não vão ficar ricos para sempre. Não se trata apenas de ser ilegal e imoral: também é mau negócio.

Quem tem moralidade flexível apresenta-se nas mais variadas formas. Ocorre-me o nome de Dick Strong, ex-presidente da Strong Capital Management, uma empresa de fundos mútuos que já foi florescente, fundada em 1973, e que agora está na lata de lixo da história. Em 2003 ele era o número 318 da lista dos 400 da *Forbes,* com um patrimônio líquido estimado em 800 milhões de dólares. Em 2004, estava liquidado. Strong chamou a atenção de agentes reguladores, pois vinha comercializando a curto prazo os seus próprios fundos em benefício próprio – algo que não é explicitamente ilegal. Mas o presidente de uma companhia de fundos mútuos fazer isso secretamente, a expensas dos participantes do fundo, foi uma coisa que irritou os agentes reguladores. Um erro crasso quando se baseia em informações confidenciais – o que alegaram que Strong teria feito.[19]

Quando o escândalo veio à tona, Strong recuou – tarde demais. A empresa não tinha condições de sobreviver – a Wells Fargo comprou-a com um desconto colossal e tirou o nome de Strong. Será que sua "flexibilidade" valeu a pena? Nunca vale. Dizem que seu esquema comercial lhe rendeu 600 mil dólares.[20] Esse "ganho" foi provavelmente o ganho mais caro de que se tem notícia nos últimos tempos. Tirando as multas e o valor depreciadíssimo de sua empresa quando foi vendida, Strong ficou só com uma fração de sua fortuna anterior. E foi expulso do setor para o resto da vida. Desvalorizado, expulso, nome sujo e uma fração do patrimônio. Ugh!

E também temos Alberto Vilar, um vilão que parece ter entrado em campo para enganar os incautos. Era competente, mas também equivocado. Lembro-me dele nos primeiros tempos, quando ambos estávamos construindo nossas empresas e nos encontrávamos nos mesmos lugares, nas mesmas conferências, seminários, competições etc. A gente conversava. Alguma coisa nele assustava. Arrogante demais, rígido demais, imperial demais! As mulheres que ele namorava eram jovens demais, bonitas demais – mostravam demais o corpo. Ao menos era o que a minha mulher achava – ela não gostava nadinha dele.

Ele se vangloriava de todas as novas empresas super bem-sucedidas que ajudara a financiar – como a Intel. Não se sabia ao certo o que era verdade e o que não era – só parecia exagerado. Ele se vangloriava de ter vindo de uma família privilegiada na Cuba anterior a Fidel Castro, e de ter empobrecido depois, quando Castro confiscou os bens de sua família. Mas seus amigos mais chegados disseram mais tarde que essa história era pura ficção – ele foi criado em Nova Jersey.[21]

Suas histórias de investimentos também eram exageradas, bem como seus retornos tecnológicos do final dos anos 1990. Em 2004, ele foi o número 327 dos 400 da *Forbes*, com um patrimônio líquido estimado em 950 milhões de dólares.[22] Mas sua empresa não era tão grande assim. No auge, em 2000, só administrava 7 bilhões de dólares. Em 2004 ela implodiu, passando a administrar menos de 1 bilhão de dólares. Use as tabelas apresentadas anteriormente neste capítulo – no auge, você não está perto dos 950 milhões de dólares.

Ele convenceu as pessoas (e inclusive a *Forbes*) de que possuía infinidades de ações e debêntures (títulos de dívida emitidos por uma empresa de capital aberto para angariar fundos) fora de sua empresa – e que valiam muito mais que ela. Tem gente assim. Mas uma regra da *Forbes* sobre sua lista dos 400 mais ricos é que o pessoal da revista desconfia de quem está tentando entrar nessa lista. Sabem que, em geral, valem menos do que dizem valer – talvez muito menos. Foi o caso de Alberto Vilar. Apesar disso, era convincente.

Vilar era um grande mecenas da ópera. Com o passar dos anos, estima-se que ele deu mais de 300 milhões de dólares às artes[23] (mas parte, quem sabe uma grande parte, talvez não fosse sua para ele estar distribuindo). Quando os enormes fundos tecnológicos de Vilar tiveram uma queda de mais de 80% durante a quebra, ele adiou a entrega de milhões de dólares em supostas doações à Metropolitan Opera House (que já tinha até posto o seu nome no prédio!). Os investigadores foram ver o que estava acontecendo. Ele foi acusado de fraude em 2005. Ele, que declarava ser megarrico por conta dos investimentos que fazia fora de sua empresa, não conseguiu reunir nem os 10 milhões de dólares da fiança.[24] Na minha opinião, grande parte de seu patrimônio líquido, como o seu passado, era pura ficção – o que não era invenção sua ele tinha doado à ópera.

E, em uma ação judicial que ainda está em andamento, alega-se que Alberto desviou fundos dos clientes para essas doações à ópera! É difícil imaginar que esse processo vá longe, pois Vilar está sem um centavo. Não tem dinheiro para ganhar. Seu desempenho talvez não esteja à altura dos padrões operísticos, mas lhe proporcionou um modo de vida grandioso durante muito tempo. Minha esposa – há 38 anos – ainda se pergunta o que é que suas belíssimas mulheres com excesso de carne à mostra estão pensando agora. Há outros Vilares. Não seja um deles.

Vilões de verdade

O vilão ocasional do tipo Vilar pode participar durante algum tempo da lista dos 400 da *Forbes*; no entanto, a maioria dos malfeitores é descoberta muito antes. Frank Gruttadauria é um deles. Está cumprindo pena por surrupiar uns 300 milhões de dólares em fundos de clientes, além de jurar em falso, obstruir o trabalho da justiça, subornar e chantagear – e até por uma acusação de tentativa de fuga!

••➡ Estou falando sério: *não desrespeite a lei.*

Como gerente de uma filial da Lehman Brothers em Cleveland, Gruttadauria usou basicamente o esquema de Ponzi, escolhendo principalmente idosos como alvo. Os clientes depositavam dinheiro que ele transferia para contas com nomes fictícios – durante 15 anos! Os clientes nunca ficavam sabendo, pois Frank era mestre em falsificar documentos, inflacionando os valores das contas. Quem se queixa quando os demonstrativos indicam um crescimento enorme e nenhuma perda? Quando os clientes desejavam fazer uma retirada, Frank assinava cheques de contas de outros clientes. Nesse ínterim, Frank curtia clubes de campo, uma casa em um condomínio localizado em lugar próprio para esquiar, um jatinho particular e uma amante.[25]

A "era da internet" acabou com Frank. Ele dizia aos clientes idosos que a Lehman não oferecia acesso online. Uma vovó relativamente entendida na web perguntou-se por que sua conta não estava sofrendo o impacto do quebra-quebra tecnológico.[26] Liderou outros clientes em uma ação online e eles descobriram que não havia nada em suas contas – apesar dos demonstrativos mensais mostrarem milhões, em certos casos. Como Frank tinha falsificado documentos durante muito tempo, ficou difícil saber quanto havia roubado – os investigadores estimaram um mínimo de 40 milhões de dólares de 50 clientes diferentes. Mas, devido aos retornos adulterados, os clientes achavam que haviam perdido muito mais.[27] Agora ele está cumprindo uma pena de sete anos.[28] A cor laranja do seu uniforme não é bonita.

AME O CAPITALISMO, NÃO A ACEITAÇÃO SOCIAL

Advertência: esta rota pode deixar você impopular. Histórias sensacionalistas como a de Vilar e Gruttadauria são exceções, felizmente – mas sua existência é motivo para a grana alta desse caminho se tornar um alvo quentíssimo para Hollywood, fazendo proliferar a imagem do bandido em nossa cultura. Os vilões do cinema costumam ser ricos frequentadores de Wall Street, que enriquecem cruelmente à custa do pobre proletariado. Investidores e financistas não são heróis do cinema. Hollywood e a ficção pop estão lotadas de investidores e financistas vilões: *O primeiro milhão, American Psycho* [Psicopata americano], *A fogueira das vaidades, A fraude, Ghost* e o pai de todos: *Wall Street*, todos filmes que mostram vilões de Wall Street. Até *Trocando as bolas*, um filme hilariante em muitos aspectos, deixa implícito que investidores e financistas ricos são maus. Mas os que são maus mesmo são pouquíssimos.

Se você tiver êxito nessa rota, vai estar exposto a ser degradado pelos estereótipos sociais. Algumas pessoas talvez não gostem de você. Mas os investidores e financistas bem-sucedidos não dão muito valor à aceitação social. Dão muito valor ao capitalismo. Trabalham bem perto do coração dos mecanismos de preços dos mercados de capital, vivem e morrem de acordo com as forças competitivas. É um caminho fabuloso para a megafortuna. Eu sei. Vivi nele toda a minha vida. É um mundo maravilhoso no qual você fica rico ajudando os outros a ficarem mais ricos ainda. É um mundo do qual você pode se orgulhar. Também é um mundo do qual muitos vão supor que você não tem do que se orgulhar. Se você for durão como Eddie Lampert, mas não se tornou um vilão como Alberto Vilar, e quer ficar rico de um jeito bem fácil – ou estar onde estão os mais ricos do mundo –, o dinheiro alheio é, a meu ver, um caminho fantástico para você percorrer.

•••➡ Guia do **dinheiro alheio**

A riqueza produzida com o dinheiro alheio é um caminho muito seguro para a fortuna se você seguir esse guia simples.

1. *Ame o capitalismo e os mercados livres.* Muita gente – até mesmo frequentadores equivocados de Wall Street – acha o capitalismo errado, ruim ou cruel. Não é nada disso! Não há sistema melhor para gerar e construir riqueza societária. Sim, há perdedores e vencedores. Mas o capitalismo não dá resultado zero. Todo dinheiro que você ganha não é um dinheiro que alguém perde. O capitalismo dá oportunidade a todos. O que as pessoas fazem com sua oportunidade cabe a elas. Sem o capitalismo, você não tem mercados livres. E sem mercados livres você não tem o caminho do dinheiro alheio. Portanto, ame-o.

2. *Consiga o cliente.* Você tem de vender. Você pode: (a) obter referências ou (b) vender diretamente. Ambas as alternativas funcionam. Você pode usar as duas ao mesmo tempo. Vendendo diretamente, você encontra uma forma de se pôr na frente de alguém que toma decisões. A maioria das pessoas já viu propaganda da minha empresa, quer por mala direta virtual, quer por anúncios na internet, no rádio, nos jornais ou na tevê. Muita gente supõe que, se você faz muita propaganda, seu produto não pode ser bom. Diga isso à Procter & Gamble. O canal de marketing que você usa e como você faz o que faz por seus clientes simplesmente não têm nada a ver um com o outro – nunca.

   Pedir referências significa ligar para as pessoas e conseguir que elas lhe deem o nome e o número do telefone de amigos e conhecidos. As abordagens mais comuns são ligar para contadores e advogados encarregados de planejamento imobiliário que têm clientes que podem precisar de seus serviços.

3. *Mantenha o cliente.* Manter os clientes é uma atividade com duas subcategorias: desempenho e atendimento do cliente.

   a. Desempenho. *Desempenho* não significa estourar na praça todo dia, toda semana, todo ano. Significa definir expectativas realistas para os clientes e concretizá-las. Parece fácil? Não é! Em geral, os clientes têm expectativas grandes demais, como retornos altos sem riscos – um conto de fadas. Limitar as expectativas é básico para a educação do cliente e faz parte de um mantra – "Prometer pouco, trabalhar muito".

   Por falar nisso, evite prometer muito. Investidores e financistas – principalmente os novatos – podem exagerar ao dizer aos clientes o que esperar na tentativa de fechar negócio. Fazer isso põe você no caminho do fracasso com um índice elevado de perda de clientes.

   Superar as expectativas dos clientes ajuda a mantê-los a sua volta e impede que eles façam algo potencialmente prejudicial a si mesmos – como sair atrás de mercados quentes e chegar a mercados frios.

   b. Atendimento do cliente. Se o seu desempenho foi uma maravilha, mas você não cuida de seus clientes, você os perde para alguém que cuida. Depois de mais de 36 anos como investidor e financista, acho o desempenho importante, mas o êxito é metade desempenho e metade atendimento do cliente (de uma outra forma, a terceira "metade" são vendas e marketing). Muita gente acha que é desempenho ou atendimento do cliente, mas nenhum dos dois sozinhos é suficiente. O atendimento do cliente não significa apenas atender o telefone quando eles ligam. Quanto melhor e quanto mais íntima a sua relação com o cliente, tanto mais provável que você os conserve.

Conheça seus clientes e compreenda suas necessidades. Eles querem que você lhes telefone de três em três meses? Todo mês? Todo dia? Descubra, faça um acordo em termos do volume de atendimento e supere-o. Manter os clientes é melhor. A maioria dos investidores e financistas sofre com a rotatividade alta. Parte do êxito de minha empresa se deve a um índice inusitadamente baixo de perda de clientes.

4. *Não desrespeite a lei.* Os investidores operam em um setor regulamentado. Transgredir a lei pode fazer você acabar na prisão. Mas, mesmo que você não seja pego (ou que seja apenas alguém que encontra as brechas das leis), provavelmente não vai estar agindo de acordo com os melhores interesses de seus clientes. Releia o passo anterior, "Mantenha o cliente".
5. *Concentre-se nas competências essenciais.* Os investidores podem assumir múltiplos papéis. São vendedores, prestadores de serviços, comerciantes. Fazem marketing e pesquisa. Assistem a filmes, observam pessoas e empregados. Podem ser gerente ou presidente! Com tudo isso, você está se saindo realmente bem mantendo-se à frente dos mercados e das economias globais, e fazendo previsões acuradas?

   Vendedores não sabem administrar dinheiro. Publicitários não sabem vender. Gente que presta serviços não sabe fazer pesquisa. O melhor modelo empresarial tem uma segmentação de responsabilidades para que todos se concentrem nas suas capacidades essenciais. Para chegar ao topo pelo caminho do investidor, você precisa ter todas essas qualificações, ou ao menos alguma prática em todas elas e ser capaz de orquestrar o trabalho dos outros que as executam. É difícil, mas também é por isso que essa é a rota mais usada pelos norte-americanos mais ricos que existem.

8 Invente um modo de ganhar dinheiro

Tem uma imaginação delirante?
Ou nenhuma?
Esse pode ser o seu caminho.

Você tem condições de inventar um fluxo infinito de renda futura? Não estou querendo dizer *inventar* alguma coisa – embora possa dar certo. Aqui você gera um fluxo de caixa futuro semelhante a uma aposentadoria em função de alguma coisa que você cria, tem ou patenteia, e que sempre lhe dará uma grana. Um aparelho, um livro, uma música, um filme e até uma experiência.

Você alguma vez já se disse: "Se tal coisa existisse, a vida seria melhor"? E então alguém inventa a tal coisa, transforma o mundo e fica rico! E por que esse alguém não pode ser você? A grana alta está em conseguir direitos, licenças ou patentes para reutilização futura e para gerar essa reutilização. É assim que pouquíssimos escritores e alguns compositores bem-sucedidos ficam ricos: por meio de direitos de publicação, como os nossos amigos hip-hop do Capítulo 4.

OS VERDADEIROS INVENTORES

Sim, existem "inventores" genuínos – gente que cria coisas tão incríveis e transformadoras que você nem consegue imaginar a vida sem eles, gente que inventou coisas como o microcomputador ou a vacina contra a poliomielite. Ou, então, coisas mundanas, triviais. A mágica consiste em patentear sua invenção, de modo que você ganha toda vez que seu aparelho é usado ou vendido.

Todo mundo cita equivocadamente os caras que inventaram o bloco de papel autodesivo Post-it (Arthur Fry e Spencer Silver) como inventores bem-sucedidos clássicos – dois sujeitos que ganharam muito dinheiro com uma ideia mundana. Fry, um químico da 3M, queria marcadores de livros que ficassem em seu hinário do coro. Usou o adesivo de Silver (seu amigo e colega de trabalho), que colava bem, mas não a ponto de rasgar a página quando retirado – e *voilà*! Havia nascido um ícone da cultura pop.[1] Mas não eram inventores de renda. Sendo empregados da 3M, sua criação era um "produto do trabalho" – não podia ser propriedade sua. É provável que tenham ganho uma bela gratificação, mas não inventaram um fluxo de renda futura para si. Só "inventar" não resolve.

Inventar? Vender? Faça ambas as coisas!

E uma patente também não vai resolver. Montes de pessoas têm patentes – dezenas de milhões! Para criar uma renda futura, você precisa ter algo que todo mundo usa, como os nossos amigos do Post-it, mas também deve manter o controle do futuro. Inventores de renda bem-sucedidos têm alma empresarial e conseguem vender suas ideias. Se não divulgar os benefícios, você vai passar despercebido – a chave é o marketing. Você precisa ter algo de longo alcance e uma história irresistível – ou uma personalidade irresistível, como o pai dos inventores, Ron Popeil. Ron impera na tevê tarde da noite, ainda cheio de energia ao fazer propaganda de produtos para públicos insones.

•••➡ Divulgar o seu produto – mesmo que seu produto seja você – é vital.

Quando adolescente, Popeil frequentava os mercados de pulga do West Side de Chicago – não para comprar, mas para observar os vendedores ambulantes. Absorveu seus talentos para vender utensílios domésticos e de cozinha na Woolworth's, ganhando mil dólares por semana – uma enormidade para um adolescente da década de 1950 que vendia liquidificadores (cerca de 7.500 dólares hoje em dia – 390 mil dólares por ano!) Lembra-se do Capítulo 7? Aprender a vender é essencial. Depois, Popeil se estabeleceu por conta própria e passou a vender suas invenções kitsch em mercados de pulga e parques de diversões, aperfeiçoando seu estilo de camelô.

Em seguida, voltou-se para a tevê, nessa época ainda um meio de comunicação novo. Com 550 dólares, ele fez o seu primeiro comercial. Em dez anos, Ron era pura tevê. Fundou a Ronco em 1964 e dedicou-se a suas invenções e vendas. Criou o Veg-O-Matic – declarando que cortava cebolas perfeitamente sem provocar lágrimas. Fez o Pocket Fisherman – uma vara de pescar toda equipada com peças encaixadas para aqueles momentos cruciais em que você passa de carro por um lago cheio de trutas e pensa: "Putz, se eu tivesse uma vara de pescar à mão...". (Minha mãe comprou uma e, depois, outra para mim e para cada um dos meus irmãos.)

Popeil inventou uma série de produtos bobos – um quebra-ovos dentro da casca, o cinzeiro sem fumaça, o desidratador de comida elétrico e um saca-rolhas. Como diria Ron, "Isso funciona mesmo!" Ele inventou produtos bobos, mas também inventou ou sintetizou frases de efeito agora comuns em infomerciais. Ele dizia: "Espera! Tem mais!" Insistia com os compradores para se apressarem porque "os operadores estão esperando". Também dizia às donas de casa para "ligar o aparelho e esquecer da vida". Angariava fregueses para suas pechinchas perguntando: "E AGORA, quanto é que você dá?" Procurava atrair compradores com prestações pequenininhas. Um saca-rolhas parece não valer 160 dólares, mas quem não pode se dar o luxo de pagar quatro suaves prestações de 39,95 dólares?

Sua verdadeira invenção foi o infomercial – Popeil é sinônimo de comerciais longos de tevê, um veículo de propaganda insanamente lucrativo. Seus produtos, embora engraçadinhos, não transformariam o mundo. Quem precisa realmente de um aparelhinho para descascar cebolas? As facas não servem para isso também? E não cabem direitinho dentro de uma gaveta? A genialidade de Ron estava em tornar o trivial excitante. Sua persona ficou célebre a ponto de Dan Aykroyd satirizá-la no *Saturday night live* ao colocar um peixe em um liquidificador e anunciar em altos brados os benefícios maiores das vitaminas de um peixe liquefeito. Aykroyd batizou sua invenção de "Bass-O-Matic" [Peixe-O-Matic]. Lorraine Newman ronronava: "Isso é que é peixe bom".

Seu patrimônio líquido vale mais de 100 milhões de dólares.[2] O melhor jeito de imitar o sucesso de Ron é concentrar-se em descobrir a próxima maneira eficiente de comercializar alguma coisa – qualquer coisa. Você pode até criar suas próprias frases de efeito e ser parodiado em *Saturday night live.*

ESCREVER VALE DINHEIRO

A maioria dos escritores de sucesso não fica rica. Poucos livros vendem muitos exemplares – a maior parte, menos de 10 mil. Com essa tiragem, se cada livro custar 20 dólares, os *royalties* podem chegar a 2 dólares por livro. O autor ganha 20 mil dólares pelo trabalho de quase um ano e continua pobre. Pense em livros sobre o mercado de ações, que é o tema da maioria dos que escrevi. Um livro sobre o mercado de ações que estoura na praça pode chegar a vender 200 mil exemplares. Talvez sejam publicados uns dois todo ano, no máximo, e eles vão aparecer na lista dos *best-sellers* do *New York Times* da mesma forma que o meu de 2007. Mas 400 mil dólares em *royalties* não são suficientes para enriquecer ninguém. Isso antes das despesas associadas a sua promoção.

Os escritores que dão certo continuam produzindo seus *best-sellers* para manter a renda e depois seguem "A rota mais usada" (Capítulo 10). Monstros da categoria como James Michener estão estatística e simplesmente fora da curva normal do sucesso. Você tem todas as probabilidades de se tornar o próximo Babe Ruth. Os romancistas que ficam muito tempo na lista dos 10 mais vendidos acumulam entre 5 e 30 milhões de dólares ao longo da vida. Eu sei porque dois deles são clientes meus. Mas é tudo. Legal – mas nada absurdamente grande.

A não ser que você assuma uma outra forma. Stephen King, por exemplo, vai ganhar dinheiro pelo resto da vida com os *royalties* de *O iluminado* – do filme, não do livro, e com as refilmagens posteriores, pré-continuações ou histórias que contam eventos acontecidos antes daqueles já conhecidos do público, continuações, refilmagens de pré-continuações e continuações, reimpressões, edições especiais em conjuntos de DVD em caixas etc. Isso também pode dizer de *Christine, Conta comigo, O cemitério maldito, Um sonho de liberdade* e *À espera de um milagre* – para citar apenas alguns. Seus *royalties* em livros vão bem, obrigado, mas ele ganha exponencialmente mais com direitos de reprodução quando suas histórias macabras são usadas em um filme de cinema ou tevê e depois é alugado interminavelmente pela Netflix.

Será que ele pretendia escrever livros que se traduzissem facilmente em filmes de duas horas? Não sei. Mas, certamente, evoluiu até chegar aí.

Stephen King pode ser rei, mas a rainha é J. K. Rowling (aliás, ela está mais rica que a rainha da Inglaterra). J. K. "Jo" Rowling inventou o mundo mágico de Harry Potter e um fluxo mágico de dinheiro. Só a série de filmes rendeu-lhe 3,5 bilhões de dólares até agora – e há mais dois no forno. Atualmente, o patrimônio líquido de Rowling é de 1 bilhão de dólares, o que significa que ela é o 1.062º ser humano mais rico do planeta.[3] Seus livros continuam vendendo. Mas sua grana vem mesmo é dos filmes, DVDs, intermináveis merendeiras, salgadinhos, mochilas, bonecos, pranchas de skate, papel de parede, lápis, fantasias para a festa de Halloween, pratinhos descartáveis de papel, pijamas e o diabo a quatro com a imagem de Harry Potter. Se o seu produto for inanimado e voltado para as crianças, tem uma estampa com a cara do Harry Potter – e Rowling ganha toda vez que ele é vendido. Uma simples merendeira é vendida no varejo a mais ou menos 5 dólares. Decorada com Harry e seus amigos, custa 25 dólares. *Isso* é monetarizar sua criação.

••➡ Imagine como monetarizar sua criação.

Se você vai escrever – e quer ficar rico – pense em merendeiras. Depois deste livro, vou começar o próximo: um romance de aventuras feito para o cinema baseado em crianças de 10 anos que roubam dinheiro de seus vizinhos bandidos, são pegas, fogem e tornam-se uma febre internacional do ramo da espionagem, salvando o mundo de vigaristas e deixando implícito (mas não vai aparecer nada) que faziam sexo com outras crianças para parecerem pré-adolescentes sensuais. Batizado de *The ten roads to success* [As dez rotas para o sucesso], vou estampar todas as merendeiras dos Estados Unidos com imagens de heróis de histórias de aventuras. Tudo de brinquedo! Mas, falando sério, sua chance de ganhar rios de dinheiro aumenta verticalmente se você pensar em "merendeira" e planejar vendas para um mercado constante de peças e acessórios de produtos seus.

Você não precisa ter um êxito da mesma escala de Rowling. Helen Fielding ganhou muito dinheiro com um livrinho baseado em outro texto, escrito por outra autora que nunca ficou rica – Jane Austen. Apesar disso, Fielding vai ganhar durante anos a fio com os livros e filmes de Bridget Jones, e com os remanescentes da Netflix. Nenhuma Rowling, mas está rica segundo os padrões da maioria. Para a maior parte dos artistas, escrever é um ato de amor, não um caminho para a fortuna. Quanto a mim, já estou rico. Adoro meu trabalho cotidiano, e é por isso que fiquei rico. Escrevo porque gosto. Esse é o principal motivo pelo qual a maioria dos autores escreve (sou brutalmente indelicado na hora de ajudar você a tomar um caminho mais lucrativo). Simplesmente ninguém além de J. K. Rowling entrou na lista de bilionários da *Forbes* só escrevendo. Isso não significa que você não pode escrever e ficar rico – mas só escrever não vai fazer você ganhar zilhões.

Um trocado por uma canção

Compor música é melhor do que cantar ou ser instrumentista. Basta juntar uns versinhos rimados e uma melodia que "pegue". Os cantores e instrumentistas são pagos por disco e ganham uma boa grana enquanto estão fazendo suas turnês. Precisam de um talento infinito (ver o Capítulo 4) e não recebem renda futura. É por isso que até megaestrelas como Whitney Houston podem acabar na miséria (o consumo de drogas não ajuda), e é por isso que Barbra Streisand se cobre de poeira fazendo turnês com intervalos de poucos anos. Elas não têm renda futura.

Alguns cantores e instrumentistas também compõem. Mas muitos compositores ricos não se apresentam em público (ou não muito), não sofrem a tensão pessoal que as celebridades têm de suportar e têm uma vida de prateleira mais longa que os cantores e instrumentistas – e podem até nem ter muito mais talento que escritores de livros que nunca ganham muito dinheiro. Denise Rich, por exemplo, sobrenome de solteira Eisenberg, nunca se apresentou em público. Mas Rich está rica e bem mais que quase todos os músicos que não são compositores. Todo mundo sabe que ela ganhou dinheiro proveniente de *dois* caminhos – a carreira de compositora e seu divórcio depois de um bom casamento (Capítulo 5) com o megarrico Marc Rich (patrimônio líquido de 1,5 bilhão de dólares).[4]

Além de seu casamento desfeito com o senhor Rich (o consultor de mercados futuros que é amigo dos Clinton e que fugiu dos Estados Unidos para evitar acusações de sonegação de impostos, e ex-fugitivo perdoado por Bill Clinton em seu último dia de mandato),[5] ela fez uma carreira maravilhosa como compositora, chegando a ganhar o Prêmio Grammy. Ela compôs para

Aretha Franklin, Mary J. Blige, Celine Dion, Diana Ross, Donna Summer, Luther Vandross, Marc Anthony e Natalie Cole, para citar apenas alguns artistas.[6] Ela ainda está compondo grandes sucessos para estrelinhas jovens como Mandy Moore e Jessica Simpson. Suas músicas são gravadas, regravadas, recebem novos arranjos, trechos delas são retirados como amostras e ainda tocam no rádio todo dia. Toda vez, ela é paga. O cantor é pago só uma vez! É melhor compor que cantar.

O que você pode ganhar como compositor? O governo norte-americano determina que os compositores recebam 9,1 centavos de dólar por unidade vendida. Portanto, se você compuser uma música de um disco que vai vender um milhão de cópias, você ganha 91 mil dólares. Se você compuser todas as músicas – umas doze – essa quantia pode ser mais de 1 milhão de dólares. Os compositores também são pagos quando a música é tocada no rádio, usada em filmes de tevê ou cinema, ou baixadas na internet.[7] Toda vez! Desde "Frankie", o primeiro grande sucesso de Denise Rich, gravada pela Sister Sledge, e depois dos prêmios do American Song Festival, ela passou a ter um patrimônio de 125 milhões de dólares[8] (aspirantes a compositor podem encontrar referências em MusesMuse.com e SongWriter101.com – esses sites dão os detalhes dos torneios, festivais e agentes a quem apresentar suas músicas para ganhar dinheiro, para ser aplaudido, ou ambos).

Isso não exige que você seja cantor ou instrumentista nem que tenha algum outro talento. São necessárias qualificações simples como a de criar melodias simples e uma prosa poética que "pegue" fácil. E, depois, exige a capacidade de vender, para vender a sua produção a quem pode gravá-la. Como em muitos outros caminhos, a questão-chave é vender. Em seguida, assim que um talento gravar sua música, você tem de vendê-la muitas e muitas vezes de novo para uso futuro residual. Os compositores que monetarizam sua renda são tão bons vendedores quanto quaisquer outros.

Essas pessoas têm uma carreira longa. Richard Rodgers e Oscar Hammerstein não se apresentam em público, mas criaram algumas das músicas mais memoráveis do século XX. Irving Berlin, Jerry Herman, Stephen Sondheim Sir Andrew Lloyd Webber (patrimônio líquido de 1,6 bilhão de dólares),[9] todos eles tiveram uma carreira longa (e rios de dinheiro) compondo. Sim, Neil Sedaka cantou algumas de suas músicas, mas ficou famoso e era mais bem pago por sua carreira de compositor, que durou décadas, e incluiu grandes sucessos como "Love will keep us together", com Captain & Tennille. Carole King, como Sedaka, também se apresenta em público, mas compõe mais – grandes sucessos para artistas como Bobby Vee, Aretha Franklin, Dusty Springfield e Barbara Streisand, e "You've got a friend", para James Taylor. Ainda compõe aos 66 anos e pedrada.

A carreira do compositor é mais parecida com a carreira do mundo dos negócios, infinitamente menos autodestrutiva, mais lucrativa, mais duradoura e mais previsível na hora de planejar e construir. Meu editor achava que esta seção devia fazer parte do capítulo sobre os ricos e famosos. Discordei. Poucos são tão famosos assim, embora frequentemente sejam muito mais ricos. Você não precisa começar tão jovem e não precisa de talento para se apresentar em público. Esta seção tinha de aparecer em algum lugar e, para mim, é melhor aqui – essas pessoas são geradoras de renda perfeitas.

O dinheiro dos clones

Neste caminho, ninguém supera o talento de George Lucas, o mestre jedi, para ganhar dinheiro – seu patrimônio vale 3,9 bilhões de dólares.[10] Lucas também se qualifica como fundador-presidente que financiou sua ascensão com o próprio capital. Depois do sucesso de *American graffiti,* que ganhou o Oscar, Lucas deu uma guinada. Sim, ele fez *Guerra nas estrelas.* Mas aqui ele entrou em nosso caminho, algo que os diretores não haviam feito ainda – criou um fluxo de caixa futuro. Para convencer a 20th Century Fox a fazer *Guerra nas estrelas,* Lucas usou como isca os honorários de 40% da bilheteria e dos direitos de *merchandising.* Para a Fox, se o filme de Lucas para crianças desse com os burros n'água, não ia doer muito. E quem se importava com direitos de *merchandising*? Ninguém ganhava dinheiro com isso. A Fox mordeu.

Lucas criou Yoda, a Estrela da Morte e Wookie, mas também algo mais valioso: *merchandising* no cinema. Os brinquedos, merendeiras, bonecos e recursos publicitários casados não existiam antes de Lucas e de *Guerra nas estrelas.* Lucas (com seu amigo Steven Spielberg, patrimônio líquido no valor de 3 bilhões de dólares) descobriu como monetarizar personagens de um modo que ninguém imaginara antes. Acharam que as crianças iam querer reencenar seus filmes com bonecos de plástico de 15 cm de altura. Essa é a essência do que os inventores fazem. É o que Rowling e King fazem, é o que Popeil fez, o que Denise Rich fez – criaram experiências pelas quais as pessoas pagam para ter um pouquinho. Se você for criativo, também pode conseguir. É só descobrir o que ainda não foi monetarizado até agora.

Você pode percorrer o caminho convencional da invenção, da composição de músicas ou de escrever livros para o cinema. Você faz o que muitos fizeram antes, só que ligeiramente diferente, e certifica-se de que vai conservar todos os direitos futuros. Ou, então, você pode tomar o caminho revolucionário e fazer o que não foi feito antes, como Lucas, talvez pela internet, pelo celular ou pela próxima plataforma que ainda nem imaginamos qual será. Cabe a você imaginar, não a mim.

As possibilidades são infinitas. Um conselho: tenha como alvo o público mais amplo possível – uma adaptação tão ampla quanto possível. Se não isso, então algo diferente, mas vital para algo igualmente desejado ou necessário de maneira igualmente ampla. Quanto menor o seu foco, mais estreito o seu caminho e menor a sua fortuna.

> ••➔ Para ganhar rios de dinheiro, descubra o que você pode monetarizar que ninguém ainda monetarizou.

PENSÕES POLÍTICAS – E BOAS NOTÍCIAS

Você quer um público realmente grande? E uma renda inventada sem nenhuma ligação com a economia? Tente a política! Cultive bem essa seara que os contribuintes vão lhe encher os bolsos de dinheiro... em troca de nada! Fato: coletivamente, os políticos não mostram capacidade ou competência para contribuir de fato para nossa economia. A maioria nunca tomou nenhum caminho para a fortuna (exceto dar o golpe do baú, e alguns como piratas). Poucos construíram, inventaram, criaram, lideraram, geraram, administraram, aperfeiçoaram ou inovaram. No entanto, a maioria acaba riquíssima – renda inventada.

Não espero que você chegue à presidência da República, mas pense bem nos Clinton. Eu gostaria que você soubesse como foi que a política deu certo para eles. Estavam completamente quebrados quando saíram da Casa

Branca, mas agora seu patrimônio líquido vale 34,9 milhões de dólares.[11] Como? Antes da Casa Branca, sua vida não era muito lucrativa. Bill nunca fez nada de extraordinário economicamente. Hillary era uma advogada pouco importante, com um êxito modesto na carreira intermitente, amarrada à programação da campanha de Bill e interrompida pela Casa Branca. Seu último ano na profissão viu uma renda de somente 200 mil dólares.[12] O salário de governador de Bill era só de 35 mil dólares.[13] Se tivessem economizado sua renda anterior aos impostos (uma estimativa exagerada) e investido com sabedoria, teriam só uns 3,6 milhões de dólares ao entrar na Casa Branca, no melhor dos casos.

Como presidente, Bill ganhava 200 mil dólares por ano, mais benefícios.[14] No entanto, eles pagavam honorários a advogados em razão da batalha dos Clinton contra o *impeachment,* para resolver os problemas incessantes de Bill com as mulheres e os consertos malfeitos do negócio das terras Whitewater, a incursão suspeitamente lucrativa de Hillary em futuros de gado, Travelgate, Filegate e mais ou menos 127,72 outros "gates". Eles saíram da Casa Branca com uma dívida de aproximadamente 12 milhões de dólares em honorários de advogados.[15] Se tivessem economizado o salário de Bill e investido com sabedoria, somando isso a nossas estimativas anteriores exageradas, depois de pagar seus advogados eles *ainda* teriam, no melhor dos casos, mais de 3 milhões de dólares ao todo![16]

A resposta é óbvia – eles economizaram parte dos 109 milhões de dólares que ganharam com livros e honorários de conferencistas desde 2000.[17] Existem poucas carreiras mais lucrativas que de "ex-presidente da República". Você recebe 150 mil de dólares só para falar![18] E os contribuintes enchem os seus bolsos.

Renda presidencial – siga a pista do dinheiro!

O congresso norte-americano aprovou a Lei do Ex-Presidente (LEP) em 1958, que dá a ex-presidentes uma pensão vitalícia com correção monetária relativa à inflação – atualmente, 186.600 dólares por ano – isenta de impostos![19] Com o ajuste fiscal, correspondem a 311 mil dólares. Para gerar uma renda dessas, você precisa de um portfólio bem administrado próximo dos 8 milhões de dólares, de modo que eles conseguem "proteção" e "ajuda de custo" – uma equipe e um espaço "adequado" (isto é, um espaço caro). Isso é dinheiro vivo. Em relação a 2007, foram 2,9 milhões de dólares para cobrir todas as despesas relativas à LEP.[20] Em outras palavras: nossos três ex-presidentes recebem 967 mil dólares cada! Isentos de impostos! Isso dá mais de 1,6 milhão de dólares com o ajuste fiscal, exigindo um portfólio bem administrado de mais de 40 milhões de dólares cada!

No orçamento de 2008, os ganhos de Clinton subiram para 1,162 milhão de dólares (1,9 milhão de dólares com os ajustes fiscais e um portfólio de 48 milhões de dólares).[21] Bem, os ex-presidentes têm despesas "de transição" para facilitar a volta ao mundo "real". Quanto? Em 2001, o congresso norte-americano aprovou 1,83 milhão de dólares (ISENTOS DE IMPOSTOS), *além* do espólio de guerra usual destinado aos Clinton.[22]

Mas os ex-presidentes têm outras fontes de renda. Você pode participar de diretorias de empresas – uma participação remunerada –, em tantas quantas quiser. Gerald Ford ganhou muito dinheiro com isso (e também com conferências pagas – é impressionante como alguém que os votos tiraram da Casa Branca e que ninguém estava muito a fim de ouvir quando era presidente, de súbito, tem um público ouvinte). Você pode receber como consultor de contratos, como Clinton recebe do bilionário Ron Burkle (patrimônio líquido de 3,5 bilhões de dólares).[23] Contratar um ex-presidente é uma tentativa mal disfarçada de pagar pedágio para entrar nos lobbies. Ninguém tem relações sociais melhores que um ex-presidente. Deixe-me resumir. Os Clinton passaram de, no mínimo, 3 milhões de dólares (e provavelmente mais) ao todo em 2001 para um valor líquido de 35 milhões de dólares sete anos depois.

JÁ QUE VOCÊ NÃO PODE SER PRESIDENTE...

É preciso ressaltar que poucos têm cacife para se candidatar à presidência da República e ganhar. Apesar disso, você não está excluído de uma vida inteira de renda política inventada – torne-se um membro do Congresso! O salário inicial é de 169.300 dólares por ano (em 2008).[24] E você não precisa fazer nada no Congresso. Claro, para conseguir uma grana alta você abre caminho às cotoveladas. Consiga um cargo de liderança que a renda salta para 183,5 mil dólares. O porta-voz da Casa Branca ganha 217.400 dólares.[26] Está ótimo para Nancy Pelosi (com um patrimônio líquido de 86 milhões de dólares, Nancy está em nono lugar entre os parlamentares mais ricos da Casa Branca!).[27] Além disso, ganham um ajuste anual ao custo de vida. E também recebem benefícios na área de saúde e um rico plano de aposentadoria para o qual atualmente você precisaria de, no mínimo, 1,5 milhão de dólares para se equiparar – e ao qual têm direito depois de trabalhar durante apenas cinco anos (só três eleições).[28]

Só pela graça da coisa, você pode examinar os demonstrativos financeiros de qualquer parlamentar no website do comitê de apropriações do Senado norte-americano <http://appropriations.senate.gov/senators.cfm>. É um vexame. Eles só podem publicar "faixas". Alguns demonstrativos têm mais de 300 páginas – eles precisam de espaço para se desculpar e atribuir parte de sua fortuna aos cônjuges, provavelmente para parecerem mais populistas. Por que é que eles não confessam francamente o que têm e não deixam de fazer a riqueza parecer indecente? Para evitar ficar confuso, visite outra joia de website, o OpenSecrets.org. Para saber quem está financiando quem e quem pega dinheiro onde. Esse website segue a pista do dinheiro para você. Resume demonstrativos financeiros pessoais desses políticos com outros detalhes picantes.

Riqueza política inexplicável

Uma questão sempre desagradável não quer calar – de onde é que vem o dinheiro que eles ganham? A maioria nunca contribuiu diretamente para o PNB, mas são ricos. Há exceções. Pense no segundo parlamentar mais rico da Casa Branca, Herb Kohl (democrata-Wisconsin), patrimônio de cerca de 225 milhões de dólares.[29] Esse patrimônio é resultado, principalmente, das mercearias e lojas de departamento Kohl – negócios que ele ajudou a construir. Ou em Mitt Romney (republicano-Massachusetts), com 202 milhões de dólares.[30] Ele fundou e vendeu uma empresa de consultoria muito bem-sucedida. Sabemos como é que o cara mais rico do senado, John Kerry (democrata-Massachusetts, patrimônio líquido de 314 milhões de dólares)[31] ganhou sua fortuna. Casou-se – duas vezes! É comum eles se casarem por dinheiro. A parlamentar mais rica da Câmara dos Deputados, Jane Harman (democrata-Califórnia, patrimônio líquido de 597 milhões de dólares)[32] também tomou o caminho do bom casamento, assim como John McCain.

Mas a maioria é político de carreira ou advogado. Exemplo: Jeff Bingaman (democrata-Novo México, patrimônio líquido de 24 milhões de dólares)[33] era advogado antes de se tornar senador em 1983. É improvável que ele tenha conseguido acumular tanto dinheiro com sua breve carreira jurídica. Ele se formou na Faculdade de Direito de Stanford em 1968. Dez anos depois era promotor-geral do Novo México – está na política desde então.

Ex-candidato à presidência pelo Partido Republicano, Rudy Giuliani passou a maior parte de sua vida adulta como funcionário do governo. Teve uma breve carreira de promotor antes de ser nomeado para a Promotoria-Geral dos Estados Unidos aos 26 anos, e acabou se tornando promotor-geral adjunto – o número três na hierarquia do Ministério da Justiça. Depois se tornou promotor-geral do Distrito Sul de Nova York e, claro está, da Cidade de Nova York – com um salário de 195 mil dólares. Beleza, mas o custo de vida em Manhattan é pela hora da morte. De onde será que veio seu patrimônio líquido de 52,5 milhões de dólares?[34] (Releia o que foi dito para acreditar.)

A senadora Olympia Snowe (republicana-Maine, patrimônio líquido de 28 milhões de dólares)[35] entrou na vida pública aos 26 anos. Além de ter uma fortuna inexplicável, casou-se com um colega parlamentar... duas vezes! Ou pense no ex-senador Bob Graham (democrata-Flórida) – na vida pública desde 1966. Primeiro, a Câmara dos Deputados; depois, senador de estado, governador, senador da República e, por fim, candidato à presidência (perdeu). Nunca, nunca contribuiu para o PNB – no entanto, tem uma fortuna de 8 milhões de dólares.[36] O senador Richard Shelby (republicano-Alabama, patrimônio líquido de 36 milhões de dólares)[37] entrou na política em 1963 e não teve um único dia honesto de trabalho desde então. O parlamentar Rodney Frelinghuysen (republicano-Nova Jersey, patrimônio líquido de 76 milhões de dólares)[38] pertence a uma longa linhagem de pessoas que mamou na teta pública. O caso mais impressionante é do ex-vice-presidente Al Gore. Dizem que ele deixou o cargo com 2 milhões de dólares. De algum modo, entre 2001 e 2008, ele conseguiu ganhar o suficiente para investir 35 milhões de dólares – líquidos – em vários fundos mútuos e outros investimentos privados. Dizem que seu patrimônio líquido é de 100 milhões de dólares![39] Saiu-se melhor que os Clinton!

Não tenho inveja do dinheiro de ninguém. A essa altura, você já deve ter percebido que não sou fã de políticos de nenhum dos dois partidos. Meu último livro explica o porquê, de modo que não preciso repisar o assunto. Conheci centenas de parlamentares e governadores. Eles se viram bem.

> •••➡ Mesmo sendo uma carreira lucrativa, pense bem antes de se tornar um político.

Eu não teria construído ou administrado a minha empresa não fosse por capitalistas como Bob Noyce e sua criação do circuito integrado, ou como Bill Gates e seu Windows – e muitos, muitos outros. Até Jack Kahl, com a Duck Tape, faria muita falta! Mas não consigo me lembrar de nenhum grupo de políticos que conheci ou sobre quem ouvi falar em minha vida sem os quais eu não poderia passar. Eles só se destacam em conjunto e mamam na teta do dinheiro público.

Como se dar bem na política

Como se vê, esse é um caminho lucrativo – por mais inexplicável que seja sua riqueza. Tome cuidado: a principal qualidade é saber mentir – para si e para os outros (é fácil saber quando os políticos estão mentindo – é quando abrem a boca. Eu adoraria que isso fosse uma piada).

Mas como ser eleito? Como nas outras rotas, comece pequeno. Identifique uma área em que a rotatividade política é alta. Mude-se para uma cidade de tamanho médio dentro dessa área – pequena, mas não a ponto de ser tacanha e grande a ponto de nem todos se conhecerem. É bom se os seus políticos tarimbados forem velhos ou se forem impostos limites aos mandatos. Estude as causas que abraçam e em que os cidadãos acreditam. É mais fácil em uma área que se incline claramente por um dos dois partidos – não importa qual. Depois, você precisa memorizar e regurgitar só um kit de mentiras de cada vez. Ajuda estudar o que o partido da oposição diz, pois assim você pode contar mentiras que os ridicularizem também. Seus eleitores vão adorar esse tipo de coisa.

Com suas mentiras na ponta da língua, concorra a uma vaga de vereador. Diga aos eleitores o que eles querem ouvir. Acuse a oposição por tudo o que houver de mal. Declare que você é o futuro – que você consegue *ver* o futuro. Diga que fez uma coisa importante no lugar de onde você veio sem tê-la feito, mas que eles não possam provar que você não fez. Nesse nível da política, as pessoas com quem você está concorrendo não são manhosas. Provavelmente têm boas intenções e se preocupam sinceramente com os interesses da comunidade. Portanto, ajuda bem esse não ser o seu caso. Neste livro, é só aqui que a desonestidade compensa.

Três anos depois você concorre ao cargo de deputado. O mesmo jogo, os mesmos idiotas, mais incompetência, mais maracutaias. Seis anos depois, candidate-se a uma vaga no Senado. O tempo todo você vai trabalhar com textos decorados, baseados naquilo que você sabe que eles querem ouvir. É muito mais fácil do que dar certo como um ator legítimo, porque o público não é tão perspicaz. E eles vão ter de eleger alguém. Você pode não acreditar, mas basicamente está certo. Siga esses passos que não vai mais precisar fazer nada de útil pelo resto da vida. É uma renda inventada e bem maior que aquela que se consegue assaltando bancos!

AS INVESTIDAS DOS INSTITUTOS DE PESQUISA – O GOLPE DAS CRUZADAS

Um desdobramento da renda política é fundar um instituto de pesquisa. Trata-se de uma forma diferente de inventar renda política. Os institutos de pesquisa são aquelas instituições sem fins lucrativos nas quais os astros são um ou dois indivíduos carismáticos – que estão defendendo uma "causa". O instituto aceita doações "sem fins lucrativos" para que o líder (ou líderes) tenha condições de pensar e escrever seus pensamentos nobres sobre o tema da cruzada que escolheu, pagando salários régios a si mesmo. Talvez esses líderes façam "pesquisa", que consiste em fazer perguntas sobre seus pontos de vista a outras pessoas que pensam como eles e, depois, concluir que os membros do instituto estavam certos o tempo todo. A chave: é um caminho sem fins lucrativos, mas garante um fluxo de renda futura – a você.

O objetivo do instituto de pesquisa é institucionalizar uma causa defendida por gente que pensa como você e adquirir credibilidade por criar uma estrutura empresarial a sua volta. Quem financia os institutos de pesquisa acha que está contribuindo para uma causa importante – que o seu instituto de pesquisa vai fazer diferença com reflexões, pesquisas e publicações. Entretanto, na verdade, criam um salário para os fundadores dos institutos de pesquisa e colaboradores seletos.

O instituto de pesquisa defende um número infinito de causas, como mercados livres, ou ajuda os oprimidos, mas no fundo são semelhantes. Pense, por exemplo, no reverendo Jesse Jackson. Embora Jackson tenha declarado certa vez que tem uma renda anual de 430 mil dólares,[40] sua situação financeira é um segredo muito bem guardado. Parte desse mistério se deve ao fato de várias de suas instituições sem fins lucrativos serem religiosas, de modo que não preenchem formulários de impostos. É prerrogativa sua manter segredo – suas contas não são da conta de ninguém! (Bom, talvez o pessoal do imposto de renda pense isso.) Mas por que as pessoas se envergonhariam de ter uma renda polpuda?

Entre as instituições sem fins lucrativos de Jackson temos a People United to Serve Humanity (PUSH) e o Citizenship Education Fund (CEF). E, em 1996, ele criou a Rainbow/Push como instituição *com* fins lucrativos.[41] Suas fundações têm o objetivo de atrair capital empresarial para empresas de mulheres ou de minorias, além de oferecer vários outros serviços. Com o passar dos anos, vários grupos (inclusive o Ministério da Educação) declararam que as instituições de Jackson são vagas na hora de explicar como os seus fundos são gastos. Jackson já entrou e saiu de batalhas jurídicas relativas a declaração de impostos.[42] A estrutura do instituto de pesquisa, por mais elevada que seja a causa que defende, gira em torno do dinheiro – em torno da invenção de um fluxo de renda.

Há instituições sem fins lucrativos e institutos de pesquisa dos mais variados tipos. No lado liberal, temos John Podesta, ex-chefe de estado-maior de Clinton, e seu Center for American Progress. Outro membro da equipe de Clinton, Bob Reich, cofundou o Economic Policy Institute. Ambos promovem uma agenda "progressista" de "prosperidade geral". Conservadores, mas parecidos, são William Bennet e Jack Kemp que, por meio de sua Empower America, há muito tempo se pagam mais de 1 milhão de dólares por ano cada. A lista é longa. Você pode encontrar todos os institutos de pesquisa que quiser no Google. Você já sabe que não gosto desse caminho, mas ele dá dinheiro.

Para encerrar, eu gostaria de dizer que meu editor acha que eu não devia escrever sobre políticos porque muitos leitores têm aqueles a quem amam ou detestam, e é provável que eu acabe ofendendo alguém. O fato é que este livro fala sobre formas de enriquecer, e não sobre o que ofende ou não ofende o leitor. Admito que a invenção de renda futura dos políticos não é exatamente como as outras deste capítulo. Contudo, pode garantir, e garante mesmo, uma vida inteira de rendimentos, às vezes, colossais para aqueles dispostos a irem atrás dela e a construí-la devidamente. Eu tinha de pôr esses caras em algum lugar, e o único para o qual eu achava que deviam ir era para o inferno. Portanto, cá estão eles.

Em síntese: se você quiser inventar renda ao mesmo tempo em que contribui para o mundo, invente uma nova vacina para alguma doença, um novo fenômeno de marketing ou, então, componha músicas ou escreva livros para o cinema. Se você só quer mamar na teta pública, a política está a sua espera. Seja como for, você preserva todos os direitos.

Leitura monetarizada

Para inventar e esquecer – como Ron Popeil – e conseguir uma renda futura garantida, faça antes o seu dever de casa. Os livros apresentados a seguir podem ajudar você a construir seu fluxo anual permanente de dinheiro:

- *Patent it yourself* [Patenteie você mesmo], de David Pressman. Se você tem uma ideia sensacional que pode lhe oferecer uma renda pelo resto da vida, garanta que ninguém vai roubá-la de você depois de ler este livro e conseguir a patente.
- *The complete guide to direct marketing* [O guia completo para o marketing direto], de Chet Meisner. Um bom manual de instruções para você se tornar parecido com Ron Popeil e levar diretamente sua mensagem para as massas de forma mais barata e eficiente. Este livro mostra meios e métodos de marketing direto.
- Se você quer escrever, leia *The screenwriter's bible* [A bíblia do roteirista de cinema], de David Trottier. Tudo bem com os livros, mas o dinheiro está nas merendeiras e nos bonequinhos. Portanto, escreva e faça seu próprio roteiro, depois venda-o. Este livro ensina como.

••➡ Para ganhar dinheiro com a política, você precisa ser um mentiroso convincente. Para isso, leia *How to lie with statistics* [Como mentir em estatísticas], de Darrell Huff. Uma pérola – mostra a facilidade com que a estatística pode ser manipulada. Depois, pegue estatísticas pouco alarmantes da economia e distorça várias delas para obter seu ganho pervertido.

••➡ Guia para **inventar renda**

A maneira de ganhar 1 milhão de dólares nessa rota é começar com uma ideia de 1 milhão de dólares. Aqui tudo gira em torno da imaginação que se transformou em um fluxo crescente de renda futura.

1. *Escolha um talento e atenha-se a ele.* Se você não sabe cantar, não vai poder ser um Beatle. Se você sofre de bloqueio intenso como escritor, provavelmente não vai ser a próxima J. K. Rowling. E se você tem algum resquício de decência, não vai acabar sendo um senador rico. É assim que as coisas são. Ficar rico nesse caminho é tão simples quanto ter uma ideia supermaravilhosa e patenteável. O mais provável é que você tenha de investir no seu talento durante anos a fio antes dos polpudos honorários da patente começarem a entrar.
2. *Faça de tudo para que dure. Guerra nas estrelas* e *Harry Potter* vieram para ficar – os temas contidos são amplos e permanentes. Blocos de papel autoadesivo também. Mas seja quem for que tenha inventado a fita cassete, foi engolido pela tecnologia que a sucedeu. Sabemos que sempre vamos ter políticos, de modo que essa é uma rota duradoura.
3. *Monetarize.* Lucas conseguiu com os bonequinhos de *Guerra nas estrelas.* Descubra alguma coisa que você quer imortalizar, dê um jeito de ela ter muitos admiradores ou de construir vendas sequenciais, como Popeil, e garanta seu direito a uma parte delas. Não precisa ser nada material – experiências também podem ser monetarizadas. Ouvir uma melodia fácil de lembrar, esquecer um cônjuge horroroso e sentir como se "seu homem" estivesse ali a sua espera.

4. *Patenteie ou proteja de alguma outra forma.* Depois de encontrar seu nicho, fazer sua descoberta, escrever seu romance ou traçar planos para o próximo grande orçamento, proteja sua criação. Patenteie ou garanta os direitos autorais de algum outro jeito. Seja seu proprietário. Nunca venda.

   Preencher um formulário para patentear alguma coisa não é difícil. Acesse o website de patentes dos Estados Unidos: <www.uspto.gov>*. Lá você é pego pela mão e orientado ao longo de todo o processo. Há formulários que você pode imprimir e mandar, bem como uma lista de honorários. Para garantir os direitos autorais de algo que você tenha escrito, acesse o US Copyright Office: <www.copyright.gov>** para baixar os formulários de que vai precisar. Você vai pagar só 45 dólares por criação.
5. *Faça marketing e merchandising.* Sua inovação ou invenção podem transformar o mundo, mas se ninguém a conhecer, você não vai lucrar. Aproveite outra dica do pioneiro Ron Popeil e seja seu próprio porta-voz.
6. *Planeje o futuro.* Depois de conseguir uma fonte de renda, descubra o que fazer para não perdê-la. Conheça bem a estrutura de sua renda – ela é garantida? Por quanto tempo? De que forma seu contrato pode ser rompido? Alguma coisa melhor poderia suplantar sua criação e, por isso, tornar-se sua fonte de renda? Manter constante o seu fluxo de renda pode significar guardar algum dinheiro no banco para alguma eventualidade futura. E, sim, até mesmo fazer um orçamento e ater-se a ele.

---

* No Brasil, temos o site do Instituto Nacional da Propriedade Industrial – INPI: <www.inpi.gov.br>. (N. T.)

** No Brasil, acesse o site da Fundação Biblioteca Nacional – FBN: <www.bn.br/portal/>. (N. T.)

9 Vencendo os barões imobiliários

Sonha em construir arranha-céus?
Em receber aluguéis?
Você poderia ser um barão imobiliário.

Os Estados Unidos são uma terra de magnatas imobiliários – quase 70% dos norte-americanos têm casa própria! Não deixe o estardalhaço residencial recente dissuadi-lo – há uma grana colossal na rota dos barões imobiliários.

Assim como as outras rotas, essa não é fácil. Os barões imobiliários bem-sucedidos têm um bom faro para encontrar um terreno apetitoso para o qual ninguém dá a mínima e investidores bem dispostos. Têm a visão estratégica dos fundadores de empresas que tiveram êxito. Essencialmente, são fundadores. Se você não conseguir traçar um plano realista e praticável, provavelmente não vai se dar bem nessa rota.

A verdade? A longo prazo, os lucros imobiliários não são grandes – só 5,8% desde 1964.[1] Mal compensam a inflação! Como é que Sheldon Adelson (28 bilhões de dólares), Kirk Kerkorian (18 bilhões de dólares), Donald Bren (13 bilhões de dólares), Sam Zell (6 bilhões de dólares) e "o Donald" (3 bilhões-Trump de dólares)[2] conseguiram ganhar esses rios de dinheiro? Alavancagem!

Aprenda a amar a alavancagem. Os retornos são superlucrativos.

Eles pegam dinheiro emprestado! Se for benfeita, a alavancagem supermultiplica os lucros. Se for malfeita, as perdas e as humilhações são maciças

– arrasadoras. Fazer empréstimos não é arriscado? Claro que é, se você fizer a coisa errada. Mas esse caminho requer alavancagem. Se você tem aversão a contrair dívidas, pare agora e tome outro caminho. Ou, então, vença o medo das dívidas. Aprenda a amar a alavancagem para obter o sucesso de um barão imobiliário.

A mágica

A mágica funciona da seguinte forma: digamos que você aplique 5% em uma propriedade que vale 100 mil dólares – 5 mil dólares. Daqui a cinco anos, você a vende por 125 mil dólares. Ora! Um ganho de 25%, só 4,6% ao ano. Mas não! Você só imobilizou 5 mil dólares – aquele ganho de 25 mil dólares corresponde, na verdade, a 500%, com 43,1% ao ano. Mágica! Sim, você pagou juros pela dívida – todos nós pagamos. E se o valor caiu e você perdeu seus 5 mil dólares? A alavancagem funciona em ambas as direções. A chave é encontrar um bom valor que você possa monetarizar e que os outros não queiram. Você precisa transformar a propriedade em uma máquina de ganhar dinheiro, monetarizando-a.

MONETARIZE

Vou explicar como. No entanto, antes, quero me desobrigar de responsabilidades: não sou um barão imobiliário. Sim, tenho mais de 100 milhões de dólares em imóveis, a maioria edifícios usados pela minha empresa. Mas minha mulher Sherri é que é a baronesa imobiliária da família.

Em 1999, dois homens compraram o imóvel situado no número 1450 do Fashion Island Boulevard, naquela época, um prédio de escritórios classe A com 15 anos de idade e 3.500 m^2 em San Mateo, Califórnia, na intersecção das vias expressas 101 e 92 – a encruzilhada da península de São Francisco que conecta essa cidade ao Vale do Silicone e à península da East Bay. Localização perfeita – quase nenhuma sala vaga em 1999. Eles pagaram 31 milhões de dólares, depois de fazer um empréstimo de 25,5 milhões de dólares por meio de uma nota promissória do Credit Suisse First Boston Mortgage Capital LLC. O Vale do Silicone estava passando por um *boom*, os aluguéis eram caros, os edifícios de escritórios estavam cheios e as empresas virtuais, com as burras cheias de dinheiro, estavam alugando um espaço para expandir do qual acabariam nunca precisando (mas não sabiam disso na época).

Minha empresa estava crescendo. Cinco anos antes, Sherri tinha construído o que era e continua sendo nossa sede no fim do mundo: o topo de uma montanha da Bay Area, com 650 metros de altura, em um lugar do qual você jamais suspeitaria. Uma joia na floresta, cercada em três lados por milhares de acres de terras públicas – ar limpo e quilômetros e quilômetros de vista do oceano Pacífico. Ela o expandiu duas vezes, mas em 2000 já havíamos ocupado todo o alto achatado dessa montanha espetacular – que era do tamanho de um ovo. Precisávamos de mais espaço em outro lugar. Sherri escolheu San Mateo – a vinte minutos de distância. Os aluguéis eram caros, e o espaço, apertado. Ela não podia gastar muito com os aluguéis. Entretanto, quando a bolha tecnológica explodiu, surgiu um espaço para ser sublocado. Em 2002, ela conseguia aluguéis de um ano para todo o espaço de escritórios classe B que quisesse a preços razoáveis.

Em 2004, o número 1450 do Fashion Island Boulevard estava inadimplente, os procedimentos da ação executiva estavam começando e um novo recebedor havia sido nomeado. Os homens que o compraram também eram donos de outros prédios de escritórios – todos alavancados e todos com a corda no pescoço. Não tinham nada para reinvestir no 1450 para atrair inquilinos, de modo que o número de salas vagas do prédio continuava aumentando. Seu principal inquilino fora embora, deixando-os em uma situação dificílima. O proprietário da nota promissória resolveu vendê-la em um leilão fechado, no qual os licitantes não saberiam o preço que outros licitantes estavam oferecendo. Compradores potenciais fariam ofertas iniciais em termos amplos como prova de seu interesse, e, a partir desse grupo, o vendedor definiria um grupo menor que teria permissão de fazer o difícil lance final. O vendedor não precisava vender pelo lance mais alto. Um preço ligeiramente mais baixo poderia vencer se oferecesse termos melhores.

Os termos são tão importantes quanto o preço. Termos significam quanto do preço é em dinheiro vivo, a taxa de juros sobre uma oferta que não seja em dinheiro vivo, um depósito para servir de entrada ao lance, quer o vendedor fique ou não com o depósito se o licitante der para trás, e que razões legítimas poderiam levá-lo a dar para trás (por exemplo: em geral, os licitantes especificam inspeções ao imóvel para ver se estão em condições satisfatórias, senão eles podem desistir do negócio). Além disso, tem-se a questão da velocidade do fechamento – com que velocidade você pode fechar um negócio –, porque os vendedores preferem um fechamento rápido (mais rápido significa menos risco para o vendedor). Os compradores institucionais costumam ter procedimentos internos que são obrigados a seguir e que limitam sua velocidade. O vendedor avalia todos esses termos.

Nessa época, tínhamos 400 empregados em San Mateo em salas alugadas por um ano e estávamos crescendo depressa. Os aluguéis de curto prazo deixam você vulnerável às altas das locações quando o mercado diminui. Sherri queria comprar a nota promissória do 1450 e, depois, como proprietária da nota promissória, executá-la e tomar posse do edifício (nunca contrario minha mulher; é penoso). Ela achava que, com minha formação comercial – em negociações difíceis, digamos assim –, eu poderia me sair melhor no leilão do que ela. Fred Harring, nosso consultor-geral, supervisionaria os detalhes práticos, porque ele é insuperável quanto aos detalhes de qualquer transação. Sou mais o cara da visão geral.

Um palpite feliz acabou se mostrando correto – que todos os outros licitantes seriam financeiras em busca de uma taxa de lucros baseada na definição do preço da nota promissória dos aluguéis existentes e nas proporções de salas vagas, proporções que não poderiam mudar muito naquele mercado com índices elevados de espaços vazios. Mas eu podia encher o prédio com meus empregados. A concorrência não poderia. Eu podia pagar mais porque tinha condições de monetarizar aqueles espaços vazios. Foi um ano depois que o mercado de ações chegou a seu ponto mais baixo. A recessão era recente. A tecnologia estava cambaleando. Com base em aluguéis, estimativas de proporções de salas vagas e taxas de juros, Sherri achou que os licitantes financeiros não poderiam pagar muito mais que 14 milhões de dólares.

Para vencer, eu precisava de uma prova inicial de interesse que os motivasse a me manter dentro do jogo para que eu pudesse fazer o lance final, o mais difícil. Pode parecer trivial, mas os vendedores institucionais preferem compradores institucionais a indivíduos como eu. Excluem os indivíduos, vendo-nos como gente esquisita, disposta a fazer coisas estranhas – como entrar em litígio. Eles detestam isso. Eu tinha de oferecer termos irrecusáveis.

Ofereci. Meu lance inicial foi de 13,5 milhões de dólares – um bom lance, mas muito pouco e, provavelmente, o mais alto. Eu não precisava ser o maior no começo; tudo quanto eu precisava era participar da segunda rodada. Quanto aos termos, prometi tudo em dinheiro vivo e uma entrada no valor de um terço do preço – e eles ficariam com aquilo tudo se eu ganhasse, mas não pudesse fechar o negócio. É uma enormidade. Em geral, em um negócio desse tamanho, as instituições oferecem um depósito que varia de 500 mil a 1 milhão de dólares. Portanto, se eu vencesse e desse para trás, eles ficariam com meus 4,5 milhões de dólares e poderiam revender a nota promissória – já tendo feito o favor de me aturar. Além disso, eu não exigi nenhuma inspeção. Sherri achava que era praticamente certo que os emprestadores institucionais da nota de 25 milhões de dólares cinco anos antes já tinham feito toda inspeção que era possível fazer. E, segundo o seu faro, nada tinha mudado. Também prometi fechar o negócio na hora em que eles quisessem.

Depois de oferecer termos dos sonhos de qualquer um, entramos no segundo páreo. Aqui mantive tudo idêntico, mas aumentei o preço para 15 milhões de dólares, só um pouquinho acima daqueles 14 milhões de dólares considerados antes. Não sei quanto os outros ofereceram, mas ganhamos. Com a nota na mão, Sherri ameaçou executá-la contra os donos do prédio, algo que poucos proprietários de notas promissórias fazem – um caminho complicado demais. Como Sherri adora complicações, em geral regadas a detalhes práticos, os donos deram-lhe a escritura em lugar da execução da nota.

As financeiras que compram notas promissórias não gostam de ser donas de prédios – só querem que sua nota lhes dê um bom lucro. Não sabem administrar prédios nem enchê-los de inquilinos. Nós, sim. Era a nossa vantagem monetarizadora. Sherri gastou quase 3 milhões de dólares na reforma do interior e na mudança do nosso pessoal para lá – ao todo, um investimento de 18 milhões de dólares. Com aluguéis entre minha empresa como inquilina e eu como proprietário, eu tinha um fluxo de caixa vivo de todo o prédio. Sherri estava começando a ter êxito e conseguiu que Goldman Sachs nos emprestasse 25 milhões de dólares com base nos aluguéis. Sherri ganhou

7 milhões de dólares líquidos com a transação – 39% de seus 18 milhões de dólares. Isso é que é um jogo de barão imobiliário. Você não consegue ganhá-lo a não ser que tenha dinheiro e inquilinos. Mas, se conseguir encontrar um edifício, encontre alguém com inquilinos, consiga financiamento – e depois faça um negócio que gere riqueza. A jogada é essa.

NEM TUDO O QUE RELUZ É OURO

As pessoas enganam-se. A alta vertical dos preços das residências antes de 2005 levou a um excesso de confiança. Se você tinha uma casa muito bem localizada, entre 2000 e 2005, na Califórnia, por exemplo, e os preços dobrassem, isso não significava que você era esperto – só que tinha sorte. Um bom barão imobiliário é ousado, mas não se ilude.

Eis aqui o ouro do tolo. Considere uma década e um lugar lucrativos – como o condado de San Mateo, onde fui criado. No dia 1º de janeiro de 1995, o preço médio de uma casa em San Mateo era de 305.083 dólares.[3] Digamos que você comprou com 20% de desconto (antes da quebradeira) mais 1% de custos de fechamento. A taxa em vigor era de 7,5% fixos para um financiamento de trinta anos, de modo que suas mensalidades eram de aproximadamente 1.700 dólares.[4] Pulamos para dez anos depois. Você vende por 763.100 dólares, o preço médio de 2005.[5] Paga os 184.091 dólares do saldo do financiamento (depois de quitar as prestações) para ter um ganho de 579 mil dólares. Subtraia seu pagamento. Você tem um retorno de 849% – 25,2% ao ano! É assim que a maioria das pessoas vê o setor imobiliário, mas estão redondamente enganadas.

Em primeiro lugar, em dez anos você pagou 60 mil dólares de principal. Temos de subtrair essa quantia – que deve constar como quitação de prestações; contudo, para ser curto e grosso, pegue o seu ganho, subtraia o pagamento feito *e* o principal, divida e você tem 379%, 17% ao ano. Mas esse financiamento não foi gratuito. Você pagou 247 mil dólares de juros. Nossa! Subtraia *essa* quantia, recalcule – são 174%, o que corresponde a 10,6% ao ano.

Ainda muito alto. A manutenção anual de uma casa em San Mateo custa em média 1.820 dólares (gás, água e outros detalhes sórdidos).[6] Talvez você a tenha reformado por 40 mil dólares e acrescentado um pátio por 15 mil dólares. Não se esqueça dos custos de fechamento de 1995 nem dos honorários do corretor de imóveis em 2005 (por volta de 5%). E ainda temos o imposto predial! Em San Mateo você paga 1,125% do valor de compra do imóvel – que aumenta em 2% todo ano. Depois de dez anos, isso corresponde a mais de 37 mil dólares.

••➡ Aprenda a calcular seus retornos da forma certa. Há custos que poucos consideram.

Nossa análise curta e grossa mostra um retorno cumulativo de 59%, 3,1% ao ano. Horroroso. A maioria das pessoas considera a casa própria seu maior bem. A verdade é que tudo gira em torno da alavancagem. Você pode se enganar facilmente. As pessoas dizem, "Espera, eu vou pagar aluguel se não tiver casa própria. Há um valor aqui". Certo! Mas o maior valor de sua casa é o teto sobre sua cabeça e a satisfação que ele lhe dá.

Comprar e vender imediatamente é para perdedores ferrados

Muita gente gosta de comprar e vender imediatamente depois, trocando o imóvel por um lucro rápido. Não faça isso. A verdade é que os verdadeiros barões imobiliários não fazem isso. Eles se concentram em uma taxa interna de retorno – obtendo lucros em dinheiro enquanto o imóvel valoriza.

Veja o caso de Timothy Blixseth (patrimônio líquido de 1,2 bilhão de dólares)[7]. Ele comprava para vender. Mesmo que agora ele tenha um sucesso absurdo, no começo deu com os burros n'água pra valer (lembra do que eu disse no Prefácio – que você pode se dar mal nesses caminhos algumas vezes e, mesmo assim, continuar lá?). Quando tinha 18 anos, Blixseth queria um jeito fácil de sair de sua adolescência pobre, de modo que usou as economias de toda a sua vida – mil dólares – como entrada em um terreno florestal do Óregon que ele viu em um jornal e que valia 90 mil dólares. Por que um terreno florestal? Ele vinha de uma cidade madeireira – achava que conhecia madeira. Pensou que acharia um comprador e venderia o terreno. Rápido. Prometeu ao vendedor pagar os 89 mil dólares restantes em 30 dias.

O vendedor sabia que Blixseth não tinha dinheiro nem investidores, e resolveu dar uma lição ao garoto – vender o terreno e, depois, cobrar o restante. Blixseth precisava urgentemente de um comprador. Por mais surpreendente que pareça, seu terreninho atraiu a Roseburg Lumber Company, uma empresa latifundiária. Blixseth entrou na jogada e pediu 140 mil dólares à Roseburg – uma quantia relativamente aleatória, mas com um lucro aparentemente gordo e rápido. A Roseburg topou. Mais tarde, Blixseth ficou sabendo que a Roseburg queria aquele terreno há muito tempo para ter acesso à estrada, mas o vendedor detestava o dono da Roseburg e foi por isso que agiu da maneira mais contrária possível a seus interesses.[8] A compra e venda imediata de Blixseth foi um golpe de sorte – nada mais.

Vitorioso, ele comprou mais para vender em seguida – a maior parte, terreno florestal. Comprou pedaços com entradas mínimas, que vendeu logo para madeireiras. Blixseth ficava com os documentos de posse dos terrenos só por alguns minutos.[9]

••➡ Comprar para vender imediatamente é o caminho dos perdedores.

Ele foi destruído pelas taxas de juros astronômicas da década de 1980 e faliu completamente. Perdeu tudo. Aprendeu a lição e não comprou mais para vender em seguida. Começou de novo, construindo outro portfólio imobiliário, dessa vez alavancando somente os bens que ele tinha realmente preservado e monetarizado – não bens que lhe pertenciam durante algumas horas. E foi isso que o pôs nesse caminho, que o levou a se tornar um rico barão imobiliário.

COMO DAR A PARTIDA

Você está pronto. Primeiro, descubra um mercado vibrante economicamente. Vibrante não significa caro nem rico – você não precisa de Beverly Hills. Os melhores lugares são aqueles favoráveis aos negócios e aos empregados, em que o crescimento futuro seja realidade. Os empregos pagam tudo. Os barões imobiliários precisam de inquilinos, arrendatários ou compradores. As pessoas vão para onde há emprego, e há empregos onde há prosperidade – locais em que as pessoas querem comprar, trabalhar, viver, alugar. Essa não é uma ideia difícil de entender. Você não precisa de uma cidade grande (e nem quer). Cidades de terceiro escalão com áreas favoráveis aos negócios e aos empregados são as melhores.

Como encontrar um lugar desses? Pesquise a renda dos estados e as taxas sobre vendas. Um atalho: de vez em quando, a revista *Fortune* publica matérias do tipo "Os 100 melhores lugares para se viver". O número de abril de 2008 tinha uma com o título "Os 100 melhores lugares para se viver e fazer 2008 deslanchar" e avaliava o ambiente empresarial, condições tributárias e qualidade de vida em geral. Eles fizeram o dever de casa para você! Você pode procurar a matéria no Google ou acessar esse endereço: <http://money.cnn.com/magazines/fsb/bestplaces/2008>.

Depois, incorpore ou crie uma empresa de responsabilidade limitada. Você não deve correr riscos pessoalmente – sua empresa faz isso por você. Sua empresa vai protegê-lo quando as pessoas o processarem. E vão processá-lo! É melhor que processem sua companhia, que pode ser segurada contra litígios, do que você.

Comece pequeno e pouco sexy

Comece pequeno e com capital próprio (releia o Capítulo 1 para saber o porquê). Você não tem dinheiro suficiente para um projeto grande – ainda. Portanto, compre um duplex decrépito, reforme, viva em uma metade e alugue a outra. Depois alavanque esse fluxo de caixa e compre um apartamento de quatro cômodos – em ruínas e vazio. Faça a mesma coisa, só que maior! Reforme-o para poder alugá-lo por um preço maior.

> Descubra uma área vibrante economicamente com impostos baixos e comece pequeno.

A chave é conseguir inquilinos. A fórmula do sucesso é comprar com base no espaço livre e criar valor, ocupando-o. Se você fizer isso benfeito, o processo cobre seus custos e você ainda ganha algum dinheiro. Enquanto isso, seu imóvel valorizou, porque você o ocupou – é um negócio pequeno, mas o que entra é mais do que aquilo que sai. Faça isso várias vezes para ter um fluxo de caixa e um currículo que convença os investidores a lhe fazer infusões de capital para imóveis maiores – talvez condomínios ou prédios de escritórios. Depois alavanque isso para conseguir um fluxo potencial de dinheiro ainda maior. É isso. Toda vez, a chave é monetarizar o espaço vazio que não vale grande coisa até você o valorizar.

A fatura simulada perfeita

Além dos seus primeiros duplex, você não vai conseguir nem usar empréstimos bancários. Os bancos são muito desconfiados quando se trata de emprestar a barões imobiliários. Além disso, você também não quer empréstimos bancários. Os bancos emprestam facilmente a indivíduos que querem um financiamento de casa própria. Mas não vão ajudar para o que você tem em mente. Então, como é que você consegue um financiamento? Você convence investidores de fora a financiá-lo você com uma fatura simulada maravilhosa – o modelo financeiro do barão imobiliário. A ideia é traçar um plano audacioso – mas praticável – para vender aos investidores.

••➡ Como Mina, a pequena baronesa imobiliária

A vida exige acordos - você pode percorrer esse caminho mesmo que nem tudo seja perfeito. Minha futura nora sabe. É uma bela moça - tem mestrado na Escola de Medicina da UFLA, área de psiquiatria infantil. Mina faz parte da segunda geração de coreanos que migraram para os Estados Unidos, onde se fizeram por si, todos pensando no sonho norte-americano. A mãe veio direto da Coreia - suou muito para criar Mina e seu irmão. Mina tem ética profissional, audácia e o bom gosto incrível de amar meu maravilhoso filho do meio.

Ela também está se tornando uma baronesa imobiliária por conta própria, alavancando os rendimentos de sua carreira médica para comprar uma casa caindo aos pedaços com treze unidades para alugar - do tipo cortiço, mas tudo legalizado - em Berkeley, onde há controle do aluguel. Como a casa estava falindo por falta de inquilinos, ela conseguiu reformá-la e aumentar os aluguéis. A casa fica do lado da estação do metrô, perto de onde sua mãe ainda sua muito para ganhar o pão. De modo que agora Mina pode colocar a mãe na melhor parte da casa (belo madeiramento interior e janelas na frente), amenizando a batalha da genitora, que pode ajudá-la a supervisionar os inquilinos (em cujos cômodos não há madeiramento chique).

Depois, Mina reformou a casa e encheu-a com inquilinos mais desejáveis que lhe pagam preços mais altos. Mina deu conta da parte da alavancagem, da parte da monetarização do espaço vazio, bem como da parte de conseguir inquilinos. A única parte que não está ótima é seu controle dos aluguéis (que não é grande) em Berkeley (um bastião comunista). Mas Mina deve começar sua carreira médica aqui e, durante alguns anos, não vai poder trabalhar em outro lugar. Está tirando o máximo de em m lugar que não é ótimo, mas ela vai se sair bem. Mesmo que você esteja preso em um lugar que não é exatamente perfeito, também pode fazer isso. Contudo, é melhor um lugar em que o vento esteja a seu favor.

Compre software para estruturar uma fatura simulada de aproximadamente 199 dólares ou mais (da ZDNet.com, da Download.com ou da RealtyAnalytics.com). Ou, então, crie uma você mesmo com o Excel, se souber calcular a amortização e a depreciação. Se essa possibilidade o deixa atarantado, você deve simplesmente comprar o software, fazer um curso – ou as duas coisas. Ou, ainda, tomar outro caminho. Sem uma boa fatura simulada, esse caminho é acidentado. Além disso, consulte o Urban Land Institute (ULI; www.uli.org). O ULI é um grupo de apoio nacional que atua em rede, voltado para loteadoras, oferecendo cursos e orientação.

O que deve constar em sua fatura simulada? Custos dos juros, da construção, da depreciação, das licenças e da manutenção – tudo o que os proprietários de casas se esquecem. A conta de água e luz. Imposto territorial. Todos os detalhes que afetam o resultado final. Depois, faça suas previsões de valorização e renda. Talvez você preveja 85% do espaço ocupado, que renderia X dólares por ano. Mas você acha que os aluguéis vão subir Y% ao longo de uma década. Você deprecia o imóvel, reduzindo os impostos. Apresente diversas situações. Se acontecer X, a ocupação aumenta Q%. Se acontecer Y, os aluguéis caem Z% (é por isso que os programas de computador ajudam). Finalmente, destile tudo em uma taxa interna provável de retorno relativo ao dinheiro do investidor – essa é a parte do processo que você vai oferecer aos investidores em troca da entrada e de uma rede de segurança.

E daí? Vender, vender, vender! Você está lhes oferecendo uma parte do seu negócio, mas com uma remuneração generosíssima pela sua administração – porque você é que faz tudo isso acontecer. É como trabalhar com dinheiro alheio (Capítulo 7 – leia ou releia para dispor de um bom paralelo). Os verdadeiros barões imobiliários são supervendedores, como os fundadores-presidentes (ou como praticamente quase todos os que percorrem outros caminhos). Muitos investidores vão chegar à conclusão de que sua fatura simulada é pura fantasia. Portanto, procure descobrir o que há de errado com ela e conserte – ou, então, descubra o que há de errado com os investidores e mude-os.

••➡ Um plano comercial atraente, mas razoável, é vital.

COMPRAR, CONSTRUIR, OU AMBOS?

Que tipo de barão você vai ser? Você quer construir novos imóveis extravagantes como o Donald, adquirir imóveis que já existem, ou um pouco de ambos? (Na verdade, o pai de Trump começou com apartamentos nada extravagantes, deixando uma bela herança para o Donald. O Donald fez crescer tudo aquilo em meados da década de 1970, comprando edifícios problemáticos em Manhattan quando Nova York estava em um momento péssimo. Sua nova fase extravagante veio depois.) Construir ou comprar: há considerações distintas para cada uma dessas duas alternativas. Primeiro, pense no seguinte:

Localização, localização, localização

Concentre-se em comunidades que lhe sejam favoráveis – uma regra que se aplica e não se aplica ao mesmo tempo. Se você não tem influência política, deve procurar um lugar favorável aos negócios. Se você tem influência política em algum lugar que, em outros aspectos, você considera hostil, pode conseguir aí o que a maioria não consegue. A influência política é outra forma de dizer que a comunidade lhe é favorável, mas talvez não seja para todos os outros.

Muita gente consegue fazer negócio no seu torrão natal, mas não consegue em outros lugares. Como todo "filho predileto" (ou filha), essas pessoas têm a confiança das autoridades do governo local para fazer o que dizem que farão. Se estiver em algum lugar em que não confiam em você, você precisa de um ambiente favorável aos negócios; caso contrário, terá de construir sua influência política para superar os obstáculos que estão a sua espera.

Conheça o código

Quer na área da construção, quer na área das compras, você precisa conhecer os códigos da construção civil (procure no Google) e outras regras. Não é fácil. Mudanças das regras podem transformar lucros monumentais em perda total. Dá para entender por que Harry Macklowe (patrimônio líquido de 2 bilhões de dólares)[10] estourou a boca do balão. Ele possuía quatro velhas espeluncas que queria demolir para construir condomínios cintilantes em Manhattan. Mas Koch, que era o prefeito da cidade na época, aprovou uma lei para impedir esse uso, acreditando que os ocupantes, a maioria inquilinos de baixa renda, não teriam outras opções. À noite, horas antes de a lei entrar em vigor, Macklowe dinamitou os prédios. Pagou 4,7 milhões de dólares de multas e foi proibido de construir durante quatro anos.

Dois anos depois, o prefeito Koch reconheceu que talvez sua proibição fosse inconstitucional. Maclowe não esperou – começou a construir.[11] A Câmara dos Vereadores concluiu que ele não tinha esse direito – a proibição ainda estava em vigor –, mas ele construiu assim mesmo e pagou multas, criando o Hotel Macklowe. Poucos aspirantes têm a sua garra ou os seus advogados. Portanto, por mais absurdos que sejam os muitos códigos locais, você precisa conhecê-los.

É mais fácil comprar imóveis já existentes – mas aqui também há grande abundância de regras. História verídica: desde 1970, o Armory de São Francisco está vazio – um quarteirão inteiro de uma cidade no pitoresco distrito da Missão. Tentativas repetidas e diversificadas de loteamento fracassaram: condomínios, apartamentos, lojas, escritórios (o que você quiser) – a cidade recusava. Portanto, ficou vazio sem fazer nenhum bem a quem quer que fosse. Nesse ínterim, São Francisco está babando por novas ofertas de moradia. E os novos impostos territoriais deviam ajudar no orçamento, mas não!

> •••➡ Tenha os códigos de zoneamento e de construção civil na ponta da língua antes de começar.

O que finalmente aconteceu em 2007 – depois de ficar vazio durante 37 anos? Na própria cidade, que foi a primeira a criar o setor "adulto" dos Estados Unidos de nossos dias, a Kink.com conseguiu licença para sediar ali o estúdio de filmes adultos online, especializando-se em, bem, cenas em masmorras.[12]

Eles filmavam bem ali – no Armory! Condomínios transados? Não. Mas um estúdio pornô em tamanho natural? Claro! Você não vai querer construir um edifício destinado exclusivamente a um estúdio pornô. Ou vai? Você é quem sabe.

ONDE ESTAR OU NÃO ESTAR: EIS A QUESTÃO

Os piores ambientes para os negócios e para os empregados são piores para você também. A Califórnia na qual fui criado era o Eldorado, o estado que lançou as modas que os Estados Unidos seguiram. Nada mais. Está perdendo população ao mesmo tempo em que está perdendo cidadãos ricos e de alta renda – mas está recebendo pés-rapados sem renda. Hoje talvez seja o pior estado para você começar sua vida de ambicioso barão imobiliário. Sofre das mais complexas e, muitas vezes, contraditórias regulamentações locais. Ao contrário de décadas atrás, agora tem as piores leis trabalhistas e o pior sistema judiciário para patrões e empregados – e eles são reais, com base na sociedade, e não vão mudar.

Primeiro restringiram a construção. Depois – não estou brincando –, representantes municipais escreveram cartas hipócritas e insultuosas aos jornais, deplorando o quanto os imóveis caros dos barões impedem que famílias "de classe média" morem em suas comunidades! A solução? Aumento do imposto de renda e do imposto sobre vendas para se apropriarem do dinheiro, para que assim, eles, os políticos, tenham condições de consertar tudo! Inacreditável!

Neste momento, a oferta está pequeniníssima e é impossível segurar a demanda. A demanda vai cair à medida que os ricos e as pessoas de renda alta forem embora. Minha recomendação geral: se você está tomando agora o caminho do barão imobiliário, não comece em lugares como a Califórnia, a menos que você tenha uma superinfluência política.

Uma pedra no caminho

Não estou com muita pressa, mas gostaria de vender meu imóvel comercial na Califórnia nos próximos anos. O estado transformou-se em uma pedra no caminho dos ricos. As perspectivas de longo prazo são desanimadoras – não vai ser uma economia vibrante no futuro. As prioridades de gastos do estado parecem estar voltadas especificamente para afugentar as empresas e indivíduos que mais faturam (e, por conseguinte, estão afugentando os principais contribuintes para o imposto de renda). A Califórnia não tem só o mais elevado imposto de renda marginal do país, começando no nível mais baixo de renda (9,3% a 43 mil dólares – abaixo da renda média dos Estados Unidos e subindo a partir daí) e os impostos sobre vendas mais altos do país: 7,25%, com cidades e condados adicionando sobrecargas em cima deles, mas também também tem as regras mais hostis ao emprego. Ao começar, evite lugares como esse, se puder.

••➡ Vá para um estado que incentive a prosperidade econômica (como lugares em que as taxas e impostos sejam baixos ou nulos).

Incansáveis cobradores de impostos

Ironicamente, a Califórnia sabe que está com problemas. O estado persegue as pessoas que fogem! Se você é um grande contribuinte e vai embora, em geral a Califórnia vai atrás, pede auditorias e, muitas vezes, *continua lhe mandando suas contas de impostos – muito tempo depois que você se mudou!* Na opinião do estado, se você foi embora para não pagar impostos, você ainda os deve. A lei estadual foi deliberadamente criada para dificultar sua fuga. Conseguir fugir envolve uma miríade de detalhes secundários. Se você está pensando em fugir para algum outro estado para ser um barão imobiliário lá, conheça as regras de cor e salteado. Contrate o melhor advogado tributário que puder.

As pessoas reclamam constantemente das exigências tributárias incessantes da Cali ensolarada.[13] O meu amigo Grover Wickersham, que é advogado e me ajudou neste livro e no último – tanto como consultor jurídico quanto como revisor –, trocou a Califórnia por Londres há anos. Ele e sua mulher tornaram-se cidadãos do Reino Unido e têm uma filha, Lindsay, nascida lá, agora com 9 anos. Só em 2008 é que a Califórnia parou de incomodá-lo com seu imposto de renda. Ele nunca vai voltar para lá. Nem ele, nem outros.

Os economistas Arthur Laffer e Stephen Moore observaram que, entre as mais de 25 mil famílias de renda com sete dígitos, "mais de 5 mil foram embora no começo da década de 2000".[14] Para onde? Entre os dez estados com índices positivos de imigração entre 1997 e 2006, temos estados com poucos impostos, como a Flórida, o Texas, Nevada e Washington. É para um deles que você quer ir. Ou para o Tennessee, que tributa somente dividendos e rendas de juros. O Arizona, a Geórgia, a Carolina do Norte, a Carolina do Sul e o Colorado são os estados que completam a lista dos 10 mais, todos com impostos bem pequenininhos (como mostra a Tabela 9.1).[15] E esses imigrantes vieram de onde? Principalmente dos estados de Nova York e Califórnia, com seus impostos notoriamente caros. Em dez anos, Nova York perdeu 2 milhões de pessoas!

E a Califórnia perdeu mais de 1,3 milhão líquidos.[16] Mas são os mais ricos que estão indo embora, e não os mais pobres. Como um barão imobiliário, siga a pista do dinheiro. Melhor ainda, chegue lá antes do dinheiro.

Os melhores estados para os barões imobiliários

Para uma orientação melhor sobre o local onde se estabelecer para se tornar um barão, estude a migração nacional líquida de pessoas produtivas durante mais de dez anos. Vá para os estados para os quais elas foram.

Tabela 9.1 – Os melhores estados para os barões imobiliários

Estados com maior entrada líquida de população, 1997-2006	
Estado	**Entrada líquida**
Flórida	+1.643.073
Arizona	+ 769.679
Texas	+ 667.810
Geórgia	+ 650.941
Carolina do Norte	+ 570.716
Nevada	+ 491.325
Tennessee	+ 258.838
Carolina do Sul	+ 258.109
Colorado	+ 231.891
Washington	+ 218.304
Estados com a maior saída líquida de população, 1997-2006	
Estado	**Saída líquida**
Nova York	- 1.955.023
Califórnia	- 1.318.266
Illinois	- 727.150
Nova Jersey	- 409.409
Louisiana	- 402.745
Ohio	- 362.601
Massachusetts	- 330.657
Michigan	- 317.389
Pensilvânia	- 182.078
Connecticut	- 109.930

Fonte: Arthur B. Laffer e Stephen Moore, "Rich States, Poor States: ALEC-Laffer State Economic Competitiveness Index", American Legislative Exchange Council (2007), Washington, DC, p. 15.

Mas, espere! Como um novo barão imobiliário, você está construindo imóveis chiques para os ricos, certo? Certo! No entanto, se os mais ricos vão embora, a prosperidade econômica vai para o brejo, assim como os valores das propriedades e dos aluguéis e *leases*. Em outras palavras, quanto maior a proporção de gente rica em uma área, melhor para os barões imobiliários. Siga a pista do dinheiro.

Como conclusão, fuja também dos lugares em que o número de empregos está diminuindo e vá para aqueles em que eles estão aumentando. Procure imóveis que ninguém quer e que é possível comprar barato, desde que você possa monetarizá-los rapidamente. Alavanque e atraia mais dinheiro para si do que gasta, e depressa, mas não venda nem compre para vender logo e comprar outro. Mantenha o que é seu e use esse fluxo maior de dinheiro que sua propriedade está lhe dando para fazer empréstimos e comprar mais, repetindo a fórmula incessantemente. Continue aumentando seu fluxo de caixa e alavancando, bem como procurando investidores para financiar as entradas em troca de uma parte do negócio. Você é um batedor, um empresário, um construtor, um advogado, um emprestador, um planejador, um vendedor, um monetarizador – e é tudo isso que faz de você um barão imobiliário.

Os livros do barão

Estes falam do básico em linhas gerais. Aprenda mais com estes livros destinados a pessoas que precisam de uma abordagem estratégica à carreira de barão imobiliário.

- *Real estate investing for dummies* [Investimento imobiliário para tontos], de Eric Tyson e Robert Griswold. Os livros destinados aos *dummies* têm títulos bobos, mas dão uma boa orientação aos iniciantes – e levam a outros livros melhores ainda. Eric Tyson é um amigo e merece toda a confiança porque pensa de fato nos seus interesses. E Wiley publica a série *For dummies*! O que mais você pode querer? Leia esse primeiro.
- *The Wall Street Journal complete real-estate investing guidebook* [Manual completo de investimento imobiliário do *Wall Street Journal*], de David Crook. O pessoal do *Wall Street Journal* publica livros de referência que você lê com facilidade e rapidamente. Esse não é exceção.

- *The complete guide to financing real estate developments* [Manual completo para a evolução dos financiamentos imobiliários], de Ira Nachem, explica os detalhes práticos para obter um financiamento. Também orienta no sentido de criar uma fatura simulada detalhada para você conseguir encontrar investidores e não os irritar depois. É um livro que tem estilo e é caro, mas você pode adquirir um exemplar usado na maior parte dos sebos online.
- *Maverick real estate investing* [Investimentos imobiliários dos maiorais], de Steve Bergsman. Este fala mais daqueles grandes nomes que chegaram lá. Não é indicado para gente que precisa de receitas de bolo; entretanto, com a expectativa certa, você vai gostar. Depois de terminar, passe para o outro livro de Bergsman, *Maverick real estate financing* – ótimo para os barões imobiliários prontos para negócios maiores.

••➔ Guia para **ser um barão imobiliário**

1. *Aprenda a amar a alavancagem.* Dívidas não são ruins. É bom! Você não vai conseguir ganhar uma quantia decente como barão imobiliário a menos que alavanque seu negócio. Supere seu medo ou tome outro caminho.
2. *Monetarize.* Encontre um bom imóvel que ninguém quer e se dê bem enchendo-o de inquilinos. Se você conseguir enxergar um valor que ninguém mais vê, consegue um bom preço. E, depois que o encher de inquilinos, você tem imediatamente um fluxo de caixa e alavancagem para seu próximo negócio.
3. *Não se iluda.* Até corretores experientes com compra de casas se enganam com os retornos. Há um custo considerável na posse de um imóvel, o qual diminui o seu lucro.
4. *Não fique pulando de galho em galho.* Não quero nem saber de quantas pessoas você conhece que compraram uma "galinha morta" em propriedades com hipoteca executada para vender em seguida. Não faça isso. Falência e execução de hipotecas são ótimos negócios, mas vender logo depois é inerentemente um lance de curto prazo e um beco sem saída.

5. *Descubra um mercado vibrante.* Você não precisa construir/possuir um mercado afluente – caro demais para iniciantes. Você só precisa de uma área que provavelmente vai continuar ou se tornar próspera. É fácil reconhecê-la – procure comunidades favoráveis aos negócios com impostos baixos.
6. *Crie uma fatura simulada.* Você não vai conseguir investidores sem um plano comercial, e não consegue fazer nada muito grande sem investidores. Sua fatura simulada é o alfa e o ômega. Faça um curso para aprender a criar uma ou compre um software online.
7. *Conheça o código.* Antes de construir ou comprar, saiba com que códigos arcaicos de construção e zoneamento você vai deparar. Planeje de antemão para se defender dos ataques dos representantes da cidade para reduzir atrasos dispendiosos.

10 A rota mais usada

Gosta de estradas previsíveis, monótonas?
O caminho líquido e certo pode ser o seu.

A rota menos sensacional para a riqueza, mas a mais segura, é economizar, combinado a bons retornos de investimento. É um caminho muito norte-americano – o catecismo calvinista, enraizado em valores judaico-cristãos. Frugalidade e diligência *compensam, sim.* Esse caminho é suficientemente largo para qualquer um que tenha um talão de cheques. Ao longo das décadas, gerou milhares de livros que ensinam a melhor maneira de percorrê-lo, e vão de Suze Orman* a *O milionário mora ao lado.*

O primeiro passo é economizar. Fato: algumas pessoas simplesmente não conseguem – independentemente de sua renda. Algumas ganham meio milhão de dólares em um ano e detonam tudo. Algumas são naturalmente frugais. Algumas podem melhorar. Outras nunca vão melhorar. Mas economizar é obrigatório aqui.

O segundo passo é conseguir bons retornos de investimentos – nada fenomenal. O poder mágico dos retornos compostos garante que até o mais humilde lixeiro que trabalha em regime de meio período pode fazer essa mágica se economizar alguns milhares de dólares por ano. A lista da *Forbes*? Não. Mas qualquer um pode se tornar um multimilionário.

Nota: um milhão não vale muito hoje em dia! Um milhão bem investido dá uma renda de aproximadamente 40 mil dólares por ano em fluxo de

* Autora de vários livros sobre o tema, consultora de finanças do *The Oprah Winfrey show*, além de ter seu próprio programa na tevê norte-americana, *The Suze Orman show.* (N. T.)

caixa (veja por que mais adiante) –, quantia insuficiente para fazer alguém se sentir rico. Mas não é impossível chegar a ter mais de 10 milhões de dólares com um bom emprego e disciplina. Esse caminho não é atraente. Os frugais não têm fama de sensuais! Mas agora a boa notícia: esse caminho não requer diplomas – nem mesmo do ensino médio (mas o grau de instrução ajuda no sentido de possibilitar empregos que pagam mais). É exatamente o inverso do caminho menos trilhado. É o caminho que mais gente usa para chegar à riqueza.

A RENDA TEM IMPORTÂNCIA, SIM

Ganhe mais e economize mais – fácil assim. Os lixeiros não têm condições de economizar tanto quanto um médico. Isso não significa que os médicos economizam mais – são notoriamente maus poupadores –, mas a possibilidade existe. Consiga um emprego em um campo relevante do qual você goste e que pague bem. Se você está em um setor em deterioração, arranje outro emprego. Se você mora em um lugar onde os salários são baixos, mude-se. Para onde? De preferência, para o Texas, a Flórida ou Washington! Nenhum dos três cobra impostos de renda estaduais e, em dez anos, vão ter mais empregos bem remunerados do que os estados que cobram impostos exorbitantes (leia o Capítulo 9 para saber mais sobre o porquê de alguns estados estarem melhor e outros pior nesse sentido).

Seja qual for a sua carreira, considere a relação custo-benefício. Quanto tempo você precisa estudar e praticar? Vale a pena? Releia os Capítulos 1 e 7 para lembrar quais os setores com probabilidade de se tornarem relevantes, ou de continuarem como tal. Alguns podem discordar e dizer, "Mas você tem de fazer o que gosta!" Sim. Mas, como Marilyn Monroe diria, "Meu Deus, será que não ajuda se aquilo de que você gostar também pagar bem?" Se a sua paixão é realmente a assistência social, dar aulas no jardim da infância ou bordar, tudo bem, vá nessa. Depois concentre-se na frugalidade. É possível! Tenho clientes que eram carteiros, professores, policiais etc. Eles conseguiram! Seja frugal!

> •••➡ Faça aquilo de que você realmente gosta – mas é melhor se o que você realmente gosta pagar bem, muito bem.

A caça ao emprego

Quer você esteja em começo de carreira, quer já esteja bem adiantado, leia *What color is your parachute?* [Qual é a cor de seu paraquedas?], o clássico de Richard Nelson Bolles. Ajuda a determinar o que exatamente você quer/ precisa de uma carreira profissional. Talvez você descubra que não quer riqueza nenhuma! Você pode arranjar um emprego que pague muito bem; mas, caso se sinta infeliz, vai acabar largando.

Tudo bem! Você sabe o que quer fazer – agora encontre uma empresa que pague melhor que a concorrência. Ignore blogs online de caça ao emprego, assim como as "salas de bate-papo". São controlados por caçadores de empregos que não sabem nada sobre a empresa, e por funcionários e ex-funcionários decepcionados, com motivação para desorientar. Conheço um sujeito cujo filho me disse que consegue todas as suas dicas para procurar emprego em salas de bate-papo. Ainda não encontrei uma forma de informar esse pai que o filho está em uma canoa furada.

Você deve, isso sim, pensar como um administrador de capital privado. Compre o *Wall Street Journal* e leia tudo o que encontrar sobre o setor que você escolheu. Encontre-se com pessoas desse setor que você conhece. Entreviste-as. Elas vão ter *insights* e provavelmente vão ajudar com material para a entrevista – e vão ter informações confidenciais sobre quem paga o quê. Um benefício extra: quando você pede conselhos a alguém, você massageia o ego dele. Bom, a pessoa fica envolvida e quer ajudar. Se ajudar você a arranjar um emprego, vai ser ótimo tanto para você quanto para o ego dessa pessoa!

Apresente seus argumentos de venda

A caça ao emprego é apenas uma forma de venda – o produto é você. Você tem de vender em todos os caminhos! Quanto melhor você vende, tanto mais rápido você consegue um cheque gordo no fim do mês. Leia *Guerrilla marketing for job hunters* [Marketing de guerrilha para caçadores de empregos], de Jay Conrad Levinson e David Perry. Ignore a bobagem que eles dizem: que "terceirizar" é problema. No seu todo, é um bom livro para quem está procurando emprego. E leia também *The job searching solution* [A solução para a procura de emprego], de Tony Beshara, que tem *insights* que ninguém mais teve, e que ajudam.

Mande seu currículo para Monster, HotJobs – todos esses lugares. Mas isso não basta. Você tem de vender. Acesse suas redes. Telefone para empresas que *não* estão contratando e peça uma entrevista informativa. Almoce com amigos de amigos de amigos de amigos de amigos. Pergunte o que fazem. Ache fascinante o que eles fazem. Peça-lhes ajuda. Não se esqueça, você precisa de um bom currículo, um currículo profissional, de modo que seria bom ler *The elements of resume style* [Os elementos do estilo de um currículo], de Scott Bennett.

Antes de fazer uma entrevista, pratique com um amigo. E não dê informações pessoais voluntariamente. Falar de assuntos pessoais é (a) desagradável e (b) desvia a atenção de seu entrevistador. Para brilhar em uma entrevista, deixe seus problemas pessoais em casa.

Depois que você arranjar o emprego, seu dever de casa ainda não terminou. Continue se promovendo. Veja-se como um copiloto ou presidente potencial (leia os capítulos pertinentes para conseguir dicas sobre a maneira de ser uma eminência bem remunerada). Você talvez tenha de escolher – vai ser um especialista? Ou prefere algo amplo como ser um administrador? Ambos podem pagar bem, mas em seu campo uma das alternativas pode pagar melhor. Nunca pare de pesquisar, nem de se promover. Talvez você não queira trabalhar tanto assim – a opção é sua; quanto mais você ganha, mais você pode economizar. E quanto mais você economizar, tanto mais seu dinheiro trabalha para você e tanto mais rico você fica nesse caminho.

> •••➡ A caça ao emprego é apenas uma modalidade de venda – aperfeiçoe a sua para conseguir mais ofertas.

O MÉRITO DA POUPANÇA

Quanto você tem de economizar, em termos realistas? Escolha uma idade para se aposentar e depois calcule o que você precisa. Uma calculadora financeira ou o Excel ajudam (se tem medo dos dois, peça ajuda a um adolescente). Faça uma estimativa do quanto você quer ter na data X. Será que 2 milhões de dólares bastam? Dez milhões de dólares? (Se a quantia for muito superior a essas, você vai precisar de um emprego muito bem pago realmente, ou a tomar outra rota.) Você vai precisar de uma renda maior ou menor (com correção monetária) do que precisa agora? Será que o custo de vida vai ficar mais barato depois que seus filhos terminarem os estudos e baterem as asas? Daria para a família não tirar férias a fim de economizar mais? Ou deixar de viajar? E quanto a outras fontes de renda? Alguns consultores sugerem que você tome como premissa 70% de sua renda pós-aposentadoria. Não! É algo muito pessoal – alguns precisam de mais, outros de menos. Escolha um número e converta-o para o valor do dólar hoje. Depois, faça os ajustes da inflação para a data X.

Mas como? Fácil, mesmo que a fórmula apresentada a seguir *pareça* assustadora. Basicamente, você supõe uma taxa de inflação. Depois você escolhe um momento do futuro – daqui a trinta anos, digamos. Em seguida, calcule quanto a inflação aumenta o valor do dólar hoje (isto é, *retornos compostos*). Para isso, use a seguinte fórmula:

$$VF = VP \; x \; (1 + J)^n$$

Para aqueles que já esqueceram suas noções de estatística, *VF* é o *valor futuro* – quanto um dólar de hoje vai valer depois que os *retornos compostos* fizerem a sua mágica; *VP* é *valor presente* – o valor do dólar hoje; *J* é a *taxa de juros* – o que estamos usando para calcular a inflação; *n* é o número de anos entre hoje e o momento futuro que você escolheu.

Quatro por cento?

Eu disse que, em geral, você não deve retirar mais de 4% ao ano de seu portfólio se quiser que seu dinheiro dure tanto quanto você. Mas, a longo prazo, as ações não rendem uma média de 10% ao ano? Talvez, dependendo do período que você considerar. Isso não significa que você pode fazer uma retirada de 10% ao ano? Não – a menos que você queira ficar sem dinheiro muito depressa.

Os retornos das ações variam extremamente de um ano para outro – e retornos extremos são muito mais "normais" do que os retornos médios, como mostra a Tabela 10.1. Anos de grandes baixas são menos comuns do que você pensa, mas você vai passar por alguns deles. Se você retirar 10% durante um ano de grande baixa, você terá de compensar não só essa grande baixa mas também que ainda afundou mais 10% no buraco. Com o tempo, essa porcentagem pode aumentar.

Se usar uma simulação Monte Carlo simples (faça uma em: <http://www.moneychimp.com/articles/volatility/montecarlo.htm>), você vai obter as distribuições anuais de 4% ou menos e vai dar a seu portfólio a melhor chance de ele durar ao menos tanto quanto você.

Para viver com 100 mil dólares com o valor do dólar hoje, calcule a quanto eles vão corresponder daqui a trinta anos com uma taxa média de inflação de 3% ao ano. Multiplique 100 mil dólares por 1 + 3%, elevando o resultado à potência 30. Use o Excel (ele tem um atalho de *VF*) ou uma calculadora.

$$\text{US\$ } 100.000 \times (1 + 3\%)^{30} = \text{US\$ } 242.726,25$$

Você precisa de aproximadamente 243 mil dólares (mais se supuser uma inflação maior). Mas quanto você precisa economizar para chegar aí? Isso é mais fácil. Para seu portfólio durar tanto quanto você, em geral você não deve retirar mais de 4% em fluxo de caixa por ano. Portanto, divida 243 mil dólares por 4% que você vai ter um resultado de 6.075.000 dólares. Agora vá economizar esses milhões de dólares.

Tabela 10.1 – Os retornos médios não são normais

Faixa de retorno das 500 da S&P	Ocorrências desde 1926	Frequência	
> 40%	5	6,1%	Grandes retornos 37,8% do tempo
30% a 40%	13	15,9%	
20% a 30%	13	15,9%	
10% a 20%	16	19,5%	Retornos médios 34,1% do tempo
0% a 10%	12	14,5%	
-10% a 0%	12	14,6%	Retornos negativos 28,0% do tempo
-20% a -10%	6	7,3%	
-30% a -20%	3	3,7%	
-40% a -30%	1	1,2%	
< -40%	1	1,2%	
Total de ocorrências	82		
Média simples	12,2%		
Média ao ano	10,3%		

Fonte: Global Financial Data.

Economizar 6 milhões de dólares???

Parece demais. Como economizar tanto? Seria preciso separar 200 mil dólares por ano durante trinta anos. Pouca gente consegue. Portanto, você economiza menos e investe ao longo da viagem. Com o tempo, por meio da mágica dos retornos compostos, você vai ter 6 milhões de dólares. Quanto você precisa economizar realmente todo ano?

$$(j \times VF)/([1 + j]^{n} - 1 = P$$

P é o seu investimento – quanto você tem de economizar todo ano. Esse é o número que estamos tentando descobrir. A taxa de juros é *j* – sua suposição de qual vai ser a taxa de retorno que você vai conseguir. O número de anos entre agora e quando você quer começar a retirar dinheiro é *n*. E aqui também *VF* é o valor futuro desejado – nesse caso, 6 milhões de dólares (se isso apavora você, o Excel tem uma função que você pode usar – basta lembrar seu *valor futuro* – mas você também pode, mais uma vez, pedir ajuda a qualquer adolescente).

Para fazer esse exercício, suponha que *j* seja 10% (mais ou menos o que espero que seja a média do mercado de ações a longo prazo). O *VF* é 6 milhões de dólares, e você se aposenta em 30 anos (*n*):

$$(10\% \times \text{US\$ 6 milhões})/([1 + 10\%]^{30} - 1) = \text{US\$ 36.475,49}$$

Portanto, para ter 6 milhões de dólares, economize 36 mil dólares por ano durante trinta anos – 3 mil dólares por mês. Ainda parece muito? É por isso que empregos que pagam bem ajudam. Mas não é difícil conseguir chegar a 36 mil dólares.

- Faça a contribuição máxima para o seu plano de aposentadoria de acordo com o 401 (k) – 15.500 dólares (se for mais, vai diminuir a sua obrigação tributária!).
- Se outro empregador entrar com 50%, como faz a minha empresa, isso significa outros 7.750 dólares (*de graça!*).
- Faça a contribuição máxima para o seu plano de aposentadoria de acordo com o IRA – 5 mil dólares.

Agora já são 28.500 dólares. Depois economize 7.750 dólares por ano – 646 dólares por mês – em uma conta tributável. Fácil! Se for casado/a, consiga que seu cônjuge economize por meio do 401 (k) e/ou do IRA. Talvez você consiga economizar todo centavo do imposto diferido!

Talvez economizar 36 mil dólares por ano esteja fora de cogitação no momento. Você deve desistir? Não! Use o Excel para fazer suposições sobre as formas de aumentar sua poupança anual: suponha uma taxa de retorno e batalhe até chegar ao resultado desejado. Atenha-se ao plano. Lembre-se do *valor* do fator *tempo* em relação ao dinheiro – começar a poupar antes significa simplesmente valer mais. Economize tanto quanto puder e comece o mais cedo possível – nesse caso, sua vida vai ficar mais fácil depois. Não poderia ser mais simples!

••➡ Defina o valor final desejado e crie um plano de poupança. Atenha-se a ele.

Que diferença faz alguns anos? Toneladas. Para ter uma poupança de 6 milhões de dólares quando estiver com 60 anos, com 25 anos de idade você só precisa economizar 22 mil dólares por ano (supondo retornos de 10%). Faça a sua contribuição máxima de acordo com o 401 (k) – com seu patrão entrando com uma parte –, faça a contribuição máxima de acordo com o IRA, e pronto. Mas, se começar aos 40 anos, você vai ter de economizar 105 mil dólares por ano e não vai poder se aposentar aos 60 sem desistir de seu sonho de 6 milhões de dólares. Você decide.

A inflação de 3% e os retornos de 10% são apenas suposições. Brinque um pouco com elas. Por exemplo: talvez você seja um pessimista que ache que o mercado de ações só vai ter uma média de 6% nos próximos trinta anos. Aí você tem de economizar mais. Não estou dizendo que economizar 36 mil dólares por ano é fácil. Estou dizendo de quanto você precisa e que precisa de um plano para chegar lá. E precisa se ater a ele depois.

Mas quanto, afinal, eu tenho de economizar?

Um emprego muito bem pago ajuda. Ser frugal também. Há muitos livros pregando a frugalidade – não preciso nem mesmo citá-los. São todos variações sobre o mesmo tema: esquecer o capuccino com creme de leite;

pagar a dívida do cartão de crédito; evitar roupas de marca; comprar carros usados; comer mais em casa e menos fora. Facílimo. Alguns não conseguem – simplesmente não conseguem. Se você consegue, maravilha! Se não consegue, reprograme-se (muito difícil) ou arranje um emprego em que paguem mais.

Eis aqui uma fórmula para lhe abrir os olhos se você achar que não consegue economizar tudo isso. Descubra quanto está economizando para ver onde é que vai estar daqui a trinta anos. Suponha que, no ano passado, você economizou 2 mil dólares. Para encontrar o *valor futuro* (você já é um profissional nessas contas a essa altura), é só fazer o seguinte:

$$P \times ([1 + j)^{n} - 1]/j) = VF$$

Você vai prometer a si mesmo que vai economizar mais no ano que vem. Vai? Use as suposições anteriores para descobrir o valor de *j* e de *n*. Seu *P* (quantia economizada todo ano) é de 2 mil dólares:

$$\text{US\$ } 2.000 \times ([(1 + 10\%)^{30} - 1]/10\%) = \text{US\$ } 328.988{,}05$$

Economizar 2 mil dólares lhe dá 329 mil dólares = o que vai dar uns 13 mil dólares por ano daqui a trinta anos (uns 6.150 dólares, em dólares de 2008). Esse não é um caminho para a fortuna.

CONSIGA UMA BOA TAXA DE RETORNO – COMPRE AÇÕES

Continuamos usando 10% como nosso suposto retorno. O fato é que pouca gente consegue tudo isso. A maioria dos *profissionais* não consegue, mesmo que não seja difícil.

Como é que você conseguiria? Fácil – invista em ações praticamente o tempo todo. Diversifique globalmente, usando algo como o MSCI World Index (Morgan Stanley Capital International – índice designado para avaliar o desempenho global do mercado acionário) ou o ACWI Index (índice do próprio MSCI) como guia (<www.mscibarra.com>). Embora você precise ter certeza em relação a seus objetivos, ao tempo de que dispõe e às necessidades do fluxo de caixa, sou um grande fã das ações porque elas dão retornos superiores a longo prazo. Uma abordagem que se baseie inteiramente no capital social é ruim para as pessoas que não dispõem de muito tempo. Mas não é o seu caso nessa rota. Este capítulo significa, por definição, que você tem um longo objetivo de crescimento e precisa de ações. Quase sempre.

> ••➡ Para ficar rico nesta rota, você precisa ter ações - quase sempre.

Pode haver fases em que, para evitar uma baixa prolongada do mercado que está por se iniciar, você se volta para o dinheiro vivo e os títulos de crédito – isso pode ajudar a diminuir seriamente as vantagens das ações. Se a sua referência é o MSCI World Index, que é global, isso corresponde a uma queda de 20% ao ano, mas a sua foi de apenas 5%, de modo que supera as ações em 15% – espantoso. Mas o verdadeiro mercado com tendência a baixas é mais raro do que a mídia gostaria que você pensasse, e se você quer mesmo saber quando é hora de comprá-las, devia tomar o caminho que lida com o dinheiro alheio, não este (Capítulo 7).

A maioria das pessoas tem muito mais tempo à disposição do que pensa (vamos nos estender sobre isso um pouco), e se você não está interessado em crescimento, não devia estar lendo um livro que explica como ficar rico.

O cálculo da expectativa de vida

Investir tudo em ações assusta você? É menos arriscado do que muita gente pensa, porque calcula o tempo de que dispõe de maneira completamente errada. As pessoas dizem: "Tenho 50 anos. Quero me aposentar aos 60. Isso representa dez anos, de modo que tenho dez anos para investir e devo investir dessa forma". Completamente errado! A não ser que você queira ficar sem dinheiro, seu horizonte temporal – o tempo de que você dispõe para investir – é tão longo quanto o que você precisa que seus bens durem: em geral, sua vida toda ou a de seu cônjuge (que durem ao menos tanto quanto vocês dois), e mais ainda se você quer deixar alguma coisa para os filhos.

Até quem entende isso direitinho erra aqui – subestima o tempo de vida que lhe resta. A Figura 10.1 mostra a expectativa média de vida, bem como os percentuais da expectativa de vida de 75 e 95 anos baseados nas tabelas de mortalidade do IR. O eixo X mostra a idade atual. O eixo Y mostra os anos passados depois da idade atual. A linha tracejada é a expectativa de vida média – 85 anos para uma pessoa de 65.

Figura 10.1 – Expectativa de vida

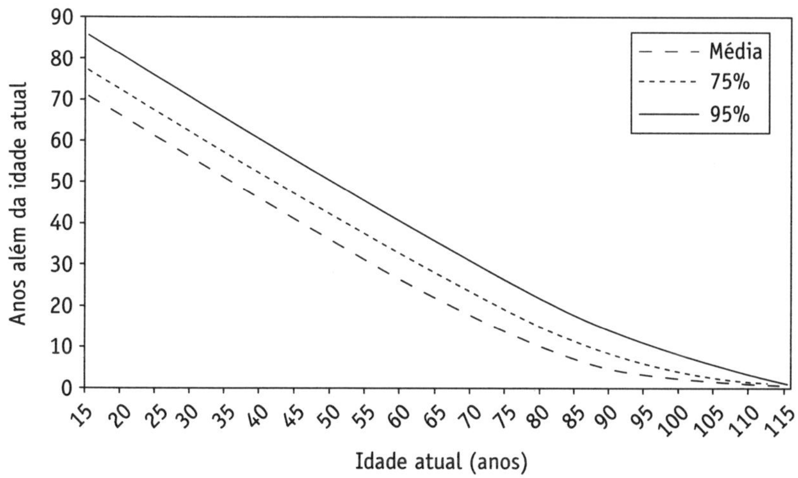

Fonte: IRS Revenue Ruling 2002 - 62 Mortality Table.

O indivíduo médio de 65 anos vai viver mais vinte anos – se você estiver na média. Metade vive mais. Se você tem saúde e é de família longeva, pode viver muito mais! Além disso, deve supor que vai viver muito, senão vai chegar aos 85 anos e ficar sem dinheiro. Um indivíduo saudável de 65 anos deve planejar um horizonte temporal de no mínimo 35 anos. E a expectativa de vida continua aumentando. Se você é jovem agora, quando chegar aos 65 anos a expectativa média de vida pode estar muito maior.

E daí? Vida mais longa significa ter mais ações durante mais tempo. A Figura 10.2 mostra como pensar na exposição ao capital social com base em seu horizonte temporal. Para horizontes temporais superiores a quinze anos (como o seu), você vai querer investir tudo em capital social se esse for o seu caminho para a fortuna.

Figura 10.2 – Referência e horizonte temporal

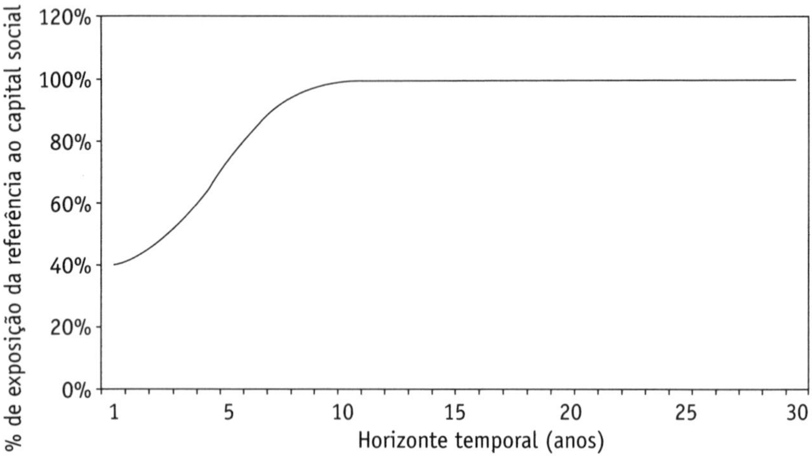

Confusão quanto aos objetivos

Outro fator com o qual os investidores erram é a definição de objetivos. A maioria não consegue articular seus objetivos em poucas palavras. Achamos que somos únicos (somos – exatamente como todos os outros) e que, por conseguinte, nossos objetivos também são. Não são. O setor financeiro gosta de confundir com pesquisas e questionários complicados – com os quais podem justificar serviços caríssimos. Só existem três objetivos realmente importantes na área do investimento:

- *Crescimento.* Você precisa que seu dinheiro cresça tanto quanto possível para ele cobrir suas despesas básicas mais tarde, ou que aumente agora para cobrir despesas atuais de fluxo de caixa. Ou talvez você só queira deixar uma boa grana para seus filhos, para seus netos, para os leopardos albinos ou destiná-lo a qualquer fim que lhe passe pela cabeça.
- *Renda.* Você precisa de fluxo de caixa agora ou vai precisar logo para cobrir suas despesas básicas, e não se importa realmente com o crescimento desde que haja fluxo de caixa.
- *Crescimento e renda.* Uma combinação dos dois primeiros.

Um desses objetivos corresponde a 99,993% de você. Não inclui *preservação de capital.* Parece ótimo! Mas significa que você não assume risco algum e não tem crescimento algum – o que não ajuda nada nesse caminho. Uma verdadeira estratégia de preservação de capital significa perder dinheiro de acordo com a inflação. *Preservação de capital e crescimento* é um conto de fadas do mundo das finanças. Não é possível. Nunca! Para crescer você tem de assumir riscos, e preservação de capital é *ausência* total de risco. Alguém que esteja lhe vendendo essa estratégia está enganando você, quer saiba, quer não. Se você está nesse caminho, quanto mais capitais você puder assimilar, melhor.

A ESTRATÉGIA CERTA

Portanto, você sabe que precisa de ações, de preferência globais, como as do MSCI World. E daí? Invista de acordo com sua referência a maior parte do tempo. Parece simples, não parece? Mas não sei lhe dizer com que frequência eu ouço: "Sim, preciso de uma referência em termos de capital social, mas as ações me apavoram *agora*. Vou me sentir mais seguro *durante algum tempo* com dinheiro vivo e títulos de crédito". As pessoas acham que estar "em segurança" é sinônimo de grandes alocações de dinheiro vivo ou títulos de crédito. Os títulos reduzem a volatilidade. Isso é seguro, certo?

Errado! Dinheiro vivo e títulos de crédito, quando você precisa de referência sobre todos os capitais sociais, é a coisa mais arriscada do mundo! Você está se desviando gravemente de seu plano – querendo aumentar suas chances, você erra o alvo, talvez por muito. Isso não é seguro, é perigoso. Se a sua referência é mais de 30% ao ano, mas se ficar com os títulos de crédito você fica só com 6%, você pode estar tranquilo, mas perdeu 24%, e você está para trás agora – muito para trás. Você precisa *superar o mercado* em uma média de 1% todo ano – difícil de conseguir – durante os próximos 24 anos para compensar isso.

••➡ Invista sabiamente investindo de modo global.

Diversifique pelo globo inteiro

Por que a ênfase no global? As 500 empresas da S&P não são suficientes? As ações norte-americanas constituem apenas cerca de 41% do total mundial se você incluir os mercados emergentes (e, em geral, você deve incluí-los).[1] Não investindo globalmente você perde oportunidades – e uma chance de reduzir a volatilidade. Por quê? Quanto mais amplo o seu índice, tanto mais tranquila a viagem.

Pense no super-restrito e muito volátil NASDAQ (National Association of Securities Dealers Automated Quotations – índice da bolsa eletrônica de NY); esse índice teve uma grande alta no final da década de 1990 e, de lá pra cá, uma grande baixa. Índices mais abrangentes têm variações menos abruptas, e nada é mais abrangente que o global. Além disso, as ações norte-americanas e estrangeiras disputam a liderança, como mostra a Figura 10.3 – uma fica na frente da outra durante anos, vários anos. Só que você não sabe qual vai liderar da próxima vez. Portanto, compre de ambas entrando no mercado global. Se *você* sabe qual vai valer mais da próxima vez, repito, tome o caminho do dinheiro alheio.

Figura 10.3 – Os desempenhos nacional e estrangeiro são cíclicos

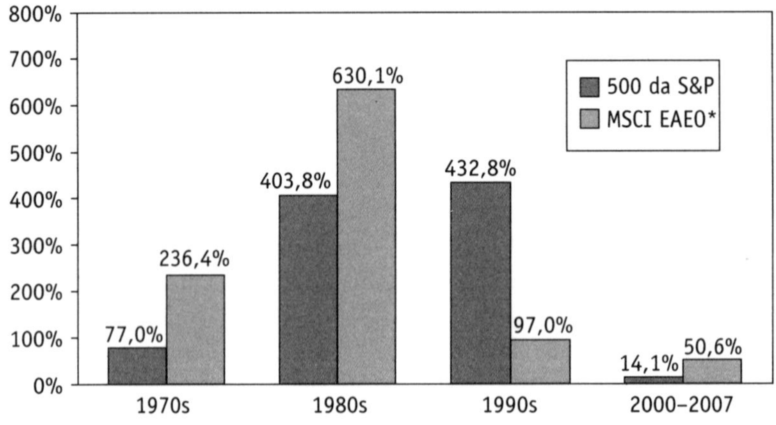

* (Europa, Australásia e Extremo Oriente)

Fonte: Global Financial Data, Thomson Datastream, MSCI, Inc.[2] em 31.12.2007.

Passivo ou ativo?

E agora? Quanto tempo você quer gastar investindo em vez de se concentrar em seu trabalho de ganhar o máximo que puder para poder economizar e depois investir? Se for muito, eu perguntaria: "É mesmo?". Se você tomou esse caminho para ficar rico, provavelmente não tem o tempo livre necessário para se tornar especialista em uma atividade muito difícil na qual a maioria fracassa. Se estiver determinado, então leia o *best-seller* do *New York Times* de 2007 de minha autoria, intitulado *Para o bom investidor, três perguntas bastam*. Ele fala de tudo a respeito dessa área.

Evite qualquer coisa que sugira uma "fórmula mágica" ou "tudo quanto você precisa é desses tipos de ação, e não daqueles". A maioria dos livros sobre investimento faz com que você fique perdido, porque, em geral, baseia-se em premissas defeituosas de que um determinado volume, tipo ou estilo de ação é o melhor para sempre. Não é verdade! (Também explico o porquê de forma detalhadíssima no livro de minha autoria que acabei de citar.) O fato é que a única maneira de superar o mercado a longo prazo é sabendo algo que os outros não sabem, muitas vezes. E isso é muito difícil de conseguir. É só um aviso.

Se o tempo é escasso para você, como deve ser nesse caminho, o que você faz depende da quantidade de dinheiro que você tem, e se quer ser ativo ou passivo (*passivo* significa conseguir retornos como os do mercado investindo exatamente como o mercado; *ativo* significa tentar superar o mercado fazendo algo diferente dele de alguma forma). Com menos de 200 mil dólares, seja passivo.

Muitos tentam ser ativos, mas as chances de você ficar para trás dos mercados são de quatro para um ou mais – enormes. A maioria que tenta fracassa. Com menos de 200 mil dólares, você deveria aplicar praticamente tudo em fundos mútuos. Muita gente aplica, mas eles são dispendiosos e ineficientes em termos de impostos. Você pode acabar sofrendo uma perda e receber uma fatura tributária pelos *ganhos* – uma forma muito perversa de cobrar impostos. O fundo é seu, mas é tributado em termos dos ganhos realizados no interior do fundo. Só nos Estados Unidos! Ninguém faz isso no exterior.

Bom, a maioria dos fundos fica atrás dos mercados. E não há como saber quais vão ficar e quais não vão, de modo que as chances contra você são muito grandes. Diversifique em um punhado de fundos mútuos ativos que você fica praticamente garantido de que vai estar na retaguarda de uma estratégia passiva.

Passivo da maneira certa

É facílimo ser passivo! Enquanto escrevo, o mercado do mundo inteiro está girando em torno de 41% nos Estados Unidos, 47% nos países estrangeiros desenvolvidos e 12% nos mercados emergentes.[3] Abra uma conta de corretagem de ações em algum lugar barato – qualquer um. Uma corretora online que desconte títulos é uma boa opção. Depois compre fundos do índice ou Fundos Comercializados em Bolsas de Valores (FCBV) (esses fundos são parcelas inteiramente passivas do mercado, mas são taxados como se fossem ações, e não como fundos) para compensar os pesos do mundo. Compre uns 41% de fundos baratos do índice das 500 da S&P ou de FCBV; 47% da Europa, Australásia e Extremo Oriente (EAEO); e 12% dos mercados emergentes. Compre mais – nas mesmas porcentagens – à medida que economizar mais. Depois, deixe quieto. A ideia é, como diria o Capítulo 8 de Ron Popeil, "ligar o aparelho e esquecer da vida". Tire as mãos, durante décadas.

Certifique-se de que o seu fundo tem poucas despesas. Para as 500 empresas da S&P, você pode comprar o FCBV "Spider" (símbolo da ação, SPY), um FCBV da iShares (IVV) ou o fundo do índice da Vanguard (VFNX). Seja qual for sua escolha, verifique se está mesmo comprando um FCBV ou fundo de índice que seja simples e barato. Algumas famílias de fundos batizam estratégias mais caras de fundos de "índice". Não se deixe enganar. Seja frugal. Para EAEO, considere o FCBV da iShares (EFA), da Vanguard (VEA) ou seu VDMIX. Em relação os mercados emergentes, você pode comprar o FCBV da iShares (EEM) ou o FCBV da Vanguard (VWO). Seu corretor pode cobrar honorários adicionais diferentes para esses fundos, ou não. Há pouca diferença entre os FCBVs e os fundos de índices, exceto talvez 30 pontos-base de custos – escolha o mais barato.

Precisa de ajuda ou você mesmo encara?

Tem mais de 200 mil dólares? (Que bom para você! Você está fazendo do planeta um lugar melhor de se viver.) Agora você está no mundo das ações individuais. Elas são mais baratas e mais eficientes em termos de cobrança de impostos – tudo de bom. As pessoas raramente notam, mas, descontados o total de despesas, honorários do corretor etc., você ganha de 2,5% a 3,5% *ou mais* que com os fundos mútuos.

Se você está na faixa entre 200 mil dólares e 500 mil dólares, vai fazer menos mal e ser mais eficiente com uma estratégia FCBV (lembre-se: os FCBVs acompanham os índices, mas agem e são comercializados como ações simples). Com menos de 500 mil dólares você realmente não consegue diversificar o suficiente com ações individuais; mas, acima de 200 mil dólares, você pode começar a tomar decisões relativas ao país e ao setor por meio de FCBVs, decisões que, se forem acertadas, podem aumentar seu resultado final. E se você tiver mais de 500 mil dólares, não há sombra de dúvida de que o seu negócio são ações individuais. Nada de fundos mútuos! Caros demais para você.

Mas isso levanta novamente a questão: passivo ou ativo? A abordagem passiva rende mais que a maioria das abordagens ativas. Para ser passivo, você vai querer possuir as ações que melhor representam o mundo. Para isso, você pode acessar: <www.tenroadstoriches.com> e clicar em Fisher 1500 – é uma lista das 1.500 maiores ações classificadas de acordo com a capitalização do mercado e atualizadas trimestralmente. Você não precisa ter todas as 1.500 – ficaria muito caro –, mas pode comprar as cem maiores, digamos, e conseguir uma boa cobertura global. Para completar seu portfólio, você poderia comprar uma porcentagem de um FCVB pequeno, mas global (como o FCBV do State Street's International Small Cap – símbolo GWX) – a maneira mais barata de viajar por esse caminho. Isso é ser passivo. À medida que você economizar mais, deve continuar comprando nas mesmas porcentagens. Se não economizar mais, deixe tudo como está.

Quer você tenha um patrimônio menor em FCBVs, quer tenha passado para as ações individuais, para ser ativo e tentar superar o mercado você precisa contratar um administrador financeiro. O que também não é fácil. Você precisa fazer as perguntas certas. Você não quer ninguém que sugira que ele próprio "administre" um portfólio de fundos mútuos ou "selecione" uma série de administradores financeiros distintos. Tudo quanto você está fazendo é aumentar os custos, reduzindo seus retornos. Não contrate um intermediário – contrate alguém que tome decisões e que saiba o que está fazendo. São poucos. Na lista apresentada a seguir estão perguntas que você deve fazer ao potencial responsável por seus bens. Decore-as. Digite-as. Leve-as consigo.

Continue firme com suas ações, a menos que...

Às vezes as ações caem muito, mas na maioria dos anos elas estão em alta. Durante quase todo o período de alta do mercado que começou em 2003, as pessoas ficavam dizendo o quanto as ações eram terríveis e o quanto iam cair. Mas as ações subiram todos os anos: 2003, 2004, 2005, 2006 e 2007. Considere a maioria dos períodos de cinco anos que eles vão lhe mostrar que também estavam em alta. O período de alta dos anos 1990 durou quase a década inteira, assim como o dos anos 1980. Durante todo esse tempo, você pertencia ao mundo das ações. E vai continuar pertencendo no futuro.

••➡ Boas perguntas a se fazer a um administrador financeiro

Não tem tempo ou formação para administrar seus bens e levá-los à riqueza por esse caminho? Você não é o único. Mas contratar um administrador financeiro não é nada fácil. Estas perguntas ajudam você a saber se pode confiar seu dinheiro a alguém.

Como a alocação do ativo é isoladamente a decisão mais importante a tomar sobre a conta...

- Quem é responsável por recomendar ou tomar decisões em relação à minha estratégia de alocação de mix de ativos? É você? Algum funcionário de sua empresa? A responsabilidade última é minha?
- As realocações de meu portfólio são decididas basicamente por sua visão do mercado ou por minhas necessidades?
- Com que frequência a alocação do meu portfólio é revista?
- Quais seriam as alterações do meu mix de ativos se você estiver prevendo uma baixa prolongada do mercado? E uma alta prolongada?
- Quem é responsável por essas previsões? E que grau de êxito elas tiveram?
- Quais foram as mudanças na alocação do mix de ativos que você recomendou nos últimos dez anos?
- Que fator você usa especificamente para prever a direção do mercado?
- De que maneira sua previsão do comportamento do mercado afeta as recomendações que você faz sobre a alocação dos ativos?

A liderança do mercado global sempre mudou e sempre vai continuar mudando com o passar do tempo...

- Quem decide as mudanças no meu portfólio em relação a um mix nacional em contraposição a um mix estrangeiro?

- Como você (ou sua empresa) sabe quando e quanto subestimar ou superestimar as ações norte-americanas?
- Como você (ou sua empresa) decide em que países investir e quais evitar?
- Quem toma essas decisões? Essa(s) pessoa(s) tem(têm) um currículo comprovado que pode ser verificado?

Superalocar para o tipo errado de capital social pode prejudicar gravemente o desempenho...

- Qual é o tipo de capital social de sua empresa? Ela tem uma capitalização grande ou pequena? Prefere crescimento ou valor? Ou ambos?
- O tipo de mix vai ser estático ou vai haver mudanças constantes?
- O que leva você/sua empresa a comprar ou vender ações grandes ou pequenas? O valor? O crescimento?
- O que leva você/sua empresa a entrar ou sair de determinados setores?

Os interesses do administrador certo estão em pleno acordo com os meus...

- Você é um consultor ou corretor licenciado para trabalhar com investimentos?
- Além do que pago diretamente, que outras compensações você recebe (como comissões de produtos de seguro, incentivos para vender ações ou títulos do catálogo de sua empresa, margem de lucro na venda de títulos)?
- Você tem como demonstrar a capacidade que sua empresa tem de administrar dinheiro? Posso ver:
  - O GIPS (conjunto de normas contábeis) na conta de seus clientes?
  - Um histórico público de desempenho em relação a decisões estratégicas de mercado?
  - Quais os resultados de sua decisão durante a última baixa prolongada do mercado e durante a recuperação?

Acredite, ater-se às ações é mais difícil do que parece. Você vai sentir uma tentação praticamente irresistível de morder outras iscas quando houver turbulências no mercado. Não morda, a menos que você tenha certeza –

mesmo – de que as ações vão cair muito durante um bom tempo. Pergunte a si mesmo o que você sabe sobre o momento oportuno de entrar ou sair do mercado que ninguém mais sabe. Meu palpite? Acho que nada. Repetindo: se souber, devia ter uma empresa que trabalha com dinheiro alheio (ver o Capítulo 7).

Como saber se o mercado vai passar por uma baixa prolongada? É difícil. Com certeza, não é quando todo mundo espera. Os profissionais são péssimos para prever baixas prolongadas. A mídia é pior ainda. Portanto, se a maioria das pessoas está prevendo tempos ruins, fique sabendo que você deve comprar ações. Repetindo: para se tornar um especialista em baixas prolongadas do mercado, leia o meu livro de 2007. Se não conseguir fazer sequer esse estudo individual, não tente tomar essas decisões por conta própria.

Como driblar as baixas prolongadas do mercado

Mesmo que você sofra com todos os seus investimentos no mercado durante uma baixa prolongada, não vai ter grandes problemas. A longo prazo, as médias superiores das ações *incluem* baixas prolongadas. Você não precisa evitar todas elas. Investidores genuinamente passivos mantêm rigidamente os seus investimentos nos tempos bons e nos ruins, aconteça o que acontecer! E superam de longe aqueles que definem o momento certo de entrar ou sair dos mercados. Para definir o momento certo de entrar ou sair dos mercados, você tem de saber o que está fazendo, e são pouquíssimos os que sabem. É de fato muito difícil.

Uma advertência: as correções são diferentes de baixas prolongadas. São choques rápidos e violentos – grandes quedas súbitas que apavoram as pessoas. Podem acontecer uma ou duas vezes por ano. Não se deixe enganar. Mantenha seus investimentos, pois a turbulência vai passar em poucos meses. As verdadeiras baixas prolongadas começam devagar e calmamente. As pessoas estão otimistas depois de um pico. Qualquer um que esteja pessimista então é considerado biruta. As ações caem um pouco todo mês, mas nada dramático. Enquanto isso, processos fundamentais desdobram-se e poucos percebem. As baixas prolongadas não começam de repente – nem mesmo em 1929 – se forem avaliadas corretamente (sobre esse tópico, leia o meu livro de 1987, *The Wall Street waltz*, revisado em 2007).

TÍTULOS SÃO MAIS ARRISCADOS QUE AS AÇÕES. SÉRIO

Espera aí! As ações não podem ter uma queda vertical? Não é melhor abrir mão de uma parte dos retornos em troca de uma boa noite de sono? Não. Lembre-se, o título deste livro é *As dez rotas para enriquecer*, e não *As nove rotas para enriquecer e uma rota para uma boa noite de sono*. A longo prazo, as ações não são arriscadas. A curto prazo elas são voláteis, o que assusta as pessoas. Ignore seu troglodita interior querendo se esconder de coisas assustadoras. Os investidores fracassam com seus retornos de longo prazo porque não conseguem assimilar realmente isso: o curto prazo não interessa – nem um pingo! Os caminhos que levam à riqueza são longos. A chamada a seguir mostra as vantagens de se decidir por ações a expensas dos títulos durante vinte anos. É simples. Desde 1926, houve 63 períodos de vinte anos consecutivos. Em 62 deles, as ações superaram os títulos – 927% para 243%! No único período em que os títulos superaram as ações – de 1° de janeiro de 1929 até 31 de dezembro de 1948 – tivemos a Grande Depressão e a Segunda Guerra Mundial. Mas os títulos raramente superam as ações – a proporção é de 1.4 para 1. Portanto, não vale a pena arriscar nada com títulos a longo prazo.

A decisão: ações *versus* títulos

O desempenho das ações superou o dos títulos em 98% dos casos, ou 62 em 63 períodos de vinte anos consecutivos desde 1926.

	Retorno total médio durante períodos de vinte anos consecutivos
Ações norte-americanas	927%
Títulos norte-americanos	243%

As ações superam os títulos por uma margem de 3,8/1.

No único período em que os títulos superaram as ações – de 1° de janeiro de 1929 a 31 de dezembro de 1948 –, a margem não foi muito grande.

	Retorno total médio de um período de vinte anos no qual os títulos superaram as ações
Ações norte-americanas	84%
Títulos norte-americanos	115%

Os títulos superam as ações por uma margem de 1,4/1.

Fonte: Ibbotson Analyst, Copyright 2008, Morningstar Inc.

Ainda não está convencido de que as ações são superiores? A maioria das pessoas acha que os títulos são mais seguros. São, se você considerar o risco de volatilidade durante períodos curtos. Fato: desde que disponha de algum tempo, as ações não só têm retornos muito melhores como eles são mais consistentes. A Figura 10.4 mostra os retornos de três anos consecutivos, ajustados em termos de inflação e impostos, relativos aos títulos. Compare-os com os retornos das ações na Figura 10.5.

Se lhe derem um tempinho, as ações têm menos períodos negativos que os títulos. *Mesmo que os papéis supostamente seguros do Tesouro dos Estados Unidos tenham períodos de múltiplos retornos negativos consecutivos.* E retornos de mais de 10% durante três anos são raros. Sim, os períodos negativos das ações são mais longos, mas são compensados pelos períodos positivos, maiores e mais consistentes. Se você tem um horizonte temporal maior (você tem), as ações são menos arriscadas.

Figura 10.4 – Retornos reais de papéis do Tesouro norte-americano durante um período de dez anos, depois de descontados os impostos – 1926-2007

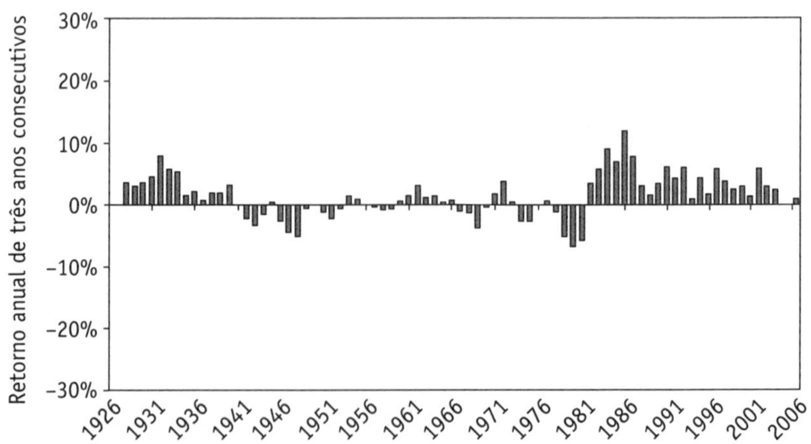

Fonte: Global Financial Data.

Figura 10.5 – Retornos reais das 500 empresas da S&P depois de descontados os impostos – 1926-2007

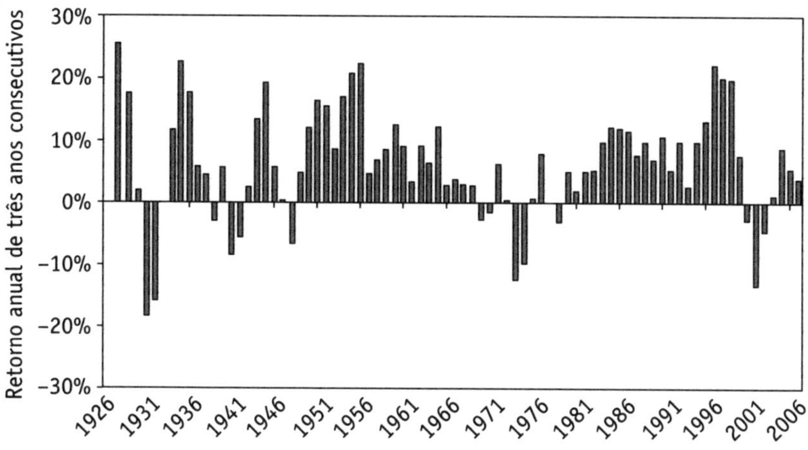

Fonte: Global Financial Data.

Talvez você seja um daqueles birutas que acreditam que "tudo está diferente" hoje, o mundo está pior, o capitalismo é horrível, as ações estão com os dias contados. Bom, não há nada que eu possa fazer por você além de recomendar que procure um bom terapeuta.

Existem pessoas que, aconteça o que acontecer, nunca vão investir todo o seu dinheiro em ações. Se é o seu caso, tudo bem. Mas é bom lembrar que, ao calcular quanto você precisa economizar por ano, você tem de usar uma expectativa de retorno menor. Vai ser mais difícil e mais demorado ficar rico nesse caminho se você não usar o poder mágico dos retornos compostos superiores das ações. Você pode conseguir, mas vai demorar mais tempo. Se quiser usar nosso primeiro exemplo para conseguir acumular 6 milhões de dólares em trinta anos com menos ações, talvez você tenha de supor um retorno médio de 7%. Isso significa economizar 63.500 dólares por ano com um emprego mais bem pago. Se você puder, ótimo! Se não puder, talvez deva se aposentar mais tarde, começar a economizar antes (você consegue acumular 6 milhões de dólares a 7% ao ano durante quarenta anos economizando somente 30 mil dólares por ano). Ou talvez você morra antes. Cabe a você.

Ações, ações e mais ações...

Não investi tempo algum explicando como escolher as melhores ações porque, primeiro, ninguém pode explicar uma coisa dessas em um capítulo. Para isso, leia meu primeiro livro, e o quarto (*Super stocks* e *Para o bom investidor, três perguntas bastam*). Segundo: a decisão de comprar ações, títulos ou dinheiro vivo, e em que porcentagens, *determina a maior parte dos retornos de seu portfólio*. A escolha das melhores ações, mesmo sendo benfeita, não aumenta muito os seus retornos. Minha empresa faz isso para ganhar o pão. Confie em mim.

ASSIM COMO HETTY?

Nesse caminho que é o mais comum de todos, há pouca gente famosa com quem aprender. Uma personalidade famosa e uma de minhas prediletas era frugal demais – Hetty Green. Hetty não ligava muito para as ações. Raramente procurava grandes retornos – procurava 6% (em uma época em que ainda não havia imposto de renda) por meio da maioria dos títulos. Só comprava ações no auge do pânico, quando elas estavam baratas. Tinha sangue de barata – ficava impassível durante as crises de mercado que fez muitos homens controlados soluçarem de pavor.

Em 1916 ela morreu com aproximadamente 100 milhões de dólares.[4] Economizava cada centavo. Hetty não precisava de retornos maiores que os que tinha. Era neuroticamente frugal. Não gastava com roupas – usava constantemente o mesmo vestido preto. Costurava apólices no vestido e no xale (antes do comércio online!) por uma questão de segurança – aqueciam melhor o seu corpo. Obrigava o filho a revender seus jornais. Morava em um apartamento sem água quente e sem aquecimento. Podia se dar qualquer luxo, mas alimentava-se basicamente de aveia e biscoitos cream-cracker. Quando seu filho, ainda muito jovem, machucou a perna andando de trenó, ela não pagou uma consulta ao médico. Entrou na fila para conseguir uma consulta gratuita e usou um cataplasma caseiro. Não funcionou. O pai de seu filho (que se divorciara de Hetty – sua economia rigorosa o incomodava) entrou em cena, pagando para amputarem a perna gangrenada do rapaz – ela não pagaria.

Naquela época, uma mulher construir um portfólio de mais de 100 milhões de dólares era raro – ninguém nunca ouvira falar de nenhuma. Sua proeza financeira e suas roupas esfarrapadas granjearam-lhe o apelido de "a bruxa de Wall Street".

Portanto, não, você não precisa dos retornos superiores das ações nessa rota. Mas sou capaz de jurar que você não deixaria a perna de seu filho ser amputada. Você pode agir como Hetty, mas também pode ignorar seus temores e comprar mais ações. Ou então você calcula quanto vai precisar economizar dada uma expectativa de retornos menores.

Ler para enriquecer

Há milhares de livros sobre poupança e investimento. A maioria não presta – são os mesmos conselhos requentados muitas e muitas vezes. Se o conselho desse certo na primeira vez, você não precisaria ouvir as mesmas fórmulas de sempre vezes incontáveis – um livro só bastaria. Mas não desanime. Você pode ler os que já recomendei antes, ou um dos seguintes:

- *The ultimate gift* [A última palavra], de Jim Stovall. Dei um exemplar a cada um dos meus filhos – uma história com uma mensagem-chave, que não ensina somente a pensar em dinheiro mas também a se tornar um ser humano melhor.
- *O milionário mora ao lado*, de Thomas J. Stanley e William D. Danko. Este não vai ensinar você a poupar ou investir, mas abriu os olhos de muita gente quando foi publicado. É verdade: a maioria dos milionários é de gente bem comum.
- Se você não sabe distinguir uma ação de um título, nem de um futuro de gado, leia *Investing for dummies* [Investimento para tontos], de Eric Tyson. Aqui você vai aprender a abrir uma conta, navegar por uma corretora e começar a comprar ações.
- *Para o bom investidor, três perguntas bastam*, de minha lavra. Fato: a maioria dos livros sobre investimento faz mal à saúde. Eles dizem para você "só comprar essas ações, e não aquelas", ou deixam implícita a existência de uma fórmula mágica. Besteira. Você não consegue superar o mercado com um truque sobre o qual milhões de outras pessoas leram. Para superar o mercado, você realmente tem de saber alguma coisa que o resto não sabe. Uma coisa dificílima! Meu livro mostra como desco-

brir o que a maioria dos outros não sabe usando só a cabeça e algumas estatísticas. Aliás, você deveria ler todos os meus outros livros sobre mercado de ações: *Super stocks* [Ações poderosas], *The Wall Street waltz* ou *100 minds that made the market* (com uma biografia de Hetty Green).

••➡ Guia para **poupar e investir**

Essa é a rota mais usada. Se você fizer as coisas direitinho, ela dará resultados bem consistentes. Não, você não vai virar um megamilionário – a menos que seja neuroticamente frugal e viva à base de aveia. Mas pode conseguir alguns milhões de dólares facilmente e ter uma bela aposentadoria se der os seguintes passos:

1. *Arranje um emprego decente que lhe pague um bom salário.* Com um emprego bem remunerado, ou um emprego que vai acabar pagando bem, você economiza mais e mais facilmente. Faça alguma coisa de que goste muito, mas é melhor ainda se o que você gosta muito de fazer pagar acima da média.
2. *Calcule quanto você quer/de quanto precisa.* Não economize sem um objetivo definido. Pense na quantia com a qual quer viver. Não se esqueça dos ajustes da inflação.
3. *Calcule quanto você precisa economizar por mês.* Com base em seu objetivo, calcule quanto você precisa economizar. Você não precisa economizar a mesma quantia todo mês ou todo ano, principalmente se for jovem. Você pode traçar um plano para aumentar sua poupança com o passar do tempo. Mas lembre-se: o dinheiro economizado antes vale mais depois. Comece agora.
4. *Agora economize.* Como? Suas opções: ser frugal. Ganhar mais. Fazer de tudo para manter seu plano de poupança funcionando. A maioria dos livros prega a frugalidade – o que não serve para algumas pessoas. Se é o seu caso, consiga um aumento.
5. *Faça o seu dinheiro trabalhar.* Nesse caminho, você precisa comprar ações, praticamente sempre. As ações têm retornos melhores a longo prazo. Se você está nesse caminho, tem muito tempo para investir. Se você simplesmente não consegue tolerar a volatilidade, planeje de acordo. Reduza sua expectativa de retornos. Economize mais. Você ainda pode ficar rico com menos ações se planejar bem e for disciplinado.

Conclusão

Enquanto eu estava escrevendo este livro, as pessoas diziam coisas do tipo: "Você não devia promover isso de ficar muito rico. Nem todo mundo consegue. Além do mais, é como ser 'obscenamente' rico. Ainda é obsceno".

Em primeiro lugar, é simplesmente falsa a ideia de que *megarrico* signifique *obsceno* de alguma forma. Se você leu tudo e agora está aqui na conclusão, teve muitas provas de que a riqueza é boa. Acreditar que não é um mito social perverso nascido da ignorância e de uma experiência direta infeliz com os muito ricos, que estão entre as pessoas mais fascinantes e benéficas do mundo. Acredito piamente que, se eu pudesse fazer com que todos se tornassem muito ricos, o mundo seria um lugar muito melhor.

E talvez seja verdade que nem todos vão ser ricos, mas não está claro que qualquer um não possa ser rico. Você pode. Cabe somente a você. Não há nenhum motivo pelo qual mais pessoas não possam tentar ganhar alguns ou até muitos milhões – sem fazer mal a ninguém. O problema é que os pessimistas têm menos fé em você do que eu. Eles acham que você não deve tentar, que não deve chegar lá. Que não tem condições. Eu sei que tem. Sei que muito mais gente pode enriquecer com um pouco de planejamento e iniciativa se tomar a rota ou as rotas certas.

Talvez os críticos da riqueza não tenham visto muita gente ficar rica como eu, de modo que não sabem que é possível, nem o quanto é benéfico.

Difícil? É. Muitas horas? Habilidade? Couro resistente? Sim, sim e sim! Mas impossível? Não! Eu lhe dou mais crédito que eles.

Esqueça os ricos mais famosos! Todos os 25 mil dos meus clientes – todos pessoas relativamente ricas com dinheiro para investir – enriqueceram percorrendo uma dessas rotas. A maioria preferiu A rota mais usada. Mas outros percorreram caminhos diferentes e também foram bem-sucedidos. Alguns tomam caminhos de que você não gosta – como casar bem ou ser um pirata –, mas as pessoas que escolheram esses caminhos sabiam o que estavam fazendo e se sentem perfeitamente bem a respeito. Vi todos eles acumularem uma grande riqueza de formas que as pessoas que acham que você não devia tentar nem imaginam.

Agora cabe a você. Você já conhece os caminhos, já viu exemplos e já sabe o que fazer, e muita coisa que não deve fazer. Escolha. Lembre-se: você não precisa acertar na sua escolha logo de cara – só precisa tentar. O fracasso inicial é comum e não significa um beco sem saída permanente. Aprenda com os fracassos, tente de novo de outro jeito, falhe e tente mais uma vez. Quanto mais você tenta, mais as suas chances aumentam. E, à medida que aumentar as suas chances na vida, você enriquecerá naturalmente. Acontece simplesmente, e vai acontecer com você. Obrigado pelo tempo que você investiu na leitura e na reflexão sobre a riqueza.

Notas

Prefácio – Por que dez rotas?

1 The Associated Press, "Helmsley's Dog Gets $12 Million on Will", *Washington Post* (29 de agosto de 2997). Disponível em: <http://www.washingtonpost.com/wp-dyn/content/article/2007/08/29/AR2007082900491.html>. Acesso em: 15/4/2008.

2 Stephanie Strom, "Helmsley Left Dogs Billions in Her Will", *New York Times* (2 de julho de 2008). Disponível em: <http://www.nytimes.com/2008/07/02/us/02gif.html?incamp=article_popular_3>. Acesso em: 21/7/2008.

3 The Associated Press, "Two Arrested in Slaying of Illionois Lottery Winner", CBS2-Chicago (29 de julho de 2005). Disponível em: <http://www.washingtonpost.com/topstories/local_story_210225424.html>. Acesso em: 15/4/2008.

4 Shaya Tayefe Mohajer, "Powerball Win: Fantasy or Nightmare?", *Washington Post* (14 de setembro de 2007). Disponível em: <http://www.washingtonpost.com/wp-dyn/content/article/2007/09/14/AR2007091400612.html>. Acesso em: 20/5/2008.

Capítulo 1 – A mais rica das rotas

1 Matthew Miller, "The Forbes 400", *Forbes* (20 de setembro de 2007). Disponível em: <http://www.forbes.com/2007/09/19/richest-americans-forbes-lists-richlist07-cx_mm_0920rich_land.html>. Acesso em: 21/4/2008.

2 Ibid.

3 Small Business Association, "Frequently Asked Questions", (agosto de 2007). Disponível em: <http://www.sba.gov/advo/stats/sbfaq.pdf>. Acesso em: 21/4/2008.

4 Bureau of Economic Analysis.

5 Ver a nota 1.

[6] George Raine, "LeapFrog Founder Steps Down", *San Francisco Chronicle* (2 de setembro de 2004). Disponível em: <http:// www.sfgate.com/cgi-bin/article.cgi?file=/chronicle/archive/2004/09/02/BUG8M814K41.DTL&type=business>. Acesso em: 21/4/2008.

[7] Ver a nota 1.

[8] Ibid.

[9] Bloomberg, no dia 24/03/2008.

[10] Ver a nota 1.

[11] Ibid.

[12] Samantha Critchell, "Resorts Recruit Top Designers to Outfit Ski Patrol", *USA Today* (20 de dezembro de 2006). Disponível em: <http://www.usatoday.com/travel/destinations/ski/2006-11-28-ski-fashion_x.htm>. Acesso em: 20/4/2008.

[13] Gwendolyn Bounds, Kelly K. Spors e Raymund Flandez, "Psst! The Secrets of Serial Success", *Yahoo! Finance* (28 de agosto de 2007). Disponível em: <http://finance.yahoo.com/career-work/article/103425/Psst!-The-Secrets-Of-Serial-Success>. Acesso em: 30/4/2008.

[14] "Franchising: New Power for 500,000 Small Businessmen", *Time* (18 de abril de 1969). Disponível em: <http://www.time.com/time/magazine/article/0,9171,84480-1,00.html>. Acesso em: 30/4/2008.

[15] A localização de H. Salt Fish & Chips foi feita em http://www.hsalt.com/locations.htm.

[16] Ver a nota 1.

[17] Daniel Fisher, "Mr. Big", *Forbes* (13 de março de 2006). Disponível em: <http://www.forbes.com/global/2006/0313/024.html>. Acesso em: 30/4/2008.

[18] Ver a nota 1.

[19] Ver a nota 17.

[20] Calculadora da inflação encontrada em http://data.bls.gov/cgi-bin/cpicalc.pl.

[21] Jackie Krentzman, "The Force Behind Nike Empire", *Stanford Magazine* (janeiro de 1997). Disponível em: <http://www.stanfordalumni.org/news/magazine/1997/janfeb/articles/knight.html>. Acesso em: 30/4/2008.

[22] Ibid.

[23] Benjamin Powell, "In Defense of 'Sweatshps'", *The Library of Economics and Liberty* (2 de junho de 2008). Disponível em: <http://www.econlib.org/library/Columns/y2008/Powellsweatshops.html>. Acesso em: 03/6/2008.

Capítulo 2 – Desculpe, mas esse trono é meu

[1] Nancy Moran e Rodney Yap, "O'Neal Ranks No. 5 da Payout List, Group Says", *Bloomberg* (2 de novembro de 2007). Disponível em: <http://www.bloomberg.com/apps/news?pid=20601109&sid=aPxzn5U8zNBo&refer=home>. Acesso em: 22/4/2008.

2 Matthew Miller, "The Forbes 400", *Forbes* (20 de setembro de 2007). Disponível em: <http://www.forbes.com/2007/09/19/richest-americans-forbes-lists-richlist07-cx_mm_0920_land.html>. Acesso em: 22/4/2008.

3 Ibid.

4 Clive Horwood, "How Stan O'Neal Went from the Production Line to the Front Line of Investiment Banking", *Euromoney* (julho de 2006). Disponível em: <http://www.euromoney.com/article.asp?ArticleID=1042086>. Acesso em: 22/4/2008.

5 Reuters, "Business Briefs", *New York Times* (11 de março de 2006). Disponível em: <http://query.nytimes.com/gst/fullpage.html?res=990EED91331F932A25750C0A9609C8B63>. Acesso em: 22/4/2008.

6 Sobre Duck Brand. Disponível em: <http://duckproducts.com/about/

7 Ver a nota 1.

8 "Oil: Exxon Chairman's $400 Million Parachute, Exxon Made Record Profits in 2005", *ABCNews* (14 de abril de 2006). Disponível em: <http://abcnews.go.com/GMA/story?id=1841989>. Acesso em: 22/4/2008.

9 Thomson Datastream. Retornos da Exxon Mobil Corp (XOM) entre 31 de dezembro de 1993 e 31 de dezembro de 2005.

10 Ibid.

11 Exxon Mobil Employment Data. Disponível em: <http://www.exxonmobil.com/corporate/about_who_workforce_data.aspx>. Acesso em: 22/4/2008.

12 "The Not-So-Retired Jack Welch", *New York Times* (2 de novembro de 2006). Disponível em: <http://dealbook.blogs.nytimes.com/2006/11/02-the-not-so-retired-jack-welch/>. Acesso em: 22/4/2008.

13 John A. Byrne, "How Jack Welch Runs GE", *BusinessWeek* (atualizado em 22 de maio de 1998). Disponível em: <http://www.businessweek.com/1998/b3581001.htm>. Acesso em: 22/4/2008.

14 Thomson Datastream, 31 de dezembro de 1980 até 31 de dezembro de 2001.

15 Associated Press, "Fox News Hires Carly Fiornia, Ex-Chief of HP", *International Herald Tribune* (10 de outubro de 22007. Disponível em: <http://www.iht.com/aricles/2007/10/10/business/fox.php>. Acesso em: 20/5/2008.

Capítulo 3 – Companheiros de viagem: os copilotos

1 Matthew Miller, "The Forbes 400", *Forbes* (20 de setembro de 2007). Disponível em: <http://www.forbes.com/2007/09/19-richest-americans-forbes-lists-richlist07cx_mm_0920rich_land.html>. Acesso em: 22/4/2008.

2 Luisa Kroll, "The World's Billionaires", *Forbes* (5 de março de 2008). Disponível em: <http://www.forbes.com/lists/2008/10/billionaires08_Jeffrey-Skoll_PB9U.html>. Acesso em: 20/5/2008.

3 "Peter F. Chernin Profile", *Forbes* http://www.forbes.com/finance/mktguideapps/personinfo/FromPersonidPersonTearsheet.jhtml?passedPersonId=935400>. Acesso em: 20/5/2008.

4 News Corp, "The Best & Worst Managersof 2003: Peter Chernin", *BusinessWeek* (12 de janeiro de 2004). Disponível em: <http://www.businessweek.com/magazine/content/04_02/b3865717.htm>. Acesso em: 20/5/2008.

5 Ver a nota 1.

6 Ibid.

7 David Weidner, "Pottruck Ousted from Schwab", *MarketWatch* (20 de julho de 2004). Disponível em: <http://www.marketwatch.com/News/Story/Story.aspx?gui=%7B8F3FF0844-2338-44F0-9209-9861036087D4%D&siteid=mktw>. Acesso em: 22/7/2008.

8 J.P. Donlon, "Heavy Metal – Interview with Caterpillar CEO Donald Fites", *The Chief Executive* (setembro de 1995). Disponível em: <http://findarticles.com/p/articles/mi_m4070/is_n106/ai_17536753>. Acesso em: 20/5/2008.

9 "Moe S. Nozari Profile", *Forbes.* Disponível em: <http://www.forbes.com/finance/mkt-guid-apps/personinfo/FromPersonIdPersonTearsheet.jhtml?passedPersonId=878433>. Acesso em: 20/5/2008.

10 "Dr. Joan E. Miller Profile", *Forbes* http://www.forbes.com/finance/mktguideapps/personinfo/FromPersonIdPersonTearsheet.jhtml?passedPersonId=1137833>. Acesso em: 20/5/2008.

11 Ver a nota 1.

Capítulo 4 – Ricos ... e famosos

1 Matthew Miller, "The Forbes 400", *Forbes* (20 de setembro de 2007). Disponível em: <http://www.forbes.com/lists/2007/54/richlist07_The-400-Richest-Americans_Rank.html>. Acesso em: 11/4/2008.

2 Lea Goldman e Kiri Blakeley, "The Richest 20 Women in Entertainment", *Forbes* (18 de janeiro de 2007). Disponível em: <http://www.forbes.com/digital-entertainment/2007/01/17/richest-women-entertainment-tech-midia-cz_lg_richwomen07_0118womenstars_lander.html>. Acesso em: 11/4/2008.

3 Ibid.

4 Ver a nota 1.

5 "Cuban Slammed with $25,000 Fine", *ABCNews* (20 de junho de 2006). Disponível em: <http://abcnews.go.com/Sports/story?id=2098577&page=1>. Acesso em: 11/4/2008.

6 Associated Press, "Mavs Owner Serves Smiles and Ice Cream", *The Daily Texan* (17 de janeiro de 2002). Disponível em: <http://media.www.dailytexanonline.com/media/

storage/paper410/news/2002/01/17/Sports/Mavs-Owner.Serves.Smiles.And.Ice.Cream-505789shtml?norewrite200608240019&sourcedomain=www.dailytexanonline.com>. Acesso em: 11/4/2008.

7 Cathy Booth Thomas, "A Bigger Screen for Mark Cuban", *Time* (14 de abril de 2002). Disponível em: <http://www.time.com/time/magazine/article/0,9171,230372-1,00.html>. Acesso em: 11/4/2008.

8 Mike Morrisone Christine Frantz *Infoplease*, "Tiger Woods Timeline". Disponível em: <http://www.infoplease.com/spot/tigertime1.html>. Acesso em: 11/4/2008.

9 Associated Press, "Madonna announces Huge Live Nation Deal", *MSNBC* (16 de outubro de 2007). Disponível em: <http://www.msnbc.msn.com/id/21324512/>. Acesso em: 9/6/2008; Jeff Jeeds, "In Rappers Deal, a New Model for Music Business", *New York Times* (3 de abril de 2008). Disponível em: <http://www.nytimes.com/2008/04/03/arts/music/03jayz.html>. Acesso em: 9/6/2008.

10 U.S. Department of Labor, Bureau of Labor Statistics, "Actors, Producers, and Directors", (18 de dezembro de 2007). Disponível em: <http://www.bls.gov/oco/ocos093.htm>. Acesso em: 11/4 2008.

11 "Dell Dude Now Tequila Dude at Tortilla Flats", *New York Magazine* (7 de novembro de 2007). Disponível em: <http://nymag.com/daily/food/2007/11/dell_dude_now_tequila_dude_at.html>. Acesso em: 11/4/2008.

12 Nicole Bracken, "Estimated Probability of Competing in Athletics Beyond the High School Interscholastic Level", *National CollegiateAthletic Association* (16 de fevereiro de 2007). Disponível em: <http://www.ncaa.org/research/prob_of_competing/probability_of_competing2.html>. Acesso em: 11/4/2008.

13 National Collegiate Athletic Association, "Major League Baseball General Information". Disponível em: <http://www.1ncaa.org/membership/enforcement/amauteurism/player_contacts/mlb_info/mlb_gen_info?ObjectID=25544&ViewMode=08&PreviewState=0>. Acesso em: 14/4/2008.

14 Ver a nota 12.

15 Lea Goldman, Monte Burke e Kiri Blakeley, "The Celebrity 100", *Forbes* (14 de junho de 2007). Disponível em: <http://www.forbes.com/200706/14/best-paid-celebrities-07celebrities_cz-lg_0614celeb_land.html>. Acesso em: 14/4/2008.

16 Ver a nota 2.

17 Ver a nota 15.

18 Jon Saraceno, "Tyson: 'My Whole Life Has Been a Waste'", *USA Today* (2 de junho de 2005). Disponível em: <http://www.usatoday.com/sports/boxing/2005-06-02-tyson-saraceno_x.htm>. Acesso em: 14/4/2008.

19 "Actor Gary Coleman Wins $1.3 Million in Suit Againts His Parents and Ex-Advisor", *Jet* (15 de março de 1993). Disponível em: <http://findarticles.com/p/articles/mi_m1355/is_n20_v83/ai_13560059/pg_1>. Acesso em: 14/4/2008.

20 Daniel Kreps, "Van Halen Reunion Tour Grosses $93 million", *Rolling Stone* (5 de junho de 2008). Disponível em: <http://www.rollingstone.com/rockdaily/index.php/2008/06/05/van-halen-reunion-tour-grosses-93-million>. Acesso em: 12/6/2008.

21 Amy Fleitas e Paul Bannnister, "Big Names, Big Debt: Stars with Money Woes", *Bankrate.com* (30 de janeiro de 2004). Disponível em: <http://www.bankrate.com/brm/news/debt/debt_manage_2204/big-names-big-debt.asp>. Acesso em: 22/7/2008.

22 Ver a nota 1.

23 "The Mad Man of Wall Street", *BusinessWeek* (31 de outubro de 2005). Disponível em: <http://www.businessweek.com/magazine/content/05_44/b3957001.htm>. Acesso em: 11/4/2008.

24 James J. Cramer, *Confessions of a Street Addict* (Nova York: Simon & Schuster, 2006).

25 New York City Department of Transportation, "Ferries & Buses". Disponível em: <http://www.nyc.gov/html/dot/html/ferrybus/statfery.shtml>. Acesso em: 14/4/2008.

26 O prazo da Advance Publications Corporate foi encontrado em http://cjrarchives.org/tools/owners/advance-timeline.asp.

27 Geraldine Fabrikant, "Si Newhouse Tests his Magazine Magic", *New York Times* (25 de setembro de 1988). Disponível em: <http://query.nytimes.com/gst/fullpage.html?res=940DE0DE1419F936A1775AC0A96E948260>. Acesso em: 11/6/2008.

28 Ver a nota 1.

29 Panache Report, "Three Richest Men in Hop-Hip For 2007". Disponível em: <http://panachereport.com/channels/coverstories/jennifer.htm>. Acesso em: 14/4/2008.

30 Ibid.

31 Bill Johnson, Jr., "Jay-Z Stabbing Results in Three Years Probation", *Yahoo! News* (6 de dezembro de 2001). Disponível em: <http://music.yahoo.com/read/news/12050127>. Acesso em: 14/4/2008.

32 "Jay-Z Cashes in with Rocawear Deal", *New York Times* (6 de março de 2007). Disponível em: <http://dealbook.blogs.nytimes.com/2007/03/06/jay-z-cashes-in-with-200-million-rocawear-deal/>. Acesso em: 14/4/2008.

33 Ver a nota 15.

34 Ver a nota 29.

Capítulo 5 – Case-se bem. Muito bem mesmo

1 Robert Frank, "Marrying for Love... of Money", *Wall Street Journal* (14 de dezembro de 2007). Disponível em: <http://online.wsj.com/article/SB119760031991928727.html?mod=hps_us_inside_today>. Acesso em: 14/4/2008.

2 Internal Revenue Service.

3 Ibid.

4 U.S. Bureau of the Census em www.census.gov; Matthew Miller, "The Forbes 400", *Forbes* (20 de setembro de 2007). Disponível em: <http://www.forbes.com/lists/2007/54/richlist07_The-400-Richest-Americans_Rank.html1>. Acesso em: 14/4/2008.

5 Marlys Harris, "How to Marry a Millionaire", *Money Magazine* (3 de julho de 2007). Disponível em: <http://money.cnn.com/magazines/moneymag/moneymag_archive/2007/07/01/1001116670/index.htm>. Acesso em: 14/4/2008.

6 Matthew Miller, "The Forbes 400", *Forbes* (20 de setembro de 2007). Disponível em: <http://www.forbes.com/lists/2007/54/richlist07_The-400-Richest-Americans_Rank.html>. Acesso em: 14/4/2008.

7 Ibid.

8 Fred Vogestein, "How Mark Zuckerberg Turned Facebook into the Web's Hottest Platform", *Wired* (6 de setembro de 2007). Disponível em: <http://www.wired.com/techbiz/startups/news/2007/09/ff_facebook>. Acesso em: 14/4/2008.

9 Ver a nota 6.

10 Geoffrey Gray, "Tough Love", *New York Magazine* (19 de março de 2006). Disponível em: <http://nymag.com/relationships/features/16463/>. Acesso em: 14/4/2008.

11 Geoffrey Gray, "The Ex-Wives Club", *New York Magazine* (19 de março de 2006). Disponível em: <http://nymag.com/relationships/features/16469/>. Acesso em: 14/4/2008.

12 Ver a nota 10.

13 Ver a nota 11.

14 Catherine Mayer, "The Judges's Take on Heather Mills", *Time* (18 de março de 2008). Disponível em: <http://www.time.com/time/arts/article/0,8599,1723254,00.html>. Acesso em: 14/4/2008.

15 Equipe da Forbes, "The 10 Most Expensive Celebrity Divorces", *Forbes* (12 de abril de 2007). Disponível em: <http://www.forbes.com/2007/04/12/most-expensive-divorces-biz-cz_lg_0412 celebdivorce.html>. Acesso em: 14/4/2008.

16 Davide Dukcevich "Divorce and Dollars", *Forbes* (27 de setembro de 2002). Disponível em: <http:// www.forbes.com/2002/09/27/0927divorce_2html>. Acesso em: 14/4/2008.

17 OpenSecrets, "John Kerry (D-MA) Personal Financial Disclosures Summary: 2006". Disponível em: <http://www.opensecrets.org/politicians/pfds.asp?CID=N00000245>. Acesso em: 14/4/2008.

18 Mark Feeney, "Julia Thorne, at 61: Author, Activist was Ex-Wife of Senator Kerry", *Boston Globe* (28 de abril de 2006). Disponível em: <http://www.boston.com/news/globe/obituaries/articles/2006/04/28/julia_thorne_at_61_author_activist_was_ex_wife_of_senator_kerry/>. Acesso em: 14/4/2008.

19 Ralph Vartabedian, "Kerry's Spouse Worth $1 Billion", *San Francisco Chronicle* (27 de junho de 2004). Disponível em: <http://www.sfgate.com/cgi-bin/article.cgi?file=c/a/2004/06/27/MNG4T7CTRN1.DTL>. Acesso em: 14/4/2008.

20 Ver a nota 6.

21 Ibid.

22 Erika Brown, "What Would Meg Do", *Forbes* (21 de maio de 2007). Disponível em: <http://www.forbes.com/business/global/2007/0521//058.html>. Acesso em: 29/5/2008.

23 Ver a nota 6.

24 S. Graham & Associates. Website encontrado em http://stedmangraham.com/about.html.

25 Ver a nota 6.

26 Equipe do MSNBC, "Oprah Leaves Boyfriend Stedman Out of Her Will", *MSNBC*, (9 de janeiro de 2008). Disponível em: <http://msnbc.msn.com/id/22578526/>. Acesso em: 17/6/2008.

27 Charles Kelly, "Drowning of Heiress Left Many Questions, Rumors", *The Arizona Republic* (23 de maio de 2002). Disponível em: <http://azcentral.com/new/famous/articles/0523Unsolved-Buffalo23.html>. Acesso em: 14/4/2008.

Capítulo 6 – Roube – como um pirata, mas dentro da lei

1 Peter Elkind, "Mortal Blow to a Once-Mighty Firm", *Fortune* (25 de março de 2008). Disponível em: <http://money.cnn.com/2008/03/24/news/companies/reeling_milberg.fortune/>. Acesso em: 23/4/2008.

2 Jeffrey MacDonald, "The Self-Made Lawyer", *Christin Science Monitor* (3 de junho de 2003). Disponível em: <http://csmonitor.com/2003/0603/p13s01-lecs.html>. Acesso em: 23/4/2008.

3 American Bar Association.

4 "The Highest Pay per Hour for Associates", *AveryIndex* (2007). Disponível em: <http://www.averyindex.com/2007_highest_paid_1.php>. Acesso em: 18/4/2008.

5 U.S. Department of Labor, Bureau of Labor Statistics, "Occupational Outlook Handbook" (18 de dezembro de 2007). Disponível em: <http://www.bls.gov/oco/ocos53.htm>. Acesso em: 23/4/2008.

6 Saira Rao, "Lawyers, Fun & Money", *New York Post* (31 de dezembro de 2006). Disponível em: <http://www.nypost.com/seven/12312006/business/lawyers_fun_money_business_saira_rao.htm?page=1>. Acesso em: 19/5/2008.

7 Nathan Koppel, "Lawyers Gear Up Grand New Fees: Hourly Rates Increasingly Hit $ 1,000, Breaching a Level Once Seen As Taboo", *Wall Street Journal* (22 de agosto de 2007). Disponível em: <http://online.wsj.com/article/XB118775188828405048.html?mod=hpp_us_whats_news>. Acesso em: 23/4/2008.

8 Towers Perrin, "Study Highlights First Decrease in US Tort Costs Since 1997", (dezembro de 2007). Disponível em: <http://towersperrin.com/tp/showdctmdoc.jsp?url=Tillinghast/United_States/News/Spotlights/2007/2007_12_20_spotlight_tort_costs.htm>. Acesso em: 11/6/2008.

9 Michael A. Walters e Russel L. Sutter, "A Fresh Look at the Tort System", *Emphasis* (janeiro de 2003).

10 Ibid.

11 Matthew Miller, "The Forbes 400", *Forbes* (20 de setembro de 2007). Disponível em: <http://www.forbes.com/2007/09/19/richest-americans-forbes-lists-richlist07-cx_mm_0920rich_land.html>. Acesso em: 23/4/2008.

12 Steve Queen, "High Profile: Joe Jamail", *Dallas Morning News* (30 de novembro de 2003). Disponível em: <http://www.joejamail.net/HighProfile.htm>. Acesso em: 23/4/2008.

13 Ibid.

14 Cheryl Pellerin & Susan M. Booker, "Reflections on Hexavalent Chromium: Health Hazards of an Industrial Heavyweight", *Environmental Health Perspectives* (vol. 108; setembro de 2000), pp. A402 – A407 www.ehponline.org/docs/2000/108-9/focus.pdf>. Acesso em: 23/4/2008.

15 Walter Olson, "All About Erin", *Reason Magazine* (outubro de 2000). Disponível em: <http://www.reason.com/news/show/27816.html>. Acesso em: 23/4/2008.

16 Ibid.

17 Marc Morano, "Did 'Junk Science' Make John Edwards Rich?", *CNSNews* (20 de janeiro de 2004). Disponível em: <http://www.cnsnews.com/ViewPolitics.asp?Page=%5CPolitics%5Carchive%5C20041%5C200401%CPOL20040120a.html>. Acesso em: 23/4/2008.

18 "Parents File $150M Suit Against Naval Hospital", *News4Jax* (8 de fevereiro de 2007). Disponível em: <http://www.news4jax.com/news/10965449/detail.html>. Acesso em: 23/4/2008.

19 Jim Copland, "Primary Pass", *National Review* (26 de janeiro de 2004). Disponível em: <http://www.nationalreview.com/comment/copland200401260836.asp>. Acesso em: 23/4/2008.

20 Robert Steyer, "The Murky History of Merck's Vioxx", *TheStreet.com* (18 de novembro de 2004). Disponível em: <http://www.thestreet.com/_more/stocks/biotech/10195104.html>. Acesso em: 23/4/2008.

21 Ibid.

22 Nota à imprensa da Merck, "Merck Agreement to Resolve US VIOXX Product Liability Lawsuits" (9 de novembro de 2007). Disponível em: <http://www.merck.com/news-room/press_release/corporate/2007_1109.html>. Acesso em: 23/4/2008.

23 Peter Lattman, "Merck Vioxx By-the-Numbers", *The Wall Street Journal Law Blog* (9 de novembro de 2007). Disponível em: <http://blogs.wsj.com/law/2007/11/09/merck-expected-to-announce-485-billion-vioxx-settlement/>. Acesso em: 22/4/2008.

24 American Bar Association, "Tort Law: Asbestos Litigation". Disponível em: <http://www.abanet.org/poladv/priorities/asbestos.html>. Acesso em: 6/3/2008.

25 Patrick Moore, "Why I Left Greenpeace", *Wall Street Journal* (22 de abril de 2008). Disponível em: <http://online.wsj.com/article/SB120882720657033391.html?mod=opinion_main_commentaries>. Acesso em: 30/5/2008.

26 Peter Elkind, "The Fall of America's Meanest Law Firm", *Fortune* (3 de novembro de 2006). Disponível em: <http://money.cnn.com/magazines/fortune/fortune_archive/2006/11/13/8393127/index.htm>. Acesso em: 23/4/2008.

27 Ibid.

28 Ibid.

29 Michael Parrish, "Leading Class-Action Lawyer Is Sentenced to Two Yearsin Kickback Scheme", *The New York Times* (12 de fevereiro de 2008). Disponível em: <http://www.nytimes.com/2008/01/12/business/12legal.html>. Acesso em: 23/4/2008.

30 Ibid.

31 Peter Elkind, "Mortal Blow to a Once-Mighty Firm", *Fortune* (25 de março de 2008). Disponível em: <http://money.cnn.com/2008/03/24/news/companies/reeling_milberg.fortune/>. Acesso em: 23/4/2008.

32 Jonathan D. Glater, "Milberg to Settle Class-Action Case for $75 million", *International Herald Tribune,* 18 de junho de 2008. Disponível em: <http://iht.com/articles/2008/06/17/business/17legal.php>. Acesso em: 17/6/2008.

33 Equipe editorial, "The Firm", *Wall Street Journal* (18 de junho de 2008). Disponível em: <http://online.wsj.com/article/SB121374898947282801.html?mod=opinion_main_review_and_outlooks>. Acesso em: 19/6/2008.

34 The Inner Circle of Advocates. Disponível em: <http://www.innercircle.org/

Capítulo 7 – Dinheiro alheio – onde os mais ricos estão

1 ©2008 Morningstar, Inc. All Rights Reserved. As informações contidas aqui: (1) são propriedade da Morningstar e/ou seus fornecedores de conteúdo; (2) não podem ser copiadas nem distribuídas; (3) não há garantias de que sejam acuradas, completas ou que as datas estejam corretas. Nem a Morningstar, nem seus fornecedores de conteúdo são responsáveis por quaisquer danos ou perdas decorrentes do uso dessas informações. O desempenho passado não é garantia de resultados futuros. O uso das informações da Morningstar não constitui necessariamente uma concordância da Morningstar Inc. com qualquer filosofia ou estratégia apresentada neste periódico.

2 Ibid.

3 Ibid.

4 Matthew Miller, "The Forbes 400", *Forbes* (20 de setembro de 2007). Disponível em: <http://www.forbes.com//2007/09/19/richest-americans-forbes-lists-richlist07-cx_mm_0920rich_land.html>. Acesso em: 21/4/2008.

5 Ibid.

6 Ibid.

7 Ver a nota 4.

8 Ibid.

9 "CEO Compensation", *Forbes* (3 de maio de 2007). Disponível em: <http://www.forbes.com/lists/2007/12/lead_07ceos_CEO-Compensation_Diversified-Financials_9Rank.html>. Acesso em: 16/4/2008.

10 Ver a nota 4.

11 Robert Berner, "The Next Warren Buffet?", *BusinessWeek* (22 de novembro de 2004). Disponível em: <http://www.businessweek.com/magazine/content/04_47/b3909001_mz001.htm>. Acesso em: 21/4/2008.

12 Patricia Sellers, "Eddie Lampert: The Best Inventor of His Generation", *Fortune* (6 de fevereiro de 2006). Disponível em: <http://money.cnn.com/2006/02/03/news/companies/investorsguide_lampert/index.htm>. Acesso em: 16/4/2008.

13 Ver a nota 11.

14 Ibid.

15 Ver a nota 12.

16 Ver a nota 11.

17 Ver a nota 4.

18 Andrew Ross Sorkin, "A Movie and Protesters Single Out Henry Kravis", *New York Times* (6 de dezembro de 2007). Disponível em: <http://nytimes.com/2007/12/06/business/06equity.html?ex=1354597200&en=18531224bfaf9f2d&ei=5088&partner=rssnyt&emc=rss>. Acesso em: 16/4/2008.

19 Peter Carbonara, "Trouble at the Top", *CNNMoney* (1 de dezembro de 2003). Disponível em: <http://money.cnn.com/magazines/moneymag/moneymag_archive/2003/12/01354980/index.htm>. Acesso em: 16/4/2008.

20 Andy Serwer, Joseph Nocera, Doris Burke, Ellen Florian e Kate Bonamici, "Up Against the Wall", *Fortune* (24 de novembro de 2003). Disponível em: <http://money.cnn.com/magazines/fortune/fortune_archive/2003/11/24/353793/index.htm>. Acesso em: 16/4 /2008).

21 James B. Stewart, "The Opera Lover", *New Yorker* (13 de fevereiro de 2006), p. 108. http://www.newyorker.com/archive/2006/02/13/060213fa_fact_stewart>. Acesso em: 16/4/2008.

22 Ver a nota 4.

23 Ver a nota 21.

24 *Bloomberg News*, "Two Advisers Defrauded at Least 8 Clients, S.E.C. Says", (12 de novembro de 2005).

25 Charles Gasparino e Susanne Craig, "A Lehman Brothers Broker Vanishes, Leaving Questions, and Losses, Behind", *Wall Street Journal* (8 de fevereiro de 2002). Disponível em: <http://online.wsj.com/article/SB1013123372605057920.html?mod=googlewsj>. Acesso em: 19/5/2008.

26 Ibid.

27 U.S. Securities and Exchange Commission, "Litigation Release No. 17590" (27 de junho de 2002). Disponível em: <http://www.sec.gov/litigation/litreleases/lr7590.htm>. Acesso em: 16/4/2008.

28 U.S. Securities and Exchange Commission, "SEC to Recover about $4 Millionin Settlements with the Girlfriend and Estranged Wife of Jailed Stockbroker Frank Gruttadauria" (21 de janeiro de 2004). Disponível em: <http://www.sec.gov/litigation/litrealeases/lr8549.htm>. Acesso em: 16/4/2008.

Capítulo 8 – Invente um modo de ganhar dinheiro

1 *3M History*, "The Evolution of the Post-It Note". Disponível em: <http://www.3m.com/intl/hk/english/in_hongkong/postit/pastpresent/history_tl.html>. Acesso em: 14/4/2008).

2 Stacey Perman, "He Invents! Markets! Make Millions!", *BusinessWeek* (3 de outubro de 2005). Disponível em: <http://www.businessweek.com/smalbiz/content/oct2005/sb20051003_862270.htm>. Acesso em: 14/4/2008.

3 "The World's Billionaires: JK Rowling", *Forbes*. Disponível em: <http://www.forbes.com/lists/2008/10/billionaires08_Joanne-(JK)-Rowling_CRTT.html>. Acesso em: 14/4/2008.

4 Matthew Miller, "The Forbes 400", *Forbes* (20 de setembro de 2007). Disponível em: <http://www.forbes.com/lists/2007/richlist07_The-400-Richest-Americans_Rank.html>. Acesso em: 14/4/2008.

5 The Staff, "Interview with Morris 'Sandy' Weinberg, Esq.", *Jurist* (7 de março de 2001). Disponível em: <http://jurist.law.pitt.edu/pardonsex8.htm>. Acesso em: 14/4/2008.

6 Denise Rich, "Denise Rich Biography". Disponível em: <http://www.deniserichsongs.com/bio.html>. Acesso em: 14/4/2008.

7 "Making Money with Your Music", *Taxi.com*. Disponível em: <http://www.taxi.com/faq/makemoney/index.html>. Acesso em: 12/5/2008.

8 Alison Leigh Cowan, "Ex-Advisor Sues Denise Rich, Claiming Breach of Contract", *New York Times* (17 de agosto de 2002). Disponível em: <http://query.nytimes.com/gst/fullpage.html?res=9502EED7153DF934A2575BC0A9649C8B63>. Acesso em: 12/5/2008.

9 "Mr. Music, Back to His Old Haunts", *Sydney Morning Herald,* 29 de abril de 2008. Disponível em: <http://www.smh.com.au/news/arts/mr-music-back-to-his-old-haunts/2008/04/28/ 1209234762134.html>. Acesso em: 23/6/2008.

10 Ver a nota 4.

11 Marlys Harris, "Millionaires-in-Chief", *CNNMoney*. Disponível em: <http://money.cnn.com/galleries/2007/moneymag/0712/gallery.candidates.moneymag/index.html>. Acesso em: 14/4/ 2008.

12 Stephen Labaton, "Rose Law Firm, Arkansas Power, Slips As it Steps onto a Bigger Stage", *New York Times* (26 de fevereiro de 1994). Disponível em: <http://query.nytimes.com/gst/fullpage.html?res=9A05E2DB163AF935A15751C0A962958260&sec=&spon=&pagewanted=all>. Acesso em: 14/4/2008.

13 The Council of State Government's Survey – janeiro de 2004 e janeiro de 2005.

14 Dan Ackman, "Bill Clinton: Good-Bye Power, Hello Glory", *Forbes* (25 de junho de 2002). Disponível em: <http://www.forbes.com/2002/06/25/0625clinton.html>. Acesso em: 19/5/2008.

15 John Solomon e Matthew Mosk, "For Clinton, New Wealth in Speeches", *Washington Post* (23 de fevereiro de 2007). Disponível em: <http://www.washingtonpost.com/wp-dyn/content/article/2007/02//22/AR2007022202189.html>. Acesso em: 14/4/2008.

16 Suponha metade de sua renda economizada de 1979 a 1992 ($117,500), depois $100,000/ano (1993-2000), supondo 10% de taxa de retorno contábil.

17 Ken Dilanian, "Clinton's Income: $109M since 2000", *USA Today* (4 de abril de 2008). Disponível em: <http://www.usatoday.com/news/politics/election2008/2008-04-04-clinton-income_N.htm>. Acesso em: 12/5/2008.

18 Ver a nota 15.

19 Stephanie Smith, CRS Report for Congress, "Former Presidents: Federal Pension and Retirement Benefits", (18 de março de 2008), www.senate.gov/reference/resources/pdf/98-249.pdf>. Acesso em: 15/4/2008.

20 Ibid.

21 Ibid.

22 Ibid.

23 Ver a nota 4.

24 Ida A. Brudnick, "Salaries of Members of Congress: A List of Payable Rates and Effective Dates, 1789-2008", *The Library of Congress* (21 de fevereiro de 2008). Disponível em: <http://www.senate.gov/reference/resources/pdf/97-1011.pdf>. Acesso em: 19/5/2008.

25 U.S. Census Bureau 2006.

26 "Salaries for Members of Congress, Supreme Court Justices, and the President", *National Taxpayers Union* (janeiro de 2008). Disponível em: <http://www.ntu.org/main/page.php?PageID=23>. Acesso em: 19/5/2008.

27 "Nancy Pelosi (D-Calif) Personal Financial Disclosures Summary: 2006", *OpenSecrets.org.* Disponível em: <http://www.opensecrets.org/pfds/CIDsummary.php?CID=N00004309&year=2006>. Acesso em: 14/5/2008.

28 Patrick J. Purcell, "Retirement Benefits for Members of Congress", *Congressional Research Service* (9 de fevereiro de 2007). Disponível em: <http://www.senate.gov/reference/resources/pdf/RL30631.pdf>. Acesso em: 19/5/2008.

29 "Herb Kohl (D-Wis) Personal Financial Disclosures Summary: 2006", *OpenSecrets.org.* Disponível em: <http://www.opensecrets.org/pfds/CIDsummary.php?CID=N00004309&year=2006>. Acesso em: 14/5/2008.

30 Ver a nota 11.

31 "John Kerry (D-MA) Personal Financial Disclosures Summary: 2006", *OpenSecrets.org.* Disponível em: <http://www.opensecrets.org/pfds/CIDsummary.php?CID=N00000245&year=2006>. Acesso em: 14/5/2008.

32 "Jane Harman (D-Calif) Personal Financial Disclosures Summary: 2006", *OpenSecrets.org.* Disponível em: <http://opensecrets.org/pfds/CIDsummary.php?CID=N00006750&year=2006>. Acesso em: 14/5/2008.

33 "Jeff Bingaman (D-NM) Personal Financial Disclosures Summary: 2006", *OpenSecrets.org.* Disponível em: <http://opensecrets.org/pfds/CIDsummary.php?CID=N00006518&year=2006>. Acesso em: 14/5/2008.

34 Ver a nota 11.

35 "Olympia Snowe (R-Maine) Personal Financial Disclosures Summary: 2006", *OpenSecrets.org.* Disponível em: <http://opensecrets.org/pfds/CIDsummary.php?CID=N00000480&year=2006>. Acesso em: 14/5/2008.

36 Sean Loughlin e Robert Yoon, "Millionaires Populate US Senate", *CNN* (13 de junho de 2003). Disponível em: <http://www.cnn.com/2003/ALLPOLITICS/06/13/senators.finances/>. Acesso em: 15/4/2008.

37 "Richard C. Shelby (R-AL) Personal Financial Disclosures Summary: 2006", *OpenSecrets.org.* Disponível em: <http://www.opensecrets.org/pfds/CIDsummary.php?CID=N00009920&year=2006>. Acesso em: 14/5/2008.

38 "Rodney Frelinghuysen (R-NJ) Personal Financial Disclosures Summary: 2006", *OpenSecrets.org.* Disponível em: <http://opensecrets.org.pfds/CIDsummary.php?CID=N00000684&year=2006>. Acesso em: 15/4/2008.

39 Miles Weiss "Gore Invests $35 Million for Hedge Funds with EBay Billionaire", *Bloomberg* (6 de março de 2008). Disponível em: <http://www.bloomberg.com/apps/news?pid=20601070&sid=a7li9Nhmhvg0&refer=politics>. Acesso em: 15/4/2008.

40 Patrick J. Reilly, "Jesse Jackson's Empire", *Capital Research Center.* Disponível em: <http://www.enterstageright.com/archive/articles/0401jackson.htm>. Acesso em: 15/4/2008.

41 Steve Miller e Jerry Seper, "Jackson's Income Triggers Questions", *The Washington Times*, 26 de fevereiro de 2001.

42 Walter Shapiro, "Taking Jesse Jackson Seriously", *Time* (11 de abril de 1988). Disponível em: <http://www.time.com/time/magazine/article/0,9171,967157-1,00.html>. Acesso em: 22/5/2008.

Capítulo 9 – Vencendo os barões imobiliários

1 National Association of Realtors, Average Single Family Home Price.

2 Matthew Miller, "The Forbes 400", *Forbes* (20 de setembro de 2007). Disponível em: <http://www.forbes.com/lists/2007/54/richlist07_Donald-Trump_U5WX.html>. Acesso em: 20/5/2008.

3 Department of Housing and Community Development, State of California, "Median and Average Home Prices and Rents for Selected California Counties". Disponível em: <http://www.hcd.ca.gov/hpd/hrc/rtr/ex42.pdf>. Acesso em: 20/5/2008.

4 Federal Housing Finance Board, "National Average Contract Mortgage Rate". Disponível em: <http://www.fhfb.gov/GetFile.aspx?FileID=4328>. Acesso em: 20/5/2008.

5 City Data, "San Mateo County, California (CA)". Disponível em: <http://www.city-data.com/county/San_Mateo_County-CA.html>. Acesso em: 20/5/2008.

6 Ibid.

7 Ver a nota 2.

8 Edward F. Pazdur, "An Interview with Tim Blixseth, Chief Executive Officer, The Blixseth Group", *Executive Golfer.* Disponível em: <http://www.executivegolf-ermagazine.com/cupVII/article3.htm>. Acesso em: 20/5/2008.

9 Ibid.

10 Ver a nota 2.

11 Alan Finder, "Koch Disputed on a Benefit to Developer", *New York Times* (16 de janeiro de 1989). Disponível em: <http://query.nytimes.com/gst/fullpage.html?res=950DE5d9133FF935A25752C0A96F948260&sec=spon=&pagewanted=all>. Acesso em: 20/5/2008.

12 Steve Rubenstein, "Ex-Armory Turns Into Porn Site", *San Francisco Chronicle* (13 de janeiro de 2007). Disponível em: <http://www.sfgate.com/cgi-bin/article.cgi?f=/c/a2007/01/13/BAG0INI8PD1.DTL>. Acesso em: 20/5/2008.

13 George Andres, "For Tech Billionaire, Move to Nevada Proves Very Taxing", *Wall Street Journal* (17 de julho de 2006).

14 Arthur B. Laffer e Stephen Moore, "Rich States, Poor States, ALEC-Laffer State Economic Competitive Index", American Legislative Exchange Council Washington, DC (2007). Disponível em: <http://www.alec.org/am/pdf/ALEC_Competitiveness_Index.pdf?bcsi_scan_ 23323C003422378C=0&bcsi_scan_filename=ALEC_Competitiveness_Index.pdf>. Acesso em: 20/5/2008.

15 Ibid.

16 Ibid.

Capítulo 10 – A rota mais usada

1 Thomson Datastream, em 31/05/2008.

2 MSCI. As informações do MSCI só podem ser empregadas para seu uso interno, não podem ser reproduzidas nem disseminadas sob qualquer forma, e não podem ser utilizadas para criar nenhum instrumento, produto ou índice financeiros. As informações do MSCI são dadas em uma base "como se", e o usuário dessas informações assumem todos os riscos de quaisquer empregos que elas possam ter. O MSCI, todos os seus associados e todas as pessoas envolvidas ou relacionadas com a compilação, computação ou criação de quaisquer informações do MSCI (coletivamente, as "Partes MSCI") desobriga-se expressamente de todas as garantias (entre as quais, sem limitação, quaisquer garantias de originalidade, precisão, totalidade, oportunidade, não-transgressão, mercantilidade e adequação para um determinado objetivo) com respeito a essas informações. Sem limitar nenhum dos itens anteriores, em nenhum caso qualquer Parte MSCI terá qualquer responsabilidade por qualquer dano direto, indireto, especial, incidental, punitivo, consequencial (o que inclui, sem limitação, lucros perdidos) ou quaisquer outros danos.

3 Ver a nota 1.

4 Almanac of American Wealth, "Wealthy Eccentrics", *Fortune*. Disponível em: <http://money.cnn.com/galleries/2007/fortune/0702/gallery.rich_eccentrics.fortune/2.html>. Acesso em: 20/5/2008.

Índice remissivo

C

Este livro foi impresso pela Paulus Gráfica em papel *offset* 90 g.